Anna Veronika Wendland
Atomkraft? Ja bitte!

Anna Veronika Wendland

Atomkraft? Ja bitte!

Klimawandel und Energiekrise: Wie Kernkraft uns jetzt retten kann

QUADRIGA

Dieser Titel ist auch als Hörbuch und E-Book erschienen.

Die Bastei Lübbe AG verfolgt eine nachhaltige Buchproduktion. Wir verwenden Papiere aus nachhaltiger Forstwirtschaft und verzichten darauf, Bücher einzeln in Folie zu verpacken. Wir stellen unsere Bücher in Deutschland und Europa (EU) her und arbeiten mit den Druckereien kontinuierlich an einer positiven Ökobilanz.

FSC
www.fsc.org
MIX
Papier aus verantwortungsvollen Quellen
FSC® C014496

Originalausgabe

Textredaktion: Burkard Miltenberger
Umschlaggestaltung: zero-media.net, München
Satz: hanseatenSatz-bremen, Bremen
Gesetzt aus der Minion Pro
Druck und Einband: GGP Media GmbH, Pößneck

Printed in Germany
ISBN 978-3-86995-123-2

5 4 3 2 1

Sie finden uns im Internet unter quadriga-verlag.de
Bitte beachten Sie auch: lesejury.de

Inhalt

Kapitel 1
Gegen den Strom

Klimakrise, Energiekrise und Kernenergie: Worum es in diesem Buch geht

The problem is not people being uneducated.
The problem is that people are educated just enough to believe what they have been taught;
and not educated enough to question anything from what they have been taught.

Richard Feynman

Dies ist ein Buch über Strom und gegen den Strom. Es plädiert aus Gründen des Klimaschutzes und der Versorgungssicherheit für die Nutzung der Kernenergie – in einem Land, das gerade dabei ist, den Atomausstieg zu vollenden. Falls sich die neue Bundesregierung nicht besinnt und ein Moratorium beschließt, wird am 1. Januar 2023 kein einziges Kernkraftwerk mehr am Netz sein. »Der Drops ist gelutscht«, versichern einem die meisten, wenn auch aus verschiedenen Erfahrungshintergründen und Motiven. Fachleute, die in der Atomindustrie arbeiten, sagen es leise und resignativ: Sie wissen, wie viele vollendete Tatsachen bereits geschaffen wurden, und dass ihre Konzernoberen längst andere Pläne haben. Regierung und Erneuerbare-Energien-Industrie meinen damit: Um Himmels willen! Bloß jetzt keine Zweifel an der Energiewende säen! Bloß kein Geld von den Erneuerbaren abziehen! Bloß nicht noch mal diese Kontroverse!

Doch genau das habe ich vor. Ich möchte in diesem Buch Zweifel säen, aber nicht in der Weise, die vielleicht die Grünen oder die Umweltorganisationen befürchten. Meine Zweifel sollen Früchte tragen. Ich möchte die Energiewende neu denken, damit sie fit ist für die Bewältigung der sich immer weiter zuspitzenden Klima- und Energiekrise. Ich habe kein Interesse am Schlechtreden der Erneuerbaren Energien, aber ich habe auch keines am Gesundbeten von offensichtlichen Schwächen.

Elektromobilität, Photovoltaik (PV), Windkraft, Geothermie und Wasserkraft sind heute bewährter Teil unseres Alltags und gehören zur Welt der Zukunft. Doch sind Illusionen über Erneuerbare Energien (EE) der Risikofaktor Nummer 1 unserer Energiewende. Ich möchte hinterfragen, was bislang über Kernenergie und Erneuerbare gedacht und wie über sie diskutiert wurde. Mein Beweggrund ist ein doppelter: Erstens ist die Kernenergie – wie die Erneuerbaren – für den Klimaschutz kurz- und mittelfristig unverzichtbar. Zweitens möchte ich dazu einladen, diese Technologie mit anderen Augen zu sehen, als Sie sie wahrscheinlich bislang gesehen haben. Ich habe diesen Blickwechsel selber vollzogen, denn ich bin eine ehemalige Atomkraftgegnerin, die in einem langen Lern- und Forschungsprozess ihre alten Überzeugungen ablegte.

In der Klimakrise

Der Kampf gegen die Erderwärmung ist die größte Herausforderung der Menschheit im 21. Jahrhundert. Der neueste Bericht des Weltklimarates IPCC, der Assessment Report Nr. 6 (AR6) von 2021, belegt mit noch größerer Sicherheit als sein Vorgänger von 2014 den Zusammenhang von menschgemachtem Treibhausgas-Ausstoß, Klimaerwärmung und extremen Umweltveränderungen[1]. Seit 2018 war ein beträchtlicher Teil der Schuljugend mit

Fridays for Future auf den Straßen. Eine Abfolge von Dürresommern und zuletzt die Flutkatastrophe vom Juli 2021 ließen den Klimawandel »unten« ankommen, im Bewusstsein der Bevölkerung – und auch buchstäblich an den niedrigsten Punkten unserer westdeutschen Flusstäler, wo die Wassermassen Häuser fortspülten und Menschen in den Tod rissen.

Mit Nachdruck wird sofortiges und effizientes Handeln gefordert, um die Erwärmung der Erdatmosphäre auf 1,5 bis 2 Grad zu begrenzen. So steht es im Pariser Klimaschutzabkommen von 2015, das auch Deutschland unterzeichnet hat. In seinem Bericht von 2014 beschrieb der Klimarat die Mittel, die dafür sorgen, dass CO_2 erst gar nicht entsteht oder dass in der Atmosphäre befindliches Kohlenstoffdioxid wieder gebunden wird. Viele sind es nicht: Erneuerbare Energien, technische Kohlendioxid-Abscheidung und Aufbewahrung in Gesteinskavernen, CO_2-Bindung in Wäldern durch Wiederaufforstung – und die Nutzung der Kernenergie.

Um das Klimaziel zu erreichen, müssen Industriestaaten alle diese Instrumente nutzen. Deutschland ist ein etablierter Industriestaat und steht beim Ausstoß von Treibhausgasen auf Platz sechs der Negativ-Weltrangliste – hinter China, den USA, Indien, Russland und Japan. Wenn wir auch nur 2,4 Prozent des globalen Gesamtausstoßes auf uns vereinen, so stoßen wir doch pro Kopf immer noch 60 Prozent mehr Treibhausgase aus als die Chinesen. Unser Land steht daher besonders in der Pflicht. Darüber sind sich Politiker und ein Großteil der Bevölkerung auch einig. In einer solchen Situation halte ich es für unterlassene Hilfeleistung, eines der stärksten Instrumente zur Reduzierung von CO_2-Ausstoß zu zerstören, das wir haben und das wir technisch seit Jahrzehnten beherrschen. Der deutsche Atomausstieg hat aber genau dies bewirkt.

Kernenergie und Klimaschutz

Wenn sich auch die meisten Menschen inzwischen bewusst sind, dass mehr gegen den Klimawandel getan werden muss, so besteht doch noch viel Uneinigkeit darüber, wie denn der Weg zur Austreibung des Haupttäters CO_2 aus unserer Volkswirtschaft aussehen sollte. Experten nennen diesen Prozess »Dekarbonisierung«. Dekarbonisierung besagt, dass alle Prozesse, die heute mit kohlenwasserstoffbasierter Energie versorgt werden, das heißt mit Kohle, Öl und Erdgas, in Zukunft mit Strom betrieben werden sollen, der aus sauberen Quellen stammt. Das bedeutet, dass für die Stromversorgung von Elektroautos, Industrie, digitalen Infrastrukturen, Beleuchtung und Beheizung unserer Häuser kein weiteres CO_2 produziert werden darf.

Es gibt nur eine Handvoll Industrieregionen auf dieser Erde, die ihre Elektrizitätswirtschaft sehr erfolgreich »dekarbonisiert« haben. Zu diesen Regionen und Ländern gehören Schweden, Frankreich, Teile von Kanada und die Schweiz. Was haben sie gemeinsam? Sie alle nutzen entweder Wasserkraft oder Atomkraft – oder beides. Nur diese beiden Erzeuger sind – neben der Biomasseenergie, die aber aus ökologischen Gründen eine untergeordnete Rolle spielt – in der Lage, wetter- und zeitunabhängig sehr große Mengen Strom unterbrechungsfrei und CO_2-arm zu produzieren. Die Schweizer haben dafür ein schönes Fachwort erfunden: »Bandenergie«.

Leider besitzt Deutschland keine großen Wasserkraftreserven. Aber noch besitzt es Kernenergie. Diese hat laut Weltklimarat dieselbe Klimabilanz wie die Windkraft: 12 Gramm CO_2 pro Kilowattstunde; neuere Studien sehen die Kernenergie sogar noch günstiger, bei rund maximal 6,4 Gramm CO_2 pro Kilowattstunde.[2] Aber sie ist, anders als Wind- oder Solarenergie, nicht von Wetter, Tages- und Jahreszeit abhängig. Fachleute bezeichnen die Leistung, die von Wasser-, Kern- und Kohlekraftwerken bereitgestellt wird, daher auch als »gesicherte Leistung«, was bedeutet, dass diese Stromproduktion aus eigener Kraft planbar und den Bedarfen gemäß einsetzbar ist.

Solarenergie und Windkraft, die das Rückgrat der deutschen Erneuerbaren-Wirtschaft bilden, nennt man – je nach Einstellung – »intermittierend«, »volatil« oder »variabel«. Diese unterschiedlichen Begriffe bedeuten, dass diese Formen von Stromerzeugung, anders als Wasserkraft und Biomasse-Kraftwerke, unregelmäßig einspeisen. Doch wenn man ein Stromnetz wie in Deutschland vorwiegend auf Sonne und Wind aufbaut, sind ein Backup-Kraftwerkspark oder Stromspeicher erforderlich, um das Netz unter gleichbleibender Spannung und Frequenz zu halten. Erst mit Speichern würden auch Wind- und Sonnenenergie zu gesicherter Leistung. Gesicherte Leistung aus Kernenergie hingegen benötigt keine zusätzlichen Vorkehrungen. Die Wartungsstillstände von Kernkraftwerken können über Jahre im Voraus geplant werden, und wetterbedingte Abschaltungen, etwa bei Extremwetter-Ereignissen, sind bei Kernkraftwerken sehr selten. Ihre Kombination aus CO_2-Armut und Autonomie macht die Atomkraft zu einem besonders wertvollen Instrument in der Werkzeugkiste, ähnlich der Wasserkraft. Kernenergie ist überdies, anders als häufig behauptet wird, ein guter und flexibler Partner für variable Erneuerbare Energien – warum, das werden wir uns später noch genauer anschauen.

Diese Technik steht nun auf dem Spiel. Noch ist Deutschland ein Kernenergieland: mit Atomanlagen – davon drei noch laufenden Kernkraftwerken. Wir haben Atomtechnikerinnen und -techniker, die in diesen Anlagen arbeiten; wir haben Know-how, Expertengremien und eine schlagkräftig aufgestellte, fachlich versierte Atomaufsicht. Deutschland steht heute am Scheideweg: Entweder wir wickeln diese Industrie komplett ab und sind bald nur noch Rückbau-Experten, Abrissunternehmer und Atomstrom-Importeure – oder wir halten im Lichte der Klimakrise und der Energiekostenexplosion einen Moment inne und überdenken die bisherige Politik.

Die Bundesregierung hat nach Fukushima 2011 überhastet den Atomausstieg beschlossen – über die Beweggründe wird noch zu berichten sein. Die damalige 180-Grad-Wende der an sich kernenergiefreundlichen Kanzlerin Angela Merkel hat uns um ein riesiges Potenzial zur CO_2-Einsparung gebracht. Das ist kein Ruhmesblatt – und deswegen redet man lieber nicht davon. Gerne preist man die deutsche Energiewende als Vorbild für die Welt: Deutschland sonnt sich in seiner Rolle als Vorreiter bei der Durchsetzung der Sonnen- und Windenergie im Massenmarkt. Tatsächlich hat Deutschland mit seiner Förderpolitik unter ungeheuren nationalen Anstrengungen den globalen Durchbruch der Solarenergie initiiert, ohne Zweifel ein Verdienst. Aber viele führende Politiker und Aktivisten von Nicht-Regierungs-Organisationen schweigen zur Kehrseite dieser Entwicklung, dem Abbau der Kernenergie. Vor dem ersten Atomausstiegsbeschluss unter Rot-Grün im Jahr 2000 betrug in Deutschland der Anteil an CO_2-armer Stromversorgung rund 30 Prozent – sie beruhte größtenteils auf Kernenergie. Hätten wir also ab 2000 auf diesem Sockel bereits existierender klimafreundlicher und zuverlässiger Stromversorgung die Erneuerbaren aufgebaut, stünden wir heute nicht vor der bangen Frage, ob wir unsere Klimaziele erreichen und ob wir überhaupt noch genug erschwinglichen Strom haben werden.

Das große Wegschauen

Kernenergie ist so klimafreundlich wie Windkraft und so zuverlässig wie Kohlekraft. Trotzdem war sie bis vor Kurzem ein Tabu in unseren Klimadiskussionen. Es konnten mehrere kluge und beredte Menschen eine Stunde lang in einer Talkshow Maßnahmen für die Eindämmung des Klimawandels hin und her diskutieren, ohne ein einziges Mal das Wort »Atomkraft« in den Mund zu nehmen. Die Atomkraft erschien so unzeitgemäß, so abgehakt, dass viele sie als Klima-Maßnahme schlicht nicht mehr auf dem Schirm hatten. Doch jetzt geht das nicht mehr: Das Gespenst der Energiekrise geht wieder um in Europa, und die EU-Kommission verkündete zum Neujahrstag 2022, die Kernenergie in ihre »Taxonomie« zur Förderung von Investitionen in klimafreundliche Technologien aufzunehmen. Seitdem ist sie auch in Deutschland wieder im Gespräch.

Doch die meisten deutschen Politiker und erst recht die Umweltorganisationen spulen in Talks und Stellungnahmen einen Text ab, der sich anhört, als hätten alle ihn bei denselben Stichwortgebern einstudiert: Sie verbitten sich die Diskussion. Es solle und dürfe nicht mehr über Dinge diskutiert werden, die vorbei seien. Kernenergie sei teuer und gefährlich. Sie stehe der Entfaltung und Finanzierung der Erneuerbaren im Wege, und neue Kraftwerke würden zu langsam errichtet werden, um überhaupt noch in den Klimakampf eingreifen zu können. Warum aber Kohle und Gas, die weiterlaufen dürfen, dieser Entfaltung nicht im Wege stehen – diesen Widerspruch möchte keiner erklären, oder er wird als notwendiges Übel dargestellt: Wir bräuchten die Fossilen noch ein Weilchen, um das Stromnetz abzusichern. Daher war Protest der Umweltbewegung gegen das Erdgas in der EU-Taxonomie weit verhaltener als der gegen die Atomkraft. Verschwiegen wird, dass dieses Weilchen voraussichtlich sehr lange dauern wird.

Die deutsche Wissenschaft hat sich bereits seit 2011 dieser Stimmung anverwandelt: Keine maßgebliche deutschsprachige Energiestudie berücksichtigt Entwicklungspfade unter Einschluss der Kernenergie, und sei es nur, um einen Vergleichsmaßstab zu haben. Oder einen Plan B für eine Welt, in der Demokratie Macht auf Zeit ist und in der die Merkel-Entscheidung auch wieder revidiert werden könnte. Es ist, als hätten die deutschen Wissenschaftler nach dem Ausstiegsbeschluss diese Option aus ihrem Denken herausoperiert. Das ist erklärbar durch die Auftrags- und Förderstrukturen unserer Wissenschaft, und zu einem gewissen Teil auch durch die anti-nuklearen Überzeugungen vieler Akteure in unserem Wissenschaftsbetrieb. Wer in einem Institut zur Erforschung und Entwicklung der Photovoltaik arbeitet, wird nicht den Antrieb haben, sich mit der Rolle der Kernenergie in einem klimaneutralen Energiesystem zu befassen. Und für Grundlagenforschung zur Kerntechnik gibt es immer weniger Fördergeld vom Staat.

Opas Olympiasieg

Wenn man aber die Parole »ausschließlich Erneuerbare« in ein Denksystem oder ein Studiendesign einspeist, kommt auch nur »ausschließlich Erneuerbare« wieder heraus. Diese Verengung der Randbedingungen hat fatale Folgen, denn sie hat zu Scheinplausibilitäten und trügerischen Gewissheiten unserer Entscheider geführt. »Wie die Studien zeigen«, heißt es, sei eine Vollversorgung unserer Volkswirtschaft mit Erneuerbaren Energien möglich. Je nach Positionierung sprechen diese Studien von 2030, 2045 oder 2050 als Zeitpunkten der Vollendung. Doch ein Blick auf die Vorannahmen und das Kleingedruckte verrät jede Menge Widersprüche. Viele der Studien operieren nach einer Opa-wird-Olympiasieger-Logik. »Wenn Opa die 100 Meter unter 10 Sekunden läuft, kann er die Goldmedaille gewinnen.« Dieser Satz ist, seiner inneren Logik nach, eine wahre Aussage. Die Frage ist nur: Wie trainiert Opa, um zu dieser Leistung in der Lage zu sein?

Ähnlich verhält es sich mit Argumentationen von der »technischen Möglichkeit« einer Vollversorgung durch Erneuerbare. In ihrer internen Logik sind sie schlüssig, aber die Voraussetzungen dafür sind kaum herstellbar. Der Friedhof der Technikgeschichte ist voller Grabsteine, auf denen steht: »Technisch war es möglich«.

Wie ich in diesem Buch zeigen werde, müssen Technologien – vor allem solche komplexen, großtechnischen Systeme wie unsere Stromversorgung – nicht nur technisch möglich sein. Sie müssen auch funktionieren, ohne die Gesellschaft, die sie installiert, wirtschaftlich zu ruinieren und sozial zu entzweien.

Überdies gibt es eine aktuelle Herausforderung für jeden CO_2-armen Technologiepfad: Er muss ökologisch vertretbar sein. Er darf also nicht bestehende ökologische Probleme lösen und neue, viel größere aufwerfen. Auch hier entstehen bei den Erneuerbaren jetzt, wo sie in eine großindustrielle Phase gehen, viele unterschätzte Probleme. Etliche ihrer Technologien kollidieren mit den Schutzzielen des Landschafts-, Natur- und Artenschutzes, und ihr Ressourcenhunger ist ungeheuer groß. Viele Menschen denken bei solchen Worten sofort an den Atommüll: Hat die Kernenergie nicht auch einst mit großen Versprechungen von sauberem Strom angefangen, und sind wir nicht am Ende auf einem ungelösten Entsorgungsproblem sitzengeblieben? Richtig, der Atomabfall gilt als klassisches Beispiel für einen solchen Pferdefuß einer eigentlich guten Technologie. Ich werde daher mit besonderer Sorgfalt auf das Abfallproblem eingehen und darlegen, warum der Atommüll im Vergleich zu den Herausforderungen der Klimakrise eine vergleichsweise handhabbare Herausforderung ist.

Nach diesem kleinen Exkurs zur gesellschaftlichen Haltung rund um Energie in Deutschland lässt sich Folgendes feststellen: Die Kernenergie ist Gegenstand einer Nicht-Diskussion. Selbst in letzter Zeit, seit die Debatte um die Kernenergie wieder aufflammt, versuchen Interessengruppen, diese Diskussion für überflüssig zu erklären und sie abzuwürgen. Erneuerbare Energien sind von einem Mittel für mehr Umwelt- und Klimaschutz zu einem eifersüchtig verteidigten Selbstzweck geworden – und zu einer Großindustrie, die gerade im Bereich der Ökologie immer mehr Fragen aufwirft.

Der deutsche Atomausstieg ist eine Heilige Kuh: Ihn infrage

zu stellen bedeute, einen gesellschaftlichen Konflikt wieder zu entzünden, den man doch so schön befriedet habe. Ein häufig gehörtes und nie hinterfragtes Argument ist auch, ein Wiedereinstieg in die Kernenergie gefährde den gesellschaftlichen Konsens zur Endlagerfindung. Besonders Anti-Atom-Vereinigungen wie BUND, Greenpeace und Ausgestrahlt stellen sich auf diese Position und haben in der Vergangenheit einiges in Bewegung gesetzt, um dies zur selbsterfüllenden Prophezeiung zu machen. Auch der deutsche Zweig der Fridays-for-Future-Bewegung hat die Erneuerbaren Energien zum allein selig machenden Pfad ausgerufen. Die jungen Demonstranten rufen zwar »Follow the science« und zitieren allenthalben die Publikationen des Weltklimarats, aber über seine Aussage zur Atomkraft schweigen die Klimaaktivisten. Bedauerlicherweise haben auch die »Scientists for Future«, die eigentlich mit dem Versprechen angetreten waren, die jugendlichen Aktivisten der Klimabewegung mit wissenschaftlichen Fakten zu versorgen, nichts anderes zu sagen. Das schmälert ihre Glaubwürdigkeit und schadet ihrem Anliegen.

Versorgungssicherheit vs. Klimaziel

Die jüngste Energiekrise hat uns kalt erwischt. Viele Faktoren kamen diesen Winter zusammen: der steigende Brennstoffhunger einer sich nach der Corona-Krise erholenden Weltwirtschaft und die damit zusammenhängenden Verknappungen am Erdgasmarkt, aber auch die Energiepolitik des russischen Präsidenten Putin, der Gaspreise und -lieferungen von politischem Wohlverhalten abhängig macht oder sie für Machtdemonstrationen einsetzt. Zum Zeitpunkt der Fertigstellung dieses Buches waren die Gasspeicher in Deutschland auf einem historischen Tiefstand. Schon gibt es Befürchtungen, es könne für einige Gaskraftwerke nicht reichen. Sollte es in Osteuropa zum Schlimmsten kommen, zu einer weiteren militärischen Intervention Russlands in der Ukraine, wäre dies das sichere Ende sowohl für die jetzigen Gaslieferungen durch das ukrainische Pipeline-Netz als auch für die noch gar nicht in Betrieb genommene NordStream2-Röhre. Deutschland müsste sich auf Gasknappheit gefasst machen. Die neue CO_2-Bepreisung, die dem Klimaschutz dient, leert zusätzlich die Taschen all jener Menschen, die aus vielerlei Gründen nicht selbst entscheiden können, aufs Auto zu verzichten oder umweltfreundlicher zu heizen.

Doch jede Regierung weiß, dass Blackouts ihr schwer schaden würden. Daher wird auch eine Regierung mit grüner Beteiligung eher das Klimaziel opfern als die Versorgungssicherheit. Zur Not werden Kohlekraftwerke weiter betrieben, die eigentlich schon abgeschaltet werden sollten. Wenn alle Stricke reißen, wird also der Kohleausstieg nicht so schnell kommen wie im Koalitionsvertrag vereinbart. Doch auch noch eine andere Form des Steckenbleibens in der fossilen Welt droht uns.

And the winner is ...

Es gibt momentan nämlich einen Gewinner dieser deutschen Verhältnisse: Das ist, trotz der Knappheit dieses Winters, die Erdgas-Industrie, die sich für die Zeit nach dem Ende von Kohle und Atom längst als *Energiewende's best friend* positioniert hat. Gazprom und andere Lieferanten freuen sich darauf, mit Erdgas die Lücken aufzufüllen, wenn die Erneuerbaren nicht liefern. Dieses Backup durch Gaskraft ist zwar nur ungefähr halb so dreckig wie die Kohlekraft, doch liegen seine Emissionen immer noch um das Dreißig- bis Hundertfache höher als die von Kernkraftwerken. Aufgrund undichter Stellen in der Gewinnungs- und Transportkette, durch die das hochwirksame Treibhausgas Methan entweicht, trägt Erdgas ebenfalls stark zum Klimawandel bei. Elektrolysebasierte Wasserstoff-Stromspeicher oder Batteriespeicher, die dieses Problem lösen könnten, wird es noch auf lange Zeit nicht in der Form geben, dass Großstädte und Stahlwerke sicher mit Energie versorgt werden können; derzeit würden die Speicher vielleicht für ein paar Kleinstädte reichen. Die Bundesregierung setzt daher nun auf Erdgas als »Brückentechnologie« und setzt sich bei der EU für die Begünstigung von Erdgas ein. Aber diese Brücke könnte sehr lang werden, und klimafreundlich ist sie nicht.

Viele Befürworter der Erneuerbaren Energien sehen dieses Problem sehr wohl. Sie rufen deshalb zur Flucht nach vorne und propagieren, gigantische Überkapazitäten aufzubauen: Wenn an einem Flautetag 30.000 Windräder nur fünf Prozent ihrer Nennleistung abrufen – gemeint ist die maximale Leistung, welche die Anlagen bei gutem Wind erbringen können – müsse man eben zwanzigmal mehr Windräder bauen, damit immer genug Windstrom im Netz sei. Wenn der Wind zu stark wehe, müsse man die Anlagen halt abregeln. Doch diese Rechnung geht aus vielerlei Gründen nicht auf. Einer der maßgeblichen ist die gigantische Materialschlacht, auf die sich unser Land einlassen würde, und das Risiko für die Betreiber, keine Gewinne mehr zu machen, weil die besten Standorte längst belegt sind. Auch wird der Strombedarf unserer voll-elektrischen Zukunft so hoch sein, dass man mit einem solchen »Overbuild« keine Probleme löst. Von dem, was die Erneuerbaren so beliebt macht, würde nichts mehr übrigbleiben: vom Eindruck ihrer Leichtigkeit, Harmlosigkeit und Verträglichkeit mit Ökosystemen und Kulturlandschaften.

Das sind, kurz gefasst, die Gründe, warum es in Deutschland um den Klimaschutz gar nicht gut bestellt ist: Man will raus aus Kohle und Gas, aber man kann nicht, da die hierzulande nutzbaren erneuerbaren Energien nicht optimal gerüstet sind für die Bedarfe eines Industrielandes. Eine Alternative gibt es nicht mehr, weil die Nutzung der Kernenergie zur Stromerzeugung laut Atomgesetz Paragraf 7 ab dem 1. Januar 2023 verboten ist. Das Haus brennt, aber die Hochleistungspumpe wird verschrottet, während man sich mit der Eimerkette abmüht.

Es wird also Zeit für eine offene Diskussion über die Kernkraft – und hoffentlich für eine Umkehr. Neuere Umfragen[3] seit dem Sommer 2021 belegen, dass in Deutschland Offenheit dafür besteht und sich die Stimmung gewandelt hat: Immer mehr Menschen, vor allem die jüngeren, interessieren sich unabhängig von ihrer Parteipräferenz für die Kernkraft als Klimaschutzmaßnahme. Auch ihnen will ich dieses Buch an die Hand geben.

Ist das Atomkraft oder Kernenergie?

Dieses Buch ist auch ein Plädoyer für eine andere Sicht auf die Kernenergie – oder die »Atomkraft«, wie viele Menschen sagen. Dass schon die Wortwahl – »Kern« vs. »Atom« – eine Markierung ist, die tiefe Gräben zwischen Menschengruppen und ihren Positionen zieht, ist eine typisch deutsche Geschichte. Als die Kernenergie in die Weltgeschichte eintrat, tat sie das in Gestalt der »Atombomben« genannten nuklearen Sprengkörper von Hiroshima und Nagasaki. Daher verbreitete sich, von den USA ausgehend, die Bezeichung »Atomenergie«. Die Physik geht dabei differenzierter zu Werke: Während ihre Subdisziplin Atomphysik sich das gesamte Atom inklusive der Vorgänge in der Atomhülle anschaut, stehen im Mittelpunkt der Kernphysik der Atomkern, seine Bestandteile und die schwachen und starken Wechselwirkungen zwischen ihnen. Die Bindungsenergie dieser Kernbestandteile ist es, die bei einer Spaltung sehr schwerer, instabiler Atomkerne durch Neutronenbeschuss in einer »kritischen Masse« spaltbaren Materials, zumeist Uran oder Plutonium, freigesetzt und in Wärme umgesetzt wird. Es ist also tatsächlich keine »Atomkraft«, sondern korrekt bezeichnet »Kernenergie«, die in einem Brennelement durch Kernspaltung frei wird und das Kühlmittel eines Reaktors erhitzt.

Doch in Deutschland wurden die politischen Fronten seit den 1970er-Jahren auch durch die Benennungen markiert. Während die Atomgegner zwischen Atombombe und Atomkraftwerk (AKW) nur graduelle Unterschiede sahen – wie die meisten meinten, sei das AKW eine Art Atombombe mit Zeitzünder –, bestanden die Fachleute auf der korrekten Bezeichnung und sprachen von Kernenergie. Das handelte ihnen von der Gegnerseite den Vorwurf ein, sie wollten die garstigen »Atome« von Hiroshima verbergen und durch harmlos-nussige, gesund klingende »Kerne« ersetzen.

In Osteuropa, wo ich lange in Kernkraftwerken geforscht habe, heißen diese ganz offizell »Atomkraftwerk«: auf russisch zum Beispiel *Átomnaja elektrostáncija.* Russen und Ukrainer haben nämlich die deutschen Nomenklaturkriege nicht mitgemacht. Atomingenieure nennen sich dort stolz *Átomschtschiki.* Und da ich »meine« Kerntechnik tatsächlich zuerst in Osteuropa gelernt habe, auf einer riesigen Anlage in der Ukraine mit vier Blöcken, werde ich mich über die deutschen Gepflogenheiten hinwegsetzen, schon allein aus Gründen der Abwechslung. Sie werden von mir also mitunter »AKW« hören und »Atomkraft«, aber auch »Kernenergie« und »Kernkraftwerk«. Denn ich bin der Meinung, dass wir uns über sprachliche und politische Gräben hinweg über diese Form der Stromerzeugung werden verständigen müssen, und das können wir am besten durch die Benennung von Fakten und nicht durch Kämpfe über Bezeichnungen.

Im Übrigen wissen wir ja, dass »Atom« eigentlich das »Unteilbare« heißt, was der Benutzung des Begriffs in den exakten Wissenschaften keinen Abbruch getan hat, genau wie wir wissen, dass das Automobil trotz seines Namens ganz und gar nicht von alleine fährt. Dennoch verwenden wir diese Begriffe, weil wir uns darüber verständigt haben, was wir damit meinen. Natürlich können sich auch die »erneuerbaren« oder »regenerativen« Energien nicht aus sich heraus neu erschaffen. Denn das wäre ein Verstoß gegen den ersten Hauptsatz der Thermodynamik, den Energieerhaltungssatz, demzufolge Energie nur gewandelt werden kann, aber nie erneuert, erzeugt, erschaffen oder verschwendet. Die Energie geht lediglich irgendwo hin, wo wir sie nicht nutzen können, aber sie verschwindet nicht. Regenerative Energiequellen heißen so, weil sie sich aus nach menschlichem Ermessen unbegrenzt verfügbaren Ressourcen speisen: der Sonneneinstrahlung oder dem Wind, der nichts weiter ist als eine Kraft, welche durch Temperatur- und Druckunterschiede in Luftmassen wirkt. Auch die Windenergie geht also auf die Energie der Sonne zurück, und da die Sonnenenergie der Kernfusion in unserem Zentralgestirn entstammt, ernten letztlich auch Windkraftanlagen und Photovoltaik-Module die Energie aus nuklearen Prozessen.

In einem Kernkraftwerk – hier erkläre ich es am Beispiel einer Anlage mit Druckwasserreaktor, wie sie in Isar-2, Neckarwestheim oder Grohnde steht – wird Energie über sehr viele Stufen gewandelt. Einen Teil davon können wir tatsächlich nicht nutzen, denn er fällt als Abwärme in den vielen Prozessstufen an, die durchlaufen werden müssen. Die Bindungsenergie schwerer Atomkerne wird zur kinetischen Energie ihrer bei der Kernspaltung auseinanderfliegenden Bestandteile. Diese wird durch Wechselwirkung mit anderer Materie im Brennelement in Bremswärme gewandelt. Die Wärme wird ans Kühlmittel übertragen, das an den Brennstabhüllen vorbeistreicht – wenn man da von Streichen reden kann, es geht immerhin um rund 20 Tonnen Wasser pro Sekunde, die durch solch einen vier Meter hohen und zwei Meter breiten Reaktorkern gepumpt werden.

Das Wasser steht unter fast 160 bar Druck und verlässt den Reaktor mit einer Temperatur von rund 330 Grad Celsius. Weil es unter hohem Druck steht, siedet es nicht. Vier »Loops« oder Kühlschleifen kühlen den Reaktorkern. Das heiße Wasser kommt aus dem Reaktor, strömt durch eine Hauptkühlmittelleitung von 80 Zentimetern Durchmesser in einen Dampferzeuger und wird in dessen Inneren wiederum auf Tausende von Heizrohren verteilt. In ihnen wird die Wärme des Reaktorkreislaufs ans Speisewasser übergeben, das die Heizrohre umspült. Dann verlässt das Kühlmittel den Dampferzeuger wieder, ungefähr um 30 Grad kühler. Eine Hauptkühlmittelpumpe befördert es zurück in den Reaktor, und der ganze Kreisbetrieb geht von vorne los. Solche Pumpen sind zwölf Meter hoch, jede nimmt fünf Megawatt elektrische Leistung auf und ist ungeheuer laut – ein tiefes Brüllen, das sich aber, wenn man im Reaktorgebäude durch die Treppenhäuser der vier Loops läuft, nur durch ein sanftes Vibrieren der Treppengeländer bemerkbar macht. Die Türen zum Sperrbereich sind gut isoliert, dicke Betonwände trennen ihn von den begehbaren Teilen des Allerheiligsten. Nur die Wärme, die im Gebäude steht, zeigt uns an, welche Energiemengen hinter diesen Türen umgesetzt werden.

In den Dampferzeugern wird Speisewasser durch die Wärmezufuhr erhitzt und zu Frischdampf verwandelt. Der Dampf hat etwa 66 bar Druck, was immer noch rund zehnmal mehr ist als der Druck in unseren Wasserleitungen. Er gelangt über große Rohrleitungen ins Maschinenhaus zur Turbine. Wenn man draußen im Hof unter diesen Frischdampfleitungen steht, lässt sich lediglich ein dumpfes Rauschen und das Zwitschern der Federhalterungen der Leitungen vernehmen. In der Turbine trifft der Frischdampf auf Hindernisse in Form von Turbinenschaufeln und versetzt diese in Rotation. Das bringt wiederum einen auf derselben Welle angekuppelten vierpoligen Magneten in einer Drahtspule zum Drehen – diese Maschine ist der Generator. Sie läuft mit 25 Umdrehungen pro Sekunde, was in der Spule unsere Wechselspannung von 50 Hertz erzeugt. Kurz gesagt, die Bindungsenergie der Uranatome, die rund 60 Meter vom Maschinenhaus entfernt im Reaktor gespalten werden, ist nun in elektrische Energie umgewandelt. Am Ende liegen hinter dem Generator 27,5 Kilovolt Ausgangsspannung an, die über fette Kupferschienen in isolierten

Röhren nach draußen geführt wird und von den Maschinentransformatoren aufs Level unseres Landesnetzes hochgespannt wird, 400 Kilovolt. Fertig ist die CO_2-arme Stromversorgung unserer Industrie, unserer Büros, unseres Alltagslebens, unserer Kultur – und demnächst unserer Elektroautos und unserer Wärmepumpen für die Hausheizung. Das ist der Strom, um den sich alles dreht beim Klimaschutz, und wir werden viel davon brauchen – sehr viel.

Manche behaupten, ein Atomkraftwerk sei eine sehr umständliche und riskante Art, um »einfach nur Wasser heiß zu machen«. Allerdings beherrscht ein Atomkraftwerk diesen Wasser-Dampf-Prozess in solchen Dimensionen unter einem solch minimalen Materialeinsatz, dass das Ergebnis jede Form von Erneuerbarer Energie, die Wasserkraft großer Talsperren einmal ausgenommen, in den Schatten stellt. Aus einem Kilogramm Uran-235 kann man rund acht Millionen Kilowattstunden Strom erzeugen, während dieselbe Menge Steinkohle nur rund zweieinhalb Kilowattstunden Strom erbringt. Diese Energiedichte ist das ökologische Geheimnis der Atomkraft. Ein AKW produziert seinen Strom auf einem Bruchteil der Fläche, welche Erneuerbare für dieselbe Menge an Stromproduktion benötigen. Stromerzeugung auf kleinem Raum bedeutet auch: Viele Flächen könnten freibleiben, um dort der Natur ihren Lauf zu lassen.

Bilder im Kopf

Nach Fukushima haben sich die Menschen in Deutschland – genauer gesagt, die von ihnen gewählten Abgeordneten – gegen diese Art von Stromerzeugung entschieden. Mit dem Bundestagsbeschluss vom Juni 2011 wurde der endgültige Atomausstieg bis Ende 2022 besiegelt. Ich halte das für einen der schwersten Fehler in der deutschen Infrastruktur- und Industriepolitik der letzten

Jahrzehnte. Aber jeder Fehler, der von Menschen verantwortet wird, kann auch von Menschen korrigiert werden. Demokratie ist Herrschaft auf Zeit, und demokratische Entscheidungen können auch demokratisch geändert werden, wenn eine geänderte Lage dies verlangt. Gesellschaften sind lernende Kollektive, die ihre Vorstellungen revidieren können. Homosexualität ist eine Straftat? Heute absurd. Frauen dürfen nur mit Einverständnis ihres Ehemannes ein Konto eröffnen? Wo sind wir denn! Kernenergie muss weg, denn sie ist gefährlich, teuer und spaltet die Gesellschaft? Womöglich werden wir bald auch darüber sagen: Das war einmal.

Immer mehr Menschen wagen sich an diesen Gedanken. Doch sie müssen gegen eine Mauer von Vorurteilen ankämpfen. Gegen sie sprechen über Generationen erlernte und von machtvollen Institutionen weitergegebene Erzählungen: die Diskurse und die Images der Kernkraft, die sich in den Köpfen der Menschen festgesetzt haben. Ich werde sie in diesem Buch kritisch prüfen und wenn notwendig gegen den Strich bürsten. Die deutsche Kernenergie, die nie einen für die Umgebung gefährlichen Unfall erlitt, ist nicht an ihrer Technik gescheitert, sondern an ihren Diskursen. So, wie die Menschen und vor allem ihre Vordenker in Medien, Kirchen, Schule, Wissenschaft und Politik über Kernenergie denken und sprechen, so, wie sie sie sehen – so werden sie auch über sie entscheiden. Und deswegen werde ich mich auch damit befassen, warum die Menschen die Kernenergie so sehen, wie sie sie sehen.

Ich nehme Sie mit in die Vorgeschichte des Atomausstiegs, in die erbitterte deutsche Atomkontroverse, die Schlachten auf den Atombaustellen. Ich betrachte die Narrative der Atomindustrie und die Gegenerzählungen der Anti-AKW-Bewegung. Ich werde versuchen, die Frage zu beantworten, warum die deutsche Industrie fast keinen Widerstand gegen den Atomausstieg leistete. Ich nehme Sie mit in »verbotene Zonen«, die Sie nie betreten werden: die Sperrzone von Tschernobyl, aber auch die Kontrollbereiche deutscher Kernkraftwerke. Es sind Welten, die Sie nicht kennen, obwohl sie die ganze Zeit vor Ihrer Nase standen: die Orte des normalisierten Atoms. Ich habe im Inneren der Kernkraftwerke gearbeitet, geforscht und gelernt. Es ist eine Welt, die aus Sicherheitserwägungen von der normalen Welt abgeschottet wurde. Genau deswegen erschien sie fremd und feindlich. Die Abschottung gebar jene Bilder der unnahbaren Atomkraft, die in unseren Köpfen stecken.

Industrie ohne Erinnerung

Mit dem Rückbau der deutschen Anlagen wird auch ein bedeutendes Kapitel deutscher Industriegeschichte beendet. Die meisten heutigen Politiker und die Umweltverbände möchten diese Atomgeschichte möglichst schnell vergessen machen. Erinnert wird als »Hinterlassenschaft der Atomkraft« nur noch an den Atommüll, der noch kein Endlager, aber seine ganz eigene Mythisierungsgeschichte hinter sich hat. Nicht erinnert wird an die durch die Atomkraft verhinderten Millionen von Tonnen an CO_2- und Luftschadstoff-Emissionen. Derartige Erinnerungen, auch die Erinnerungen der Atomarbeiter, sind nicht erwünscht, oder präziser ausgedrückt: Kaum jemand kommt auf die Idee, dass auch diese Erinnerungen wertvoll sein könnten. Während grüne Archive jedes Flugblatt der Anti-AKW-Bewegung liebevoll aufbewahren und die Geschichtswissenschaft schon viele Publikationen zur Geschichte dieser Bewegung hervorgebracht hat, gibt es keinerlei Initiativen, keine Geschichtswerkstatt, die an das technisch-industrielle Erbe der deutschen Kernenergie anders erinnern will als an einen Haufen Müll. Die nukleare Arbeiterklasse hat keine Historiker.

Das fällt besonders dann auf, wenn man die Atomkraft mit einer anderen deutschen Energieindustrie vergleicht, der Kohleindustrie. Die Kohleverstromung hat in Deutschland Zigtausende von Opfern durch Luftverschmutzung gekostet[4], von den Arbeitsunfällen, Ewigkeitslasten und dem CO_2-Ausstoß, die sie den kommenden Generationen beschert hat, ganz abgesehen. Man kann also mit Fug und Recht sagen, hier handelt es sich um eine problematische Industrie. Dennoch wurde sie in hohen Ehren verabschiedet, mit Ministerreden und Grönemeyer-Konzert und einer großen Feier, bei der die letzte Lore Kohle unter Beifall, Abschiedstränen und Steigerlied ans Tageslicht gebracht wurde. Auch hat der Bergbau einen würdigen Erinnerungsort: das Deutsche Bergbaumuseum in Bochum mit seinem charakteristischen Industriedenkmal, dem großen Fördergerüst, das ursprünglich in der Dortmunder Schachtanlage Germania zum Einsatz kam. Hier kann man nicht nur in ein Anschauungsbergwerk einfahren, sondern auch in der Veranstaltungsserie »Frag den Kumpel« ehemaligen Bergleuten zuhören, die ihre Arbeit erklären. Die deutsche Kohle war ein Killer, aber sie stiftete proletarische Identitäten. Dafür wurde sie geliebt. Die deutsche Kerntechnik hingegen war nie ein Killer – identitätsstiftend wirkte sie nur bei ihren Gegnern.

Die Atomgegnerschaft gehört so unverbrüchlich zur Biografie vieler Politikerinnen und Politiker, dass ihnen allein deswegen ein Abbruch des Projekts Atomausstieg unmöglich erscheint. Sie sehen sich nun als Sieger der Geschichte. Die damalige Staatssekretärin im Umweltministerium, Rita Schwarzelühr-Sutter, sagte auf der »Fachkonferenz Teilgebiete« zur Endlagersuche, sie freue sich als ehemalige Aktivistin der Anti-AKW-Bewegung auf das Ende der Atomkraft in ihrem Land. Über das Ende der Kohleindustrie ist kein vergleichbarer Jubel überliefert, weder von Schwarzelühr-Sutter noch von ihrer damaligen Chefin, der ehemaligen Umweltministerin Svenja Schulze, die ihre Karriere einst in der Industriegewerkschaft Bergbau, Chemie, Energie begonnen hatte. Ob sich die beiden je gefragt haben, was passiert wäre, hätte man anstatt der deutschen Kernkraftwerke damals lauter Kohlekraftwerke gebaut? Was ist da schiefgelaufen, dass die Wahrnehmungen so krass unterschiedlich verteilt sind? Auch diese Fragen werde ich beantworten.

Im Anthropozän

Die ungeheure Energiedichte der Kerntechnik hat den Menschen vor Augen geführt, dass sie die Naturkräfte nicht nur zum eigenen Nutzen bändigen, sondern auch die Mittel zu ihrer eigenen globalen Vernichtung in der Hand halten kann. Sie lernten ansatzweise zu begreifen, dass heutiges Handeln noch in geologischen Zeiträumen nachweisbar sein wird. Heute erlebt die Welt im Lichte der Klimakrise einen ähnlichen Moment. Diese beiden Erfahrungen haben Forscherinnen und Forscher veranlasst, von einem neuen Erdzeitalter zu sprechen, dem Anthropozän, dem Menschen-Zeitalter: Menschliche Hinterlassenschaften, auch und vor allem die radioaktiven, werden jetzt zu Leitsedimenten einer neuen geologischen Schicht in der Erdkruste. Ich werde versuchen, diese beiden Erfahrungen – die Kerntechnik und die Klimakrise – auf eine andere Weise zusammenzubringen. Denn ich bin überzeugt, dass die Kernenergie in der Klimakrise eine Rolle zu spielen hat – eine mahnende. Und eine konstruktive.

Ich möchte meine Leserinnen und Leser einladen, ihren Blick zu schärfen über eine Technologie, zu der schon alles gesagt schien, sie anders kennenzulernen. Dieses Buch ist ein Plädoyer, keine Laudatio. Es geht nicht darum, das lichte Bild einer prometheischen Technik aus der Klamottenkiste der 1960er-Jahre zu holen und gegen die Schreckensbilder der Atomkritiker zu setzen. Vielmehr ist mein Anliegen, die Kerntechnik mit ihren Versprechungen und Erfüllungen, Höhen und Tiefen, Monstrositäten und Menschlichkeiten so darzustellen, dass eine rationale Abwägung möglich erscheint: eine nochmalige Überlegung, ob wir im

Lichte einer neuen Herausforderung nicht doch noch einmal neu über diese Technologie nachdenken sollten.

Zu dieser Überlegung hat mich die wissenschaftliche Beschäftigung mit dieser Technologie gebracht, die mich über lange Jahre als Beobachterin in verschiedene kerntechnische Anlagen geführt hat. Denn ich bin durch beide Welten gewandert: erst als junge Anti-Atom- und Friedens-Kämpferin an den Zäunen der AKW-Betriebsgelände und Atomraketendepots, in Polizeigewahrsam und vor Gericht; dann als Studentin in der Sowjetunion, mit dem Unglücksreaktor von Tschernobyl vor der Haustür; viele Jahre später dann als Wissenschaftlerin, die die Welt innerhalb der Zäune betrat. Ich habe über viele Jahre hinweg als Technikhistorikerin die Mensch-Maschine-Beziehungen der Kerntechnik und die Geschichte und Gegenwart der Reaktorsicherheit erforscht.

Die Struktur dieses Buches

Viele von Ihnen sind wahrscheinlich atomkraftskeptisch. Ich kann Sie gut verstehen, denn das war ich auch einmal. Daher nehme ich Sie im folgenden Kapitel 2 erst einmal mit auf meinen eigenen Weg: Ich schildere, wie ich von einer ziemlich radikalen Atomkraftgegnerin zur Kernenergie-Forscherin wurde. Danach wenden wir uns den Problemen unserer Gegenwart zu. Kapitel 3 skizziert, was mit der real existierenden Energiewende falschläuft und warum es dazu kam. Kapitel 4 zeigt Lösungsvorschläge und Szenarien unter Einschluss der Kernenergie auf. Dazu muss man wissen, welche Entwicklungspotenziale und -pfade in der Kernenergietechnik für die Bewältigung der Klimakrise realistisch sind. Daher diskutiere ich die verschiedenen möglichen Strategien von Laufzeitverlängerung über den Neubau von heute am Markt verfügbaren Kernkraftwerken (KKW) bis hin zum nuklearen Neustart mit fortschrittlichen Reaktorgenerationen und ihre Kosten.

Doch wie wir alle wissen, gibt es immense Vorbehalte in Teilen der Bevölkerung und der Politik gegen die Kernenergie. Diese werden von schlagkräftigen Organisationen kanalisiert und in Erzählungen verpackt, gegen die in den vergangenen Jahrzehnten kein Kraut gewachsen schien. In den Kapiteln 5 und 6 setze ich mich daher mit den wichtigsten Argumenten der Atomgegner auseinander, die ja auch mal meine eigenen waren: Sie sei zu gefährlich, aus militärischen Motiven geboren und produziere ewig problematischen Müll. Aus welchem Erfahrungsraum sind diese Argumente entstanden? Sind sie wissenschaftlich hieb- und stichfest? Ich werde in diesen Kapiteln auf Grundlage des aktuellen Forschungsstands zeigen, was die wahren Lehren aus Tschernobyl und Fukushima sind, warum man vor Niedrigstrahlung aus dem KKW-Betrieb keine Krebsangst haben muss, wie die Sicherheitskultur in unseren Anlagen aussieht, wie Profis in der Kerntechnik mit Strahlung umgehen, wie man Kernkraftwerke versichert, warum ein Leistungskernreaktor nicht der direkte Weg zur Atombombe ist, und warum auch das Atommüllproblem lösbar ist.

Doch technische Lösungen funktionieren nicht ohne Akzeptanz, und Akzeptanz wird immer sozial und kulturell produziert – als Ergebnis von Kommunikation und Deutung. Daher skizziere ich im Schlusskapitel 7, was die grundlegende Voraussetzung für eine deutsche Klimastrategie mit Kernenergie wäre: Das ist ein Kulturwandel. Ein Wandel weg von der in Deutschland über mehrere Generationen eingeübten Leitkultur der Atomangst, hin zu einer Kultur der nuklearen Gelassenheit: einem kritischen, aufgeklärten, aber auch unaufgeregten Verhältnis zur Kerntechnik; einer wissenschaftsbasierten Haltung zur Energieversorgung, die ohne Nullsummenspiele und Bashing-Attitüde auskommt, egal ob wir von Erneuerbaren oder von Kernenergie sprechen. Ich biete Ihnen also an, was Fridays for Future fordert: Follow the Science.

Kapitel 2
Von der Atomgegnerin zur Atomforscherin

Mein erstes Atomkraftwerk war Tschernobyl. Nicht nur im übertragenen Sinne, sondern auch im tatsächlichen: Es war das erste AKW, mit dem ich mich wirklich beschäftigte, und auch das erste, in dem ich einen ganzen Tag verbrachte. Vorher hatte ich ein zwiespältiges Verhältnis zur Atomkraft. Als Kind war ich fasziniert von Technik und Naturwissenschaften und verschlang Bücher über Luft- und Raumfahrt. Über meinem Bett hingen die ESSO-Sammel-Poster von Bohrinseln und arktischen Ölfeldern, die mein Vater mir von der Tankstelle mitgebracht hatte. Die erste kerntechnische Anlage, über die ich mir ernsthaft Gedanken machte, war der plutoniumproduzierende Uran-Grafit-Reaktor von Professor Bienlein im Tim-und-Struppi-Band »Reiseziel Mond«. Der stellte Raketenbrennstoff zum Zwecke einer friedvollen Monderforschung her und legte in mir das Fundament einer Grundsympathie für solche Maschinen.

Doch bald geriet diese Zuneigung in ein Spannungsverhältnis zu meinem Engagement als politisch linke Halbwüchsige, was automatisch bedeutete, gegen Atomkraft zu sein. Wir waren damals in der Schule alle links und alle gegen Atomkraft. Für Kernenergie waren nur ein paar wenige Vertreter der Schülerunion mit sauber gescheiteltem Haar, Karottenhosen, hellgelben Pullundern und BWL-Studienwunsch. Gegner sagten »Atomkraft«, Befürworter »Kernenergie«. »Atom«, so meinten wir, hörte sich gefährlicher an. Atomwirtschaft und Atombombe waren für uns zwei Seiten derselben Medaille. Der eigentlich korrekte Ausdruck »Kernenergie« klang nach Kohl-Reden und RWE-Aktionärsversammlung.

In meiner Teenagerzeit klebte die Atomkraft-nein-danke!-Sonne neben dem Hausbesetzer-Blitz auf allen möglichen meiner Habseligkeiten. Ich las Robert Jungks »Atomstaat«, der damals als »Stern«-Buch herauskam und dessen Titel eine dunkelgründräuende, körnige Nachtaufnahme des Atomkraftwerks Brokdorf zierte, das mich irgendwie an Fotos des RAF-Gefängnisses in Stuttgart-Stammheim erinnerte. So sah ich das damals: Der kapitalistische Atomstaat trat uns mit brutalistischen Gebäuden entgegen. Schulen, Knäste, AKW: alles derselbe Geist.

Ich kaufte jedes Jahr den »Roten Kalender« und liebte den Anarcho-Karikaturisten Gerhard Seyfried, der geniale Stücke über wegelagernde Fahrkartenautomaten, tumbe Polizisten und chaotische Links-WGs machte, aber auch die Karikatur mit den zwei Bauern, die sich unterhalten, während sich neben ihnen ein mannshoher Maulwurf aus dem Boden wühlt: »Das Kernkraftwerk is mir wurscht. Was mich stört, sind die Scheiß-Maulwürf' auf'm Feld!« Dass AKW im Normalbetrieb monströse Mutationen und Leukämie auslösen könnten, wie die kernkraftkritischen Organisationen behaupteten, hielt ich für denkbar, wenn ich es auch selbst nicht nachgeprüft hatte – wie auch?

Tschernobyl: das erste Bild

Und dann kam Tschernobyl. In diesem April 1986 war ich 19 und Geschichtsstudentin. Ich war auf einem typisch westeuropäischen Lebensweg unterwegs, mit Studienplänen in Frankreich und Forschungsinteressen in der Geschichte der Sozialdemokratie. Mitten auf diesem Weg fiel wie ein eiserner Meteorit aus heiterem Himmel die Katastrophe von Tschernobyl, die mir klarmachte, dass es ein östliches Europa gab, mit Menschen, Sprachen, politischen

Verhältnissen, Industrien, von denen meine Freunde und ich nichts wussten oder nichts wissen konnten, da alles hinter dem Eisernen Vorhang verborgen lag. Unter der Wolke von Tschernobyl wurden politische Grenzen irrelevant. Die Risiken hochentwickelter Industriegesellschaften waren nicht mehr auf nationaler Ebene einzuhegen, lernten wir. Aus dieser Erkenntnis leitete der Soziologe Ulrich Beck in den späten 1980er-Jahren seine Überlegungen zur oft zitierten »Risikogesellschaft« ab.

Aber diese Erkenntnisse kamen mir nicht sofort. Meine erste Konfrontation mit Tschernobyl war sonderbar. Ich erinnere mich an meine Gedanken beim Anblick des ersten Bildes des zerstörten Kraftwerksblocks – wie ich später erfuhr, eins der Schadensaufnahmefotos des Kraftwerksfotografen, aufgenommen aus gut 800 Metern Entfernung. Das Bild erschien Anfang Mai 1986 auf den Titelseiten der deutschen Zeitungen. Es war schwarz-weiß und unscharf. Es zeigte ein Industriegebäude, das mich an jene erinnerte, die ich vorher auf Bildern der von mir verehrten Fotografen Bernd und Hilla Becher gesehen hatte, kantig und streng symmetrisch, mit einem Abluftkamin in der Mitte, den ein konstruktivistisches Stahlskelett umgab, eine echte Landmarke.

Aber dem Doppelreaktorblock war infolge der Zerstörungen auf seinem rechten Flügel die Symmetrie abhandengekommen. »Sonderbar«, dachte ich, »es sieht überhaupt nicht wie ein Atomkraftwerk aus.« Denn diese Anlage unterschied sich sehr von den weißen Containment-Kuppeln deutscher Kernkraftwerke, die ich kannte. In mir stieg der Gedanke auf, dass etwas einst Markantes und in seiner industriellen Kantigkeit und Schnoddrigkeit Schönes nun zerstört sei, und ich schämte mich. Denn dieser Gedanke wollte nicht zu dem passen, was mir damals angemessener schien: an die Strahlenbelastung zu denken, die Opfer, den politischen Kampf gegen diese menschenverachtende Technologie.

Jahre später stieß ich auf Fotos des KKWs Tschernobyl, wie es unversehrt vor dem Unfall aussah, und ich erinnerte mich an diese ersten Gedanken. Ein Elektriker und Hobbyfotograf hatte die Aufnahmen gemacht, zehn Tage vor dem Unfall. Das Kraftwerk erschien auf ihnen wie ein stolzes weißes Dampfschiff.

Der Traum vom weißen Schiff zerbrach mit dem ersten Bild vom havarierten Tschernobyl. Millionen von Sowjetbürgern, die die Aufnahme sahen, bekamen überhaupt zum ersten Mal in ihrem Leben ein Katastrophenfoto zu Gesicht. Flugzeugabstürze und Eisenbahnunglücke passierten natürlich auch dort, aber nie gab es Fotos. Jetzt sahen sie einen explodierten Kernreaktor. Der Schock war nicht nur ein politischer, er war auch ein visueller. Interessanterweise hatte kurz zuvor einer der Menschen vor Ort einen ähnlichen Gedanken gehabt, wie ich ihn hatte. Als Valerij Legasov, physikalischer Chemiker und stellvertretender Direktor des Kurtschatow-Kernforschungs-Instituts, am Abend des Unfalls mit einer hastig zusammengestellten Regierungskommission am Ort des Geschehens eintraf, notierte er Folgendes:

> Und als wir so sieben oder acht Kilometer vor Prypjat [das heißt ca. 3–4 km vom Kraftwerk entfernt, AVW] sind, da erkenne ich das Atomkraftwerk nicht wieder. Weil man ein Atomkraftwerk immer daran erkennen kann: Da stehen Schornsteine, aus denen nichts herauskommt. Verstehen Sie? Das ist das charakteristischste Merkmal eines Atomobjekts, dass da ein Schornstein nur für die Abluft steht … Und jetzt dieser himbeerrote Schein über dem halben Himmel, und so ein weißer, weißer Rauch kommt aus diesem Reaktor. Da dachte ich, das ist kein Atomkraftwerk. Das war mein erster Eindruck, dass ich da nicht in ein Atomkraftwerk komme.[1]

Legasovs Beschreibung vom Nicht-mehr-Wiedererkennen beschwört ein Bild herauf, das freilich auf keiner Fotografie festgehalten wurde: das Bild des bestürzten Experten in jenem Moment, in dem sein Bild vom »Atomobjekt« und vom Kernreaktor als funktionierendem System, dessen Integrität man gerade an der Nichtsichtbarkeit der darin ablaufenden Prozesse festmachte, in Trümmer fällt. Himbeerrotes Leuchten am Himmel und Rauch, das kannte man in der Sowjetunion der 1980er-Jahre von Hochöfen und Chemiewerken; die Kernenergiewirtschaft, die zunehmend die elektrische Versorgung ebenjener Schwer- und Chemieindustriekomplexe übernehmen sollte, wurde zu diesem Zeitpunkt von Experten und Propagandisten mit dem Gegenteil assoziiert.

Expertenbilder aus der Kerntechnik kannte man in der Sowjetunion auch: Männer und Frauen, Wissenschaftler, Ingenieurinnen und Technikerinnen in weißen Laborkitteln mit ernstem und aufmerksamem Blick vor komplizierten technischen Anlagen. In diesen Bildern lag immer Ruhe und Gewissheit. In den Bildmaterialien ab Mai 1986 tauchten die Menschen in weißer Laborkleidung als »Liquidatoren« der Havarie auf: am Rande der Erschöpfung, mit verschwitzten, blassen Gesichtern. Sie wurden, genauso wie das total zerstörte Reaktorgebäude von Tschernobyl-4, zu einer Chiffre der nuklearen Katastrophe.

Wir alle waren damals Zeitzeugen des Zerbrechens der gewohnten Bilder mit den sauberen, naturkompatiblen, qualmfreien Industriegebäuden, die man mit der Kernenergie assoziiert und in der Sowjetunion wie auch bei uns propagiert hatte: Aufnahmen, die zeigten, wie schön die Anlage in die Natur der umgebenden Auwälder eingebettet war. Der RWE-Film über das AKW Biblis aus der Mitte der 1970er-Jahre, den man sich auf der Facebook-Seite »Bilder von Biblis« anschauen kann, unterscheidet sich in seiner Bildsprache nicht wesentlich von den Sowjetfilmen über Tschernobyl und Prypjat.[2] Man staunt auch über andere Dinge in diesem Film: Anhörungen in verqualmten Stadthallen, in denen nur Männer sitzen, samt einem gönnerhaften Kommentar: »Auch die Öffentlichkeit will unterrichtet sein.«

Das war es, was wir Jugendlichen der 1980er nach Tschernobyl nicht mehr wollten, dieses herablassende, patriarchale, bevormundende Gerede von der sicheren Kernenergie. Wir machten keinen Unterschied zwischen Tschernobyl und Biblis. Wir gingen auf die Straße. Ich wurde eine radikale Atomgegnerin und verbrachte ziemlich viele Wochenenden auf Demonstrationen gegen alles Nukleare in meiner Reichweite, ob US-Atomraketendepots im Hunsrück oder das AKW Mülheim-Kärlich am Mittelrhein. Selbstverständlich gehörten auch Konfrontationen dazu: nächtliche Schmierereien, Gerangel mit der Polizei bei Demos, und ein Nötigungsprozess, den ich mir wegen der Blockade des US-Atomstützpunkts Hasselbach im Hunsrück einhandelte.

In der Sowjetunion fiel zusammen mit dem Block 4 von Tschernobyl auch das Vertrauen in den prometheischen Atomingenieurstypus in Trümmer, der in so vielen Denkmalen verewigt worden war: der – stets männliche – Bändiger des Atoms, dessen Muskeln sich unter dem Laborkittel abzeichnen, die eine Hand auf dem Rutherfordschen Atommodell, die andere in die Zukunft weisend. Nun schlug den Wissenschaftshelden und privilegierten Experten Misstrauen entgegen. Auch die bizarrsten Beschwerden wurden der Strahlung zugeschrieben – wer konnte es schon so genau wissen? In der Sowjetunion gab es erste Demonstrationen, allerdings nicht gegen Atomkraftwerke, sondern gegen den Staat, der nicht in der Lage war, die Evakuierten und durch Strahlung belasteten Menschen nach der Tschernobyl-Katastrophe anständig zu versorgen. In den letzten Jahren der Sowjetunion war der Tschernobyl-Protest vor allem ein Sozialprotest, der durch den schleichenden Zerfall des Staates befeuert wurde und ihn seinerseits beschleunigte.

Vor dem AKW Rivne im ukrainischen Warasch, in dem ich lange gearbeitet habe, steht bis heute so ein sowjetischer Prometheus aus den 1980er-Jahren: ein mit Bronzefarbe angemalter Betonguss-Physiker. »Der zeigt uns, wo es nach der Schicht nach Hause geht«, sagen die Arbeiter dort grinsend, denn seine Hand weist in Richtung der Stadt. Heute nimmt man das Pathos der frühen Jahre nicht mehr für voll. In der Stadt Prypjat, die mit Tschernobyl unterging, gab es tatsächlich ein Denkmal, das dem echten, antiken Prometheus gewidmet war, dem Feuerbringer. Ein Mensch in Qualen, in extremer Spannung mit dem Feuer ringend, in den Himmel starrend – die Aufgabe, die er hat, scheint über seine Kräfte zu gehen. Ein prophetisches Kunstwerk.

Damals im Mai 1986, als die Wolke von Tschernobyl über meine rheinische Heimat zog, mobilisierte mich der Unfall politisch. Doch setzte sich auch ein weiterer Gedanke in mir fest: Wenn die Folgen sogar bei uns zu Hause zu messen sind – was muss dann erst vor Ort los sein? Und damit war geschehen, was mein Leben in eine andere Bahn lenkte. Inmitten der deutschen Diskussionen um Salat, Milch, Güterwaggons mit strahlenbelasteter Molke, Grenzwerte und Kinderspielplätze beschäftigte mich ein Gedanke: Was ist dort los? Ich begann den deutschen Sendedienst von Radio Moskau zu hören. Ich bestellte mir die *Moskovskie novosti* (»Moskauer Nachrichten«) auf Deutsch. Ich fing an, Russisch zu lernen. Ich sammelte wie verrückt alle Zeitungsausschnitte, die ich über Tschernobyl bekommen konnte. Nach einem Jahr endete das in einem Studienfachwechsel hin zur Geschichte Osteuropas. Dieses Fach boomte damals, unter dem Eindruck von Gorbatschow, Glasnost und Perestrojka. Eine ganze Generation von Osteuropa-Spezialisten ist in dieser Aufbruchsstimmung groß geworden. Ich war eine von ihnen. In der Sowjetunion öffneten sich damals nicht nur Fenster, sondern auch Türen zum Westen. Und ich ging hindurch, in der Gegenrichtung. Drei Jahre nach Tschernobyl ging ich ins Land von Tschernobyl, in die Ukraine, die damals noch zur Sowjetunion gehörte.

Mit Tschernobyl leben: meine Jahre in der Ukraine

Ich ging im Oktober 1989 für ein Jahr zum Studium in die sowjet-ukrainische Hauptstadt Kiew, deren Stadtgrenze 80 Kilometer vom Unglücksreaktor und 50 Kilometer von der Evakuierungszone entfernt liegt. Meine Mutter fragte mich besorgt, ob ich das wirklich tun wolle, »wegen Tschernobyl«. Ich verpasste im verschneiten Kiew den Mauerfall und verbrauchte in meinem Studentenwohnheim Atomstrom aus Tschernobyl – dessen drei verbliebene Blöcke längst wieder in Betrieb waren. In Kiew war Tschernobyl allgegenwärtig – das Laub wurde immer noch nicht in den Parks liegengelassen, sondern säuberlich aufgesammelt und irgendwo entsorgt, und wir wurden dazu angehalten, auf keinen Fall zu tun, was Ukrainer auf Ausflügen sonst sehr gerne machen: Pilze zu suchen, ein Lagerfeuer zu entzünden und im Freien zu grillen. Wenn meine Freunde auf unseren Feten im Studentenwohnheim die hausgemachten Konserven aufmachten, die uns in den damaligen Krisenzeiten über Wasser hielten, sagten sie immer: »Die hier sind sauber, von zu Hause. Weit weg von Tschernobyl.«

Fünf Jahre nach dem Unfall war ich zum ersten Mal im Atomkraftwerk Tschernobyl und in der verlassenen Stadt Prypjat, mitgenommen von Bekannten, die dort arbeiteten. Prypjat nannte man in der Sowjetunion *Atomgrad*. Das bedeutet übersetzt »Atomstadt«: eine Werksstadt für ein Atomkraftwerk, so wie Wolfsburg eine Autostadt ist und Leverkusen eine Chemiestadt. »Atom« hatte für die Menschen in der Sowjetunion damals nichts Bedrohliches. *Atomgrad* war ein stolzer Begriff voller urbaner Utopien. Damit bezeichnete man eine ganze Reihe von modernen, privilegierten, jungen Städten, die neben den riesigen Atomkomplexen der westlichen Sowjetunion aus dem Boden gestampft wurden.

Da die Anlagen meist in unerschlossenen Wald- und Wasserlandschaften errichtet wurden und kaum einer sich ein privates Auto leisten konnte, musste man die Arbeiter und Ingenieurinnen eben zum Werk bringen. In der Ukraine gab es mehrere Atomstädte: Prypjat war mit seinen 50.000 Einwohnern die größte. In den ukrainischen Wäldern und Sümpfen landeten die *Atomgrads* wie leuchtende Raumschiffe der Moderne, mit hellen Plattenbauten, Parks, Sportanlagen; die Stadt Prypjat hatte als besondere Attraktion eine Marina, einen Hafen am Fluss Prypjat, wo die Atomingenieure ihre Segelboote liegen hatten und täglich die berühmten Raketa-Tragflügelschiffe Richtung Kiew ablegten. Am »Flussbahnhof« in Kiew habe ich 1989 an der Pier noch die verblichenen Fahrpläne nach Tschernobyl und Prypjat gesehen, die nun nicht mehr bedient wurden.

Die *Atomgrads* glänzten durch ihren geringen Altersdurchschnitt und ihre hohen Geburtenraten sowie den Bildungsgrad ihrer Bewohner. Alte und gebrechliche Menschen gab es dort kaum, dafür umso mehr sportbegeisterte. In der Atomstadt Warasch, wo ich längere Zeit gelebt habe, knapp 300 Kilometer westlich von Prypjat, hatte man zuerst nicht mal einen Friedhof eingeplant. Das Leben erschien offen und ewig. Die wenigen, die doch starben – meistens aufgrund von Arbeitsunfällen auf dem *Atomstroj*, der riesigen Atombaustelle – wurden auf dem Friedhof des benachbarten Dorfes Stara Rafaliwka bestattet. Man feierte die Jugend, die Kraft, das Tempo, das Leben. Die Arbeit mit Kernreaktoren schien dazu zu passen.

In Kiew lernte ich *Atomgrad*-Vertriebene kennen, ehemalige Bewohnerinnen von Prypjat. 1991 dolmetschte ich für Prypjater Kinder und ihre Mütter bei einem Tschernobyl-Kinder-Erholungsaufenthalt am Mittelrhein. Viele der Eltern der Kinder hatten im Kernkraftwerk Tschernobyl gearbeitet, einige taten das immer noch. Ich, die Atomgegnerin, hielt den Atem an. Jetzt sprach ich mit Opfern von Tschernobyl! Umso größer war meine Verblüffung, als die Atomtechnikerinnen unter den Müttern in der Nähe von Koblenz das KKW Mülheim-Kärlich erblickten, gegen das ich kämpfte, und fragten, ob sie es wohl besichtigen könnten. Gegen etliche Widerstände entschied das Leitungsteam, der Wunsch des Gastes sei Befehl, also los zum AKW.

Und so setzte ich mich am Abend mit den Prypjatern vor den Wärmeschaltplan des deutschen Atomkraftwerks und ging mit ihnen die Fachterminologie durch, damit ich am nächsten Tag auch richtig übersetzen konnte. Das war meine erste Konfrontation mit Kerntechnik auf Russisch – um die Ukrainer mit der Anlage vertraut zu machen, die ich abschalten wollte. Was meinen Atomgegnerinnen-Kosmos außerdem durcheinanderbrachte, waren die Überlegungen unserer Gäste zur Nutzung der Kernenergie. Die sei prinzipiell zu begrüßen, meinten sie. Doch hätte man sie nicht so auf den Hund bringen dürfen wie die Sowjetunion in Tschernobyl. Man müsse aus dem Unfall lernen, damit sich so etwas nicht wiederhole. Ich protestierte, aber die Saat des Zweifels war gelegt. Als Wissenschaftsmensch konnte ich dem Gedanken etwas abgewinnen.

Reise nach Tschernobyl

Mein Besuch im Kernkraftwerk Tschernobyl im darauffolgenden Oktober war eine Art Gegenbesuch. Damals war die Zone noch streng abgesperrt, es gab noch keinen Tschernobyl-Tourismus wie heute. Ich hatte eine offizielle Einladung des Kraftwerks, dessen Werksradio-Station ein Interview mit mir, der deutschen Studentin, machen wollte. Wir fuhren in einem Kleinbus zum Kontrollpunkt. Dort wurde das Fahrzeug gewechselt. Weiter ging es durch eine waldige Landschaft, in der es nur noch Ortsschilder gab, aber keine Orte. Im Herbstlicht, bei manchmal einsetzendem leichtem Nieselregen, sah das alles melancholisch und aus der Welt gefallen aus.

Ich war aufgeregt, als die auf hundert Bildern gesehene Silhouette des Kraftwerks am Horizont auftauchte. Ich konnte es gar nicht fassen, dass ich am Ground Zero des globalen Katastrophengedächtnisses angelangt war, der meine Gedanken jahrelang beschäftigt hatte. Und ich war sehr überrascht, als ich einen geschäftigen Ort vorfand, in dem Männer und Frauen fast wie selbstverständlich ihrer Arbeit nachgingen – drei Blöcke waren ja noch in Betrieb. Ich empfand es als die große Anfechtung in dieser leer geräumten Zone, aus der man die Menschen evakuiert und in der man die kontaminierten Bauernhäuser abgerissen und in Haus-Massengräber befördert hatte, dass ausgerechnet die Ursache dieses ganzen Sterbens, das AKW, voller *Leben* war! Auch Prypjat war nicht ganz tot, es gab dort Forschungslabore, Gewächshäuser und eine Pelztierfarm, in der die Auswirkungen der Strahlung auf Flora und Fauna untersucht wurden. Damals war beim Gang durch die Stadt noch die aufgehängte Wäsche auf den Balkonen zu sehen, die die Menschen bei der hastigen Evakuierung am 28. April 1986 zurückgelassen hatten. Die Natur hatte die Stadt noch nicht so erobert wie heute, Gras wuchs zwischen den Betonplatten und Birkenschösslinge besiedelten die ehemaligen Blumenbeete, aber es schien eine Stadt zu sein, in die die Bewohner bald zurückkehren könnten, und ich fühlte die schwer lastende Trauer angesichts der Gewissheit, dass das nicht der Fall war.

Diese anfängliche Hoffnung hatte sich schon 1986 zerschlagen: Zu schwer kontaminiert waren einige Stadtteile, als man das durch Bodenabtragung oder Säuberung der Häuser hätte beheben können. Für die Atomkraftwerker wurde 50 Kilometer weiter östlich eine neue Retortenstadt errichtet, Slawutytsch, die jüngste Stadt der Ukraine. Die Altbelegschaft von 1986 hatte der Sturm des Unfalls bis auf wenige in alle Winde zerstreut, die meisten hatten viel zu viel Strahlung abbekommen, um jemals wieder in einem AKW arbeiten zu dürfen. Die neuen Arbeiter waren, von hohen Lohnzulagen angelockt, aus allen Teilen der Sowjetunion zum Kraftwerk gekommen, und arbeiteten in einem zweiwöchigen Schichtrhythmus auf der Anlage. Erst im Jahr 2000 wurde das Werk, größtenteils auf Betreiben und mit Finanzierung westlicher Staaten, stillgelegt.

Im Kraftwerk wanderte ich mit meinen Begleitern durch den Block 3. Der symmetrische Zwilling des verunglückten Blocks 4 lief auf Volllast, Wand an Wand mit der schwarz glänzenden Beton- und Stahlkonstruktion, dem sogenannten Sarkophag, der die radioaktiven Trümmer des vierten Blocks von der Außenwelt abschottete. Vor dem Hintergrund dieses Bauwerks gab ich dem Kraftwerksradio mein Interview und erläuterte, warum die Jugend in Westdeutschland größtenteils gegen Kernenergie sei – unter anderem wegen Tschernobyl.

Ich kletterte die steilen Treppen auf und ab durch das riesige, heiße, lärmende, vibrierende, penibel aufgeräumte Maschinenhaus mit den Palmenkübeln auf dem Turbinendeck. Bei uns hätten diese Pflanzen aus Arbeits- und Brandschutzgründen nichts in den technischen Gebäuden zu suchen. Als ich Jahre später im Kernkraftwerk Rivne einmal danach fragte, sagten die Leute von der Maschinenhausbesatzung: »Die Pflanzen fühlen sich wohl in der Wärme, und wir haben es auch schöner.« Irgendwie mochte ich diese von Pflanzen mitbewohnten Turbinenhallen.

Wir besuchten die stille Reaktorhalle mit der charakteristischen kreisrunden, rasterförmigen oberen Reaktorabdeckung des sowjetischen Druckröhrenreaktors, die auf so vielen Fotos zu sehen war. Ich betrachtete die eigentümliche, zylinderförmige Lademaschine mit ihrem Revolvertrommel-System, die während des Leistungsbetriebs an die einzelnen Druckröhren andocken und Brennelemente wechseln konnte. Unter anderem diese Eigenschaft hatte den sowjetischen RMBKs – so die russische Abkürzung dieses Reaktortyps – den Ruf eingehandelt, sie seien unter dem Deckmantel des zivilen Kernkraftwerks in Wirklichkeit Bombenküchen, wo man heimlich gering bestrahlte Brennelemente mit waffenfähigen Plutonium entnehme. Das allerdings war ein westlicher Mythos, der mit der Realität dieser Kraftwerke nichts zu tun hatte. Der »Tschernobyl-Reaktor« RBMK war das Schmuddelkind der Kerntechnik, von dem man sich möglichst weit absetzen wollte: in Teilen zu Recht, was die Reaktorsicherheit anging, in Teilen, wie in der Frage des Plutoniumbrütens, zu Unrecht. In Tschernobyl oder Ignalina wurden die Brennelemente nur aus betrieblichen Gründen umgesetzt, um die Gleichmäßigkeit des Abbrands in dem riesigen Reaktorkern zu gewährleisten. Zwei bis drei Brennelement-Kassetten am Tag lud die Maschine. Das sowjetische Bombenplutonium hingegen wurde in speziellen Militärreaktoren erbrütet, fernab der zivilen Atomwirtschaft, in verbotenen und abgeschotteten Städten, die keine Namen, sondern nur Postleitzahlen hatten.

Ich schaute auf der Warte von Tschernobyl-3 den Reaktoroperateuren über die Schulter – damals noch, ohne groß zu verstehen, was sie taten, was die Anzeigen über ihren Köpfen bedeuteten oder wofür die Schalter an ihren Pulten da waren. Ich stellte mir vor, hier sei es gewesen. Wir machten ein Erinnerungsfoto. Wir stiegen hinab in die Tiefgeschosse des Reaktorgebäudes, wo nahe des Übergangs zu Block 4 eine Gedenktafel an Walerij Chodemtschuk erinnert. Der Anlagenschlosser, der in der Unfallnacht seinen Routineaufgaben in den Hauptkühlmittelpumpenräumen nachging, wurde unter den Trümmern des Unglücksblocks verschüttet und nie wiedergefunden. Die Bronzetafel zeigte stilisiert Walerijs leblosen Körper und eine knappe Inschrift mit seinen Lebensdaten. Einige Blumen lagen darunter. »Hier nicht lange stehenbleiben«, sagten meine Begleiter mit Blick aufs Dosimeter. Block 4 strahlte uns von der Seite an, durch die meterdicke Betonwand.

Das ist mir nachhaltig in Erinnerung geblieben, auch Jahre später, als ich bei meiner Arbeit in den Kernkraftwerken lernte, mit Ortsdosisleistung, aktiven Systemen und Kontaminationszonen ohne Hektik und Panik umzugehen. Wenn ich vorne an der Front mit den Technikern und Strahlenschützern unterwegs war, dachte ich oft an Walerij, der es nicht geschafft hatte.

Jahre später hatte Heinz[3], einer der Schlosser, mit denen ich in einem deutschen KKW zusammengearbeitet hatte, einen tödlichen Arbeitsunfall. Unfallursache war ein Kondensationsschlag in einer Leitung des Hilfsdampfsystems. Solch ein Unfall ist gar nicht kernkraft-typisch, er kann auch in der Kesselanlage eines simplen Uniklinik-Blockheizkraftwerks passieren. Heinz verunglückte im nichtnuklearen Teil der Anlage. Trotzdem dachte ich wieder an Walerij. Man lief so selbstverständlich durch die Gänge, arbeitete routiniert seine Aufgaben ab, legte so selbstverständlich Hand an die Armaturen. Walerij und Heinz gemahnten mich, was die Arbeit in Kernkraftwerken bedeuten konnte. Sie lehrten mich den Respekt vor der Anlage.

Eine Forschungsidee entsteht

Zehn Jahre nach dem Unfall von Tschernobyl, 1996, heiratete ich meinen ukrainischen Freund, den ich im Kiewer Studentenwohnheim kennengelernt hatte. Wir zogen nach Leipzig, wo ich an einem Forschungsinstitut Arbeit gefunden hatte. Tschernobyl gehörte nun zu meiner Familie wie bei allen Kiewern, die den Unfall miterlebt hatten: häufig erzählt, nun zur nächsten Generation weitergegeben. »Weißt du noch …?« Doch im Trubel mit drei kleinen Söhnen und einem Wissenschaftsjob traten die Erinnerungen zurück hinter das Alltägliche. Wir sprachen nicht mehr oft von Tschernobyl.

Als im März 2011, knapp 25 Jahre nach Tschernobyl, das Kernkraftwerk Fukushima Daiichi nach dem Großen nordostjapanischen Erdbeben eine Kernschmelze erlitt, waren unsere Söhne neun, sieben und fünf Jahre alt. Gleich nach den ersten Nachrichten, die von dem Totalstromausfall im vom Tsunami getroffenen Kraftwerk bei uns einliefen, traf es uns wie ein Schlag – die ganze Tschernobyl-Geschichte kam mit Wucht zurück an die Oberfläche. Wie gut konnten wir die Japaner verstehen und wie sehr fühlten wir mit ihnen! Mein Mann hatte als Neunzehnjähriger die Reaktorkatastrophe von Tschernobyl in Kiew erlebt und gesehen, wie die Millionen-Stadt sich spontan selbst evakuierte, ohne auf die Direktiven der Partei zu hören. Die Menschen mieden jeden Regenschauer wie Gift, auf den Bahnhöfen spielten sich tumultartige Szenen ab. Die Verbliebenen versuchten, sich mit feuchten Lappen vor den Wohnungen und Rotwein im Magen die Radionuklide vom Leib zu halten.

Und nun dasselbe in Japan und gleichzeitig in mehreren Blöcken? Horror! Ich mobilisierte alle meine Atomgegnerinnen-Grundkenntnisse und sagte zu meinem Mann: »Wenn die jetzt ihre Nachwärmeabfuhr nicht in Gang kriegen, ist nach einigen Stunden Sense mit den Reaktoren.« Stundenlang hingen wir im Internet vor den Zustandsbeschreibungen der betroffenen Blöcke, die die japanischen Behörden herausbrachten. Mit Wasserbecher und Tauchsieder erklärte ich meinen Jungs, was in Japan los war und warum das in Deutschland alle elektrisierte. Wir sahen in den TV-Nachrichtenkanälen die Endlosschleife von der ersten Wasserstoffexplosion, die das Reaktorgebäude von Block 1 zerstört hatte. Was wir damals noch nicht wissen konnten: die radioaktive Freisetzung hatte schon davor begonnen, durch eine geplante Druckentlastung, um den geschmolzenen Reaktorkern mit Feuerlöschpumpen wieder kühlen zu können. Diese Operation trug die flüchtigen radioaktiven Stoffe aus dem geschmolzenen Reaktorkern ins Freie. Das Betongebäude hingegen, dessen Dach in Fukushima wegflog, hatte keine Sicherheitsfunktion, das Reaktorcontainment lag im Inneren des Blocks – um es zu schützen, hatte man die Evakuierung der Bevölkerung organisiert und dann die Druckentlastung durchgeführt. Aber das interessierte keinen: Was man sah, waren Bilder eines explodierenden Atomkraftwerks. Was auch niemand wusste: In Fukushima gab es, anders als in deutschen KKW, keine Wasserstoffrekombinatoren, die die Explosion hätten verhindern können. Da Siedewasserreaktoren wie die in Fukushima innenliegende Sicherheitsbehälter haben, die mit einem Schutzgas gefüllt sind, glaubte man, darauf verzichten zu können. Doch der Wasserstoff, der sich an den überhitzten Brennelement-Hüllrohren bildete, gelangte durch winzige Undichtigkeiten in die Außenräume, wurde über das Lüftungssystem auch in andere Blöcke verteilt und bildete dort mit Luft ein explosives Gemisch. Die Reaktoren selbst aber sind in Fukushima nicht explodiert, ihr Inventar blieb anders als in Tschernobyl zum allergrößten Teil im Inneren der Containments. Auch daher ist Fukushima trotz der Freisetzung weit glimpflicher davongekommen als Tschernobyl. Es gab keine Strahlenopfer auf der Anlage, und nach Angaben der Weltgesundheitsorganisation werden auch keine zusätzlichen Krebsfälle mit Todesfolge erwartet.

Doch die weitestreichenden Konsequenzen hatte Fukushima schließlich nicht in Japan, das derzeit ein AKW nach dem anderen wieder hochfährt, sondern am anderen Ende der Welt – in Deutschland. Noch bevor die Anlage nach einigen Tagen in einen einigermaßen beherrschbaren Kühlungszustand gebracht wurde, hatte Angela Merkel bereits den Atomausstieg erklärt und acht deutsche Kernkraftwerke sofort vom Netz nehmen lassen – als sei das japanische Ereignis eine Notstandssituation für unsere Anlagen. Auch waren nur drei der acht Blöcke von einem ähnlichen Reaktortyp wie Fukushima. Da wurde ich stutzig. Kurz zuvor hatte die Kanzlerin mit dem Versprechen einer Laufzeitverlängerung, die sie auch mit dem Klimawandel begründete, die Bundestagswahl gewonnen. Ich hatte das mit wenig Begeisterung akzeptiert, denn ich konnte der Argumentation von der Brückentechnologie, bis die Erneuerbaren so weit seien, etwas abgewinnen. Nun erschien mir Merkels 180-Grad-Wende opportunistisch.

Widerspruch regte sich in mir: Nein, so konnte man doch nicht mit einem Staat und einer Industrie umspringen, so bauchgesteuert und willkürlich – obwohl Merkel doch Physikerin war! Von ihr hatte ich das nicht erwartet.

Seit dem Déjà-vu von Fukushima dachte ich wieder häufiger an Tschernobyl, wachte fast eifersüchtig über »mein« Tschernobyl. Die meisten deutschen Publikationen darüber reizten und ärgerten mich, weil ich sie für oberflächlich, landesunkundig, sensationshungrig und voreingenommen hielt. Ich wollte es irgendwann besser machen, wusste aber nicht, wie. Nach Fukushima las ich vieles wieder, und dazu die neu erschienenen Bücher: die semidokumentarischen Texte der späteren Nobelpreisträgerin Swetlana Aleksijewitsch, die »Tschernobyler Hefte« des Atomwissenschaftlers Georgij Medwedjew, die minutiösen Aufarbeitungen von Nikolaj Karpan, der als Leiter der Abteilung für Reaktorphysik in Tschernobyl gearbeitet hatte, oder von Nikolaj Schtejnberg, der mit einer Untersuchungskommission 1990 einige Legendenbildungen über Tschernobyl zum Platzen brachte, bis hin zu den kleinen Broschüren unbekannter Aufräumarbeiter.

In diesen Büchern fand ich viele Antworten auf meine Fragen zum Unfall von Tschernobyl – und auch die Begründungen, warum ein solcher Unfall in den deutschen Kernkraftwerken aus reaktorphysikalischen Gründen nicht möglich ist. Was aber dort nur am Rande thematisiert wurde, das war der Alltag vor dem Unfall. Dies aber war eine meiner großen Fragen: Wie sah eigentlich die Welt aus, in der dieser Unfall stattfand – stattfinden konnte. Die Menschen, die ich kannte, die aus Prypjat kamen, hatten trotz aller Bitternis mit Wärme von ihrer Stadt und ihrer Arbeit im Atomkraftwerk gesprochen. Als ich die ehemaligen Bewohner von Prypjat nach ihrem Leben *vor* dem Unfall fragte, sagten sie: »Du bist die Erste, die mich das fragt.« Journalisten und Wissenschaftler wollten immer nur wissen, wie sie den Unfall erlebt, bewältigt und aufgearbeitet hatten. Für die Welt, in der der Unfall von Tschernobyl stattgefunden hatte, interessierte sich lange Zeit niemand. Erst Jahrzehnte später nahm die Filmkunst diese Frage auf. Der vielbeachteten HBO-Miniserie *Chernobyl* ist anzusehen, wie viele Gedanken sich ihre Regisseure über die Alltagswelt von Tschernobyl machten. Die Serie ist zwar Fiktion, aber vorbildlich in ihrer minutiösen Rekonstruktion der Interieurs und Schauplätze.

So stieß ich auf mein Thema – es hatte seit Ende der 1980er-Jahre auf mich gewartet, und Fukushima war sein Geburtshelfer. Dem Lebensgefühl, das das Leben in Prypjat nicht für das falsche Leben im falschen hielt, wollte ich auf den Grund gehen. Es traf sich, dass ich zu der Zeit ein Thema für ein neues Forschungsprojekt suchte. Und plötzlich wusste ich es: Du schreibst über die Atomstädte. Die Menschen von Prypjat hatten ihr Herz an Dinge gehängt, die in Deutschland nur Abscheu oder Unverständnis auslösen konnten. Eine sozialistische Plattenbaustadt – wie hässlich. Ein Atomkraftwerk – wie gefährlich und ebenso hässlich. Jeden Tag der Blick vom Plattenbau-Balkon auf das Atomkraftwerk – unmöglich. Das Studium dieser vordergründig unmöglichen Orte wurde zum Ausgangspunkt meiner Forschung über die Lebenswelt der Atomstädte und die Arbeitswelt der Atomkraftwerke, die schließlich zum Thema meiner Habilitationsschrift wurde.

Als Technikhistorikerin in Kernkraftwerken

Im Mittelpunkt der Atomgemeinden standen die Kernkraftwerke. Sie waren der »städtebildende Faktor«, der Identitätsanker, an dem sich gleichzeitig die Gegner abarbeiteten. Und was stand im Zentrum des Unbehagens an den Kernkraftwerken? Die Angst, sie könnten bei einem großen Unfall die ganze Gegend ins Unheil stürzen, aber auch die Angst, im Normalbetrieb mit ihren Emissionen den Menschen in der Umgebung zu schaden. Ich begann mich also immer stärker mit der technischen Seite der Atomstädte zu befassen, schließlich wechselte ich direkt in die Erforschung der Reaktorsicherheit. Ich begann, die Transformationen und Krisen nuklearer Sicherheitskulturen zu untersuchen, und mich interessierte ihre konkrete Ausgestaltung in der alltäglichen Beziehung zwischen Menschen und Maschinen.

Technikhistoriker sprechen, wenn sie dieses Zusammenspiel beschreiben, gerne von »soziotechnischen Systemen«. Solche Systeme sind keine rein technischen Mechanismen, sondern sie bestehen aus menschlichen Akteuren, Maschinen, Normen, Regeln und Werten. Sie werden überdies von kulturellen Deutungen überformt. So entwickelte sich auch die Reaktorsicherheit: aus der Arbeit konkreter Menschen in den Konstruktionsbüros und an den Schaltpulten der Kernkraftwerke, in Gestalt von Sicherheitssystemen, von kerntechnischen Regelwerken – aber auch unter dem ständigen Einfluss von Strömungen der Atomeuphorie oder Atomkritik, je nach Land und Epoche.

Technikhistoriker untersuchen Technik – vom Einbaum bis zum Raumschiff – in ihrer zeitlichen Entwicklung und in ihrer Einbettung in soziale Systeme. Die Entwicklung von Technik ist nicht erklärbar ohne die Untersuchung der örtlichen Gegebenheiten und Entwicklungen in der Gesellschaft, die die Technik hervorbringt. Technikhistoriker fragen also nicht nur danach, wie ein technisches Artefakt erfunden, entwickelt, vermarktet und etabliert wurde oder warum es scheiterte. Sie fragen auch nach den Wahrnehmungen, den Erzählungen und den kulturellen Praktiken, die sich rund um Technik formten. Und sie fragen mit Blick auf die Gegenwart: Brauchen wir die Technik, die wir haben? Haben wir die Technik, die wir brauchen? Und wie ist es so gekommen?

Das Automobil ist in einer solchen Betrachtung nicht nur ein Fahrzeug, um von A nach B zu kommen, es wird auch in seiner kulturellen Dimension untersucht. Das Auto, das immer weiter verfeinert und vom Luxus- zum Massenprodukt wurde, ist auch ein Freiheitsversprechen, ein Liebes- und Hassobjekt, ein Design-Gegenstand, ein Demokratisator des Reisens, ein Erzeuger von neuen Lebensrhythmen und Siedlungsmustern. Heute wird es zunehmend als Klimakiller wahrgenommen, aber auch diese Etappe dürfte im Lichte der elektromobilen und digitalen Revolution wieder nur ein Durchgangsstadium sein.

Genau so, als ein in Gesellschaften und Kulturen eingebettetes Objekt, habe ich das Atomkraftwerk betrachtet. Die Kerntechnik ist eine relativ junge Technologie, deren Entwicklungsgeschichte noch andauert und die zu einer Grunderfahrung der Menschen in der Moderne wurde. Der Kernreaktor wurde im Labor geboren, verlor in den Atombomben-Programmen des Kalten Krieges seine Unschuld, wurde mit hochfliegenden Erwartungen des Energie-Überflusses gefördert und erlebte schwere Krisen mit den großen Unfällen von Three Mile Island, Tschernobyl und Fukushima. Die Atomeuphorie ließ den Gedanken an menschliche Fehler oder Systemversagen bei der Aufsicht nicht zu; die Menschen bezahlten dafür bei Unfällen mit der jungen Technik. Die Atomkritik und -selbstkritik ließ tiefengestaffelte Hochsicherheitssysteme entstehen, welche die Kernenergie zu einer der sichersten Industrien weltweit machte. Ich bin zu dem Schluss gekommen, dass wir mit der Kernenergie erst am Anfang stehen. Vergleiche ich sie mit der Geschichte anderer Hochsicherheitssysteme, etwa der Luft- und Raumfahrt oder der Medizin, so finden wir überall die Unfallerfahrungen der frühen Jahre und dann die Entwicklung tiefengestaffelter Sicherheitssysteme und Verfahren der Qualitätssicherung.

Es gab Zeiten, in denen der Kernreaktor die besten Köpfe jedes Ingenieurs- und Physikerjahrgangs anzog, in der Mehrzahl Männer. Viele Zeugen der Aufbruchszeit berichten, damals sei die Kerntechnik das gewesen, was heute die Erneuerbaren seien: neu, sexy, voller Verheißungen. Viele faszinierte die Vorstellung, mit den Kräften der Natur in ein völlig neues Verhältnis zu treten, »Gott ähnlich zu sein«, wie es mir ein Ingenieur in der Ukraine mal erzählte, als wir in den Tiefen eines funzelig beleuchteten Reaktorgebäudes auf abgewetzten Holzbänken Schaltpläne wälzten. Diese spartanische Umgebung hatte überhaupt nichts Göttliches und Erhebendes, aber der Stolz, durch hartes Studium und scharfe Auslese zu seiner heutigen Position gekommen und berechtigt zu sein, Verantwortung für das technische Ensemble in diesem Gebäude zu tragen, war dem jungen Mann ins Gesicht geschrieben. So ging es auch in Deutschland in den 1950er- bis 1980er-Jahren sehr vielen. Es herrschte das Gefühl vor, an einer guten Sache mitzuarbeiten. Und viele ließen sich von dieser Überzeugung so mitreißen, von der Technik so begeistern, dass die versteckten Tücken und Risiken, die oft von Banalitäten ausgingen, lange Zeit ausgeblendet wurden. Auch das hat durchaus seine Parallele zur heutigen Erneuerbare-Energien-Begeisterung.

Ich habe in meinen Arbeiten untersucht, wie Menschen mit dieser Moderne-Erfahrung klarkamen – wie sie mit der Kerntechnik arbeiteten, mit ihr groß wurden, mit ihr träumten, scheiterten und wieder neu anfingen. Mich interessierte, wie die Kerntechnik Teil des Alltags sehr vieler Menschen wurde, und wie sich das auf ihr Leben auswirkte. Mein Untersuchungsgegenstand war die soziotechnische Dimension der Reaktorsicherheit. Diese Frage kann nicht erforscht werden, wie das Historiker normalerweise tun, mit langwieriger Quellenarbeit in Archiven und Bibliotheken. Kein Atomarbeiter schreibt Memoiren, und vieles vom Material über den Arbeitsalltag in einem Kernkraftwerk, das Technikhistoriker interessiert, liegt in Archiven, Fachaufsätzen oder Lehrbüchern gar nicht vor, sondern befindet sich hinter verschlossenen Türen: in den Kontrollräumen der Kernkraftwerke, in den Aktenschränken ihres Prüfbüros, im Werksarchiv. Es sind Schichtbücher, Betriebshandbücher, Systembeschreibungen, Prüfanweisungen, Strahlenschutzordnungen, Schaltpläne, Aufschreibungslisten für die Notationen der Messwerte auf den Kontrollgängen. Und anderes Wissen ist überhaupt nicht auf Festplatten oder Papier gespeichert. Es ist implizites, nie kanonisiertes und ausformuliertes Wissen, das jüngere von älteren Kollegen lernten. Es sind nie niedergeschriebene Erinnerungen in den Köpfen der Menschen.

Um mir diese unbekannte Welt zu erschließen, wählte ich eine für Historiker ungewöhnliche Methode, die aus der Ethnologie, der Soziologie, aber auch den Ingenieurwissenschaften stammt: die »teilnehmende Beobachtung« technischer Prozesse und der Menschen, die diese Verfahren ins Werk setzen. Dies führte mich schließlich als Langzeit-Beobachterin, Praktikantin und Werksstudentin in mehrere Atomanlagen. Dort habe ich hinter die verschlossenen Türen geschaut. Ich wurde »Maschinenethnologin«, wie der Techniksoziologe Bruno Latour diese Methode umschrieb, in den USA nennt man diese Fachrichtung »Industrial Anthropology«. Meine Arbeit führte mich ins ukrainische KKW Rivne und seine Atomstadt Warasch, die in derselben Landschaft liegt wie Tschernobyl; ins litauische Visaginas und sein KKW Ignalina; und nach Unterfranken sowie ins Weserbergland, wo ich in den Kernkraftwerken Grafenrheinfeld und Grohnde forschte.

Ich lernte in Ignalina den »Tschernobyl-Reaktor« kennen und an den anderen Standorten die in Osteuropa wie in Deutschland verbreiteten Druckwasserreaktoren – ein transnationales und mittlerweile sehr bewährtes Reaktormodell, das inzwischen in fortgeschrittenen Designs vorliegt. Ich arbeitete auf Früh-, Spät- und Nachtschichten, bei Schneetreiben und in glühender Sommerhitze, werks- und feiertags; im Leistungsbetrieb, wenn man unter sich ist, und bei Revisionen, wenn 1.500 Mann Fremdpersonal auf der Anlage sind und das Unterste zuoberst kehren; und auch beim Nachbetrieb und Rückbau, dem letzten Lebensabschnitt jedes Kernkraftwerks. Manchmal ging ich in die stillen verbunkerten Hallen am Rande des Kraftwerksgeländes, die als Zwischenlager für die abgebrannten Brennelemente dienen. Dort stehen in Reihen die meterhohen Castor-Behälter und warten auf ihren Abtransport ins Endlager. Der Kernbrennstoff soll dort eine

Million Jahre lang sicher aufbewahrt werden. Wo das sein wird, werden wahrscheinlich erst meine Kinder erfahren.

Essenziell für meine Forschung waren die Mitarbeiter, die zu Arbeitskollegen, Bekannten, manchmal auch Freunden wurden und ohne deren Fürsprache, Rat und professionelles Wissen ich nichts hätte bewerkstelligen können. Was für mich vorher meine Hochschullehrer gewesen waren, wurden jetzt unzählige Ingenieurinnen und Ingenieure, Schichtleiter, Reaktorfahrer, Chemikerinnen, Strahlenschutztechniker, Elektriker, Armaturenschlosser und Maschinistinnen, die meinen Weg kreuzten – oder, genau genommen: deren Weg ich kreuzte. Diesen Menschen verdanke ich einen großen Teil meines heutigen Wissens, und sie ermöglichten mir, ihre Welt von innen kennenzulernen. Ich werde in den folgenden Kapiteln immer einmal wieder auf solche Erfahrungen und Beobachtungen zurückgreifen, um zu illustrieren, wie kerntechnische Sicherheit gewährleistet wird, wie sich die Herangehensweisen gewandelt haben und welche Lehren man aus den Unfällen gezogen hat.

Auf Grundlage dieser Erfahrungen und Beobachtungen machte ich ein paar Entdeckungen: Erstens sind diese Anlagen viel besser als ihr Ruf; zweitens sind sie, angesichts des Aufwands, der für die Sicherheit betrieben wird, im Vergleich aller Industrieanlagen in unserem Land ohne Zweifel an der Spitze; drittens genießen die deutschen Kernkraftwerke im Ausland ein viel höheres Ansehen als zu Hause; viertens sind Ereignisse in deutschen KKW, über die draußen gerne als »Störfälle« oder gar »Unfälle« gesprochen wird, zum überwiegenden Teil weder das eine noch das andere, sondern recht banale Vorkommnisse, die aber nun mal der Meldepflicht unterliegen. Die wirklich relevanten Vorkommnisse sind sehr selten – das letzte bedeutsame geschah in Philippsburg-2 im Jahr 2001 –, aber sie kommen oft in so unscheinbarer Gestalt daher oder sind so komplex, dass die Außenwelt sie nicht richtig einordnen kann. In Philippsburg war im engen Sinne gar nichts »passiert« oder kaputtgegangen – aber man hatte nach der Revision wegen eines Bedienfehlers versäumt, die Flutbehälter mit dem Reservewasser für die Notkühlung zu Beginn des Anfahrens auf die vorgeschriebenen Füllstände und Borsäurekonzentrationen zu bringen. Der Borgehalt im Notkühlwasser sorgt dafür, dass der Reaktor im Notkühlfall sicher unterkritisch gehalten wird, also keine Kernspaltungs-Kettenreaktion möglich ist. Zum gravierenden Ereignis wurde der Vorfall nicht, weil etwas passiert war, sondern weil man das, was hätte passieren können, nicht auf dem Schirm hatte, denn die verringerte Borkonzentration wurde erst nach dem Anfahren der Anlage bemerkt. Das aber bedeutete nach den strengen Buchstaben des KKW-Betriebshandbuchs und des kerntechnischen Regelwerks, dass die Notkühlung in dieser Zeit als »nicht verfügbar« zu werten sei, obwohl die Borkonzentration mit üppigen Reserven berechnet wird und auch die versehentlich verringerte Konzentration noch gewirkt hätte. Eine Anlage mit nicht verfügbaren Systemen anzufahren, ist aber ein gravierendes meldepflichtiges Ereignis, das auch einen Status in der internationalen Meldeskala für Störfälle, INES, bekommt – in diesem Falle INES-1, ein sicherheitsrelevanter Vorfall ohne Verletzte oder Freisetzungen von Radioaktivität.

Draußen wurde aber nicht kommuniziert, wo das Problem lag – flugs hieß es in Medienberichten, das KKW sei »jahrelang« mit »zu wenig Kühlflüssigkeit« betrieben worden, was den Eindruck erweckte, der Reaktor habe überhitzen können, was natürlich Unsinn war. Diese Episode erläutert recht augenfällig, woran es häufig hapert: an »Dolmetschern«, die komplexe Sachverhalte für die breite Masse verständlich darstellen. Ich habe mir immer ein Vergnügen draus gemacht, Prozeduren und Prüfverfahren meiner Kernkraftwerke in Blogs oder Twitterthreads in ein lesbares Deutsch zu übersetzen.

Drinnen im AKW quittieren die Experten die Presseberichte mit Augenrollen und sagen: »Und das hat man draußen wieder draus gemacht.« Ich dachte in solchen Momenten im Stillen – und warum ist keiner vor euch raus vors Volk gegangen und hat erklärt, was wirklich los war? Doch ich wusste die Antwort: Es gab keinen, der es hätte machen können. Generationen von Ingenieuren wurden dafür ausgebildet, Probleme auf ihren Anlagen effizient zu lösen – aber nicht, mit der Öffentlichkeit zu kommunizieren. Die Presseabteilungen der Kernkraftkonzerne wiederum hatten in der Regel keine Leute, die dank einer technischen Ausbildung oder langer Arbeitserfahrung vor Ort die komplexen Sachverhalte eigenständig hätten erklären können.

Täter ohne Tat

Ich lernte in den Kernkraftwerken zweierlei Dinge: Erstens begann ich zu ermessen, wie riesig der Raum meines Nichtwissens als Atomgegnerin gewesen war. Ich hatte diesen Raum größtenteils mit der kritischen Literatur und den Broschüren der Atomgegner gefüllt – zu den Unterlagen der Gegenseite hatte ich als Schülerin und Studentin keinen Zugang. Es gab aber auch ganze Wissenskontinente, von denen ich gar nichts hatte wissen können, selbst wenn ich gewollt hätte – weil die Betreiber unserer Anlagen nicht sehr viel unternahmen, um es den Menschen zu vermitteln. Ich vermute, dass viel von der Atomangst in unserem Lande auf diesen blockierten Wissenspfad zurückzuführen ist.

Ich hatte das Privileg, als Forscherin mit am Reaktorfahrpult oder auf der Brennelement-Lademaschine zu sitzen; ich hatte die Möglichkeit, als Praktikantin im Strahlenschutzteam zu arbeiten; ich durfte bei den wiederkehrenden Prüfungen hospitieren; ich musste die unzähligen Kontrollgänge und Kontrollnotationen lernen, und zwar so lange, bis ich sie unter Aufsicht selber machen konnte. Immer, wenn ich das tat, dachte ich: Was würde ein Dokumentarfilmer mit einer Langzeit-Studie für einen fantastischen Film aus all dem machen? Er könnte sich einmal hinstellen und beobachten, wie man einen Reaktor auseinandernimmt; eine Nachtschicht begleiten; eine Wirbelstromprüfung an einem Dampferzeuger aufnehmen; den sozialen Zusammenhalt einer Kernkraftwerkerschicht abbilden, wenn in der Wartenküche am Wochenende, wenn die Kantine geschlossen ist, gemeinsam gekocht wird. Wir haben nichts erfahren aus dieser Industriewelt, und zwar weder ihre hochspezialisierten und -technisierten Sicherheitsprozeduren noch ihr menschliches Antlitz.

Zweitens begann ich zu ermessen, dass eine Entscheidung über Technologien nie zwischen einer idealen und einer schlechten Technologie gemacht wird, sondern immer einer Abwägung vieler positiver und negativer Faktoren von Technologien entspringt. Ich lernte aber in meiner Zeit in den deutschen KKW, dass diesen Anlagen nach Fukushima keine Chance auf einen solchen Abwägungsprozess eingeräumt wurde. Das Urteil stand schon vor dem Prozess fest. Die von der Kanzlerin einberufene Ethikkommission, die diese Abwägung hätte vornehmen sollen, wurde bereits bei ihrer Konstituierung durch die Bundesregierung instruiert, den Atomausstieg zu gestalten und zu legitimieren – nicht etwa, ihn bei ethischer Nichtbegründbarkeit wieder auszusetzen. Die Kommission konnte nie wissenschaftlich, also ergebnisoffen entscheiden. Und die Abwägung zwischen Kohle und Kernkraft im Lichte der Klimafrage, der ethischen Megafrage von heute, spielte nur ganz am Rande eine Rolle. Der anschließende Deal mit den Konzernen, Stillhalten im Tausch gegen Entschädigungen, die die deutschen Steuerzahler 2,4 Milliarden Euro kosteten, wirkte wie ein Eingeständnis, dass es bei der Fukushima-Entscheidung nicht ganz mit rechten Dingen zugegangen war.

Im Grunde wurden die deutschen Kernkraftwerke wie Täter behandelt, die keine Tat begangen hatten. So wie im Strafprozess kein Verdächtiger für eine Tat verurteilt werden kann, nur weil er mit dem wirklichen Täter verwandt ist, so halte ich es für unangebracht, die deutsche Kernenergie für Taten, gemeint sind Unfälle, büßen zu lassen, die sie definitiv nicht begangen haben – und zu denen es gar nicht gekommen wäre, hätten sie in Tschernobyl und Fukushima gestanden. Es reicht nicht aus, zu behaupten, sie *könnten* die Tat ja begehen – es muss auch belegt werden. Dieser Beleg wurde nie erbracht. Das versuchten auch Merkels eigene Experten, die Reaktorsicherheitskommission, der Kanzlerin klarzumachen – vergeblich.

Es wurde also 2011 ein gigantisches Transformationsprojekt auf einer falschen Anschuldigung aufgebaut: der Versuch, ein Industrieland mit 80 Millionen Einwohnern ohne Kernenergie zu dekarbonisieren, das gleichzeitig noch über kaum nennenswerte Anteile an Wasserkraft oder Geothermie verfügt, die es anderen kernenergiefreien Ländern wie Island oder Norwegen ermöglicht haben, diesen Weg zu gehen. Eigentlich war die Kernenergie unsere Wasserkraft – unser großes, stabiles Potenzial, auf dem wir Windkraft und Solarenergie hätten entwickeln können. Diesen Weg haben wir seit 2011 weitgehend zerstört. In den folgenden Kapiteln wird die Rede davon sein, wie man es anders machen könnte, um auf den Trümmern eine funktionierende, klimafreundliche Elektrizitätswirtschaft aufzubauen. In gewisser Weise werde ich also versuchen, das zu leisten, was die Ethikkommission versäumt hat. Um das tun zu können, muss man zunächst eine Bestandsaufnahme vornehmen: Wie sieht es heute aus – und wie kamen wir da hin?

Kapitel 3
Die real existierende Energiewende

Das verlorene Jahrzehnt

Im Jahr 2000, dem Geburtsjahr des Erneuerbare-Energien-Gesetzes (EEG) der rot-grünen Regierung Schröder-Fischer, das mit Einspeisevorrang und garantierten Vergütungen die Solar- und Windkraft konkurrenzfähig machen sollte, beruhte Deutschlands Stromversorgung noch zu gut 30 Prozent auf Kernenergie. Die deutschen Kernkraftwerke wurden weltweit als zuverlässige und sehr sichere Anlagen bewundert. Unser Land besaß damit die Grundvoraussetzung für eine stabile, klimafreundliche Stromversorgung und schickte sich nun an, ihr mit Windkraft und Photovoltaik (PV) weitere Erzeuger beizugesellen, die klimafreundlich und sehr risikoarm waren, allerdings auch nicht besonders zuverlässig. Eigentlich lag nichts näher, als Wind, Sonne und Atomkraft zusammenzuspannen und so die Abhängigkeit von fossilen Brennstoffen nach und nach zu verringern. Wäre der durch das EEG angeschobene Ausbau der Erneuerbaren auf diesem Fundament aus Kernenergie erfolgt, betrüge der Anteil CO_2-armer Stromerzeuger heute rund 80 Prozent. Das ist exakt jenes Ziel, das die Ampel-Koalition erst für das Jahr 2030 anstrebt – ob es erreicht wird, steht auf einem ganz anderen Blatt.

Warum haben wir ein ganzes Jahrzehnt oder sogar mehr beim Klimaschutz verloren? Das hat im Wesentlichen zwei Gründe. Erstens stand im Mittelpunkt des rot-grünen Energiewendeprogramms nicht nur die Förderung der Erneuerbaren Energien, sondern auch der Abbau der Kernenergie. Deutschland baute also eine CO_2-arme Stromerzeugung auf und gleichzeitig eine andere CO_2-arme Erzeugung ab – keine kluge Klimastrategie. Diese energietechnische Grundorientierung des deutschen Mitte-Links-Spektrums, das uns heute wieder regiert, wurde nur kurzzeitig durch die Regierungskoalition von CDU/CSU und FDP unter Angela Merkel ausgehebelt. Merkel stoppte 2010 den Atomausstieg und verschaffte der deutschen Atomkraft eine Gnadenfrist als »Brückentechnologie« für den Klimaschutz, die bis Mitte der 2030er-Jahre reichen sollte. Diese Vereinbarung wurde ein halbes Jahr später, im März 2011, von Fukushima hinweggefegt. Ausgerechnet die »Klimakanzlerin« machte der Klimaschutztechnologie Kernkraft den Garaus. Nun hatte die Kernenergie als Brückentechnologie keinen parlamentarischen Rückhalt mehr. Damit niemand auf die Idee kommen konnte, sie jemals wieder zu betreten, wurde die Brücke sogleich abgebrochen. 14 Kernkraftwerksblöcke sind seitdem irreversibel stillgelegt worden, drei davon Ende 2021. Im letzten Jahr stammten noch 14 Prozent des in Deutschland verbrauchten Stroms aus sechs Kernkraftwerken.

Das hört sich wenig an, weswegen Atomgegner auch immer wieder behaupten, der Verlust dieses Anteils sei vernachlässigbar. Doch zeigt dieser Anteil auch, mit wie wenigen Anlagen man immerhin über ein Zehntel des Strombedarfs in der viertgrößten Volkswirtschaft der Erde bestreiten kann – ein Indiz für die ungeheure Effizienz der Kernenergie. Schaut man sich ihre Stromproduktion im Vergleich an, so war ihr Anteil 2021 immer noch höher als jener der gesamten Photovoltaik, die in zwanzig Jahren mit Milliarden an Fördergeldern aufgebaut wurde. Rechnet man den Atomstromanteil auf Windkraftanlagen um, so wogen die letzten deutschen AKW 2021 die Stromproduktion der Hälfte des gesamten Anlagenbestandes auf, 15.000 Windräder. Keiner würde auf die Idee kommen, die gesamte deutsche Solarenergie oder die Hälfte der Windkraft wegen Irrelevanz abzuschalten. Auch ein weiterer Vergleich sei hier erwähnt: ein Tempolimit 120 auf deutschen Autobahnen, das von der Klimabewegung mit Nachdruck verlangt wird, ergäbe 2,6 Millionen Tonnen CO_2-Einsparung. Erhielte man die drei noch laufenden Kernkraftwerke und legte man statt ihrer konsequent Braunkohlekraftwerke still, ergäbe diese Maßnahme das Zehnfache an Einsparung.[1]

Der zweite Grund für unser verlorenes Jahrzehnt ist die spezifische Struktur der deutschen Erneuerbaren Energien. Denn wir haben fast nur Anlagen errichtet, die unregelmäßig einspeisen und daher keine gesicherte Leistung darstellen. Windkraft und Sonnenenergie brauchen Stromspeicher, weil sie manchmal Überschüsse produzieren, aber sehr häufig auch nicht genügend Strom erzeugen. Kann oder will man sich das nicht leisten, braucht man einen ergänzenden Kraftwerkspark. Genau das ist derzeit der Fall: Größtenteils besteht die Absicherung der Erneuerbaren Energien heute aus Kohlekraft, Erdgas und Kernenergie (eigener und importierter). Auf diesen breiten fossil-nuklearen Schultern saßen bislang die deutschen Erneuerbaren, wenn sie ihre Triumphe feierten. Das verlorene Jahrzehnt hatte überdies noch einen weiteren Gewinner: Der deutsche Atomausstieg war die Lebensversicherung für die deutschen Stein- und Braunkohlekraftwerke, die in ihrer Funktion als Backup für die Erneuerbaren zunehmend unersetzbar wurden. Eine Lebensversicherung zu einem teuren Preis für die Gesundheit der Deutschen, denn Kohleverbrennung bedeutet auch Luftverschmutzung, und diese hat massive gesundheitliche und soziale Folgen. Forscher beziffern die Folgekosten des deutschen Atomausstiegs auf zwischen drei und acht Milliarden Euro pro Jahr.[2]

Die real existierende Energiewende

Allerdings dürfen wir bei einer ehrlichen Bestandsaufnahme nicht nur von Problemen sprechen, sondern müssen auch die Haben-Seite betrachten. Wir haben heute einen riesigen Markt für klimafreundliche Formen der Strom- und Wärmebereitstellung, und Deutschland hat mit seinen seit dem Jahr 2000 aufgelegten Erneuerbare-Energien-Förderprogammen der Welt einen großen Dienst erwiesen, weil es wesentlich dazu beitrug, diesen Technologien ihren Kickoff in die Rentabilität zu geben. Die Erneuerbaren Energien haben in den letzten beiden Jahrzehnten ohne Zweifel eine eindrucksvolle Entwicklung hingelegt. Wir sehen Windkraftanlagen immer größerer Leistungsklassen – derzeit plant man bereits 15-MW-Anlagen für den Betrieb auf hoher See – und eine Kostenabnahme, die sich allerdings aktuell infolge der Rohstoffknappheit abflacht. Moderne Windkraftanlagen verfügen über eine veränderbare Rotorblatteinstellung, die eine variable Drehzahlregelung der Windturbinen und eine Teilnahme an der Primärregelung, also der Bereitstellung von Sekundenreserven für die Netzstabilisierung, ermöglichen. Für die Pufferung von Dach-Photovoltaik wurden Batteriespeicher entwickelt, die auf dem Versorgungslevel eines Einfamilienhauses für Flexibilität sorgen. Hitzesommer könnten erträglicher werden, wenn Klimaanlagen in den heißesten Stunden des Tages mit Solarstrom betrieben würden.

Trotzdem sind zeitweise Nichtverfügbarkeiten der variablen Erneuerbaren ihr größtes inhärentes Problem. Haushalte, die im Sommerhalbjahr dank PV und Batteriespeicher weitgehend autark sein können, greifen im Winterhalbjahr doch wieder aufs öffentliche Netz zurück; es muss also trotzdem vorgehalten und für die PV-Überschüsse noch ausgebaut werden. Kostspielige Doppelstrukturen sind eine der Gefahren, die der Energiewende drohen. Überdies sind Lösungen, die für den Häuslebauer oder den ländlichen Raum gut funktionieren, noch lange keine, die auch für Ballungsräume mit großen Mietshäusern oder gar für den Bedarf der Industrie umsetzbar sind. Für ein einziges CO_2-neutrales Elektrostahlwerk mit Wasserstoffreduktion wird die Jahresproduktion dreier großer Kernkraftwerke benötigt. Die deutsche

Chemieindustrie allein meldet für die Dekarbonisierung einen Strombedarf an, welcher den heutigen Gesamtstromverbrauch unseres Landes übersteigt.[3] Das mag zwar eine übertriebene Zahl sein, die zukünftige effizientere Produktionsverfahren noch nicht berücksichtigt, aber zusammengenommen rauben diese Zahlen den Atem – und vielen Fachleuten und Industrievertretern den Schlaf.

Batterieelektrische Fahrzeuge könnten, wenn sie mit sauber erzeugtem Strom betrieben würden, den Individualverkehr revolutionieren. Manche Ökostrom-Strategen träumen davon, sie gleichzeitig auch als Batterie-Pufferspeicher für das Netz einzusetzen, wenn die Autos im Parkhaus stehen. Doch ist diese Einsatzform davon abhängig, ob digitale und genügend sichere Steuerungsmechanismen dafür sorgen können, die Flexibilitätswünsche von Autofahrern mit dem Bedarf der Netzstabilisierung in Einklang zu bringen. Überdies steht zu befürchten, dass diese Zusatzaufgabe auch die Lebensdauer und Leistungsfähigkeit der Auto-Akkus beeinträchtigt, was sich wiederum auf Ökobilanz und Kosten auswirkt. Und was passiert, wenn in einem innerstädtischen Wohngebiet alle E-Auto-Besitzer in der Straße zur gleichen Zeit, nach Feierabend, ihre Akkus laden wollen? Der derzeitige Zustand der Mittel- und Niederspannungsnetze in Ballungsräumen lässt dies genausowenig zu wie die kollektive Stromeinspeisung aus Zehntausenden von PV-Dach-Anlagen an sonnenreichen Tagen.

Manche Wissenschaftler verwerfen deswegen das Konzept der individuellen Elektromobilität als solches. Es sei doppelt ineffizient, weil es das alte Problem der Benziner und Dieselfahrzeuge, das Missverhältnis zwischen realer Nutzungs- und unproduktiver Standzeit, mit dem sich die Nutzer individuelle Freiheit erkauften, gar nicht löse, es aber nun auch noch durch den Zwang zur Versorgung der Autos durch ineffiziente Erneuerbare Energien verschärfe. Dies sei eine gigantische Geld- und Ressourcenverschwendung, sagt der Elektrotechnik-Professor und Spezialist für Antriebssysteme Gonde Dittmer.[4] Wärmepumpen, also Maschinen, welche die Umgebungsenergie von Luft und Erde für die Beheizung von Häusern nutzbar machen, könnten mit Ökostrom betrieben und so zusammen mit Solarthermie den Wärmemarkt dekarbonisieren – aber keiner weiß so richtig, woher im Winter, wenn die Wärmepumpen besonders benötigt werden, der Strom dafür kommen soll.

Folglich ist zu konstatieren: Zu jedem Erfolg der Erneuerbaren in Deutschland – rund 50 Prozent des Strombedarfs werden derzeit im Jahresdurchschnitt aus erneuerbaren Quellen gedeckt – gesellt sich wie ein dunkler Zwilling ein Problem. Zudem war diese Entwicklung, anders als es die Erzählungen von den konkurrenzlos billigen Erneuerbaren besagen, nicht umsonst zu haben. Inzwischen werden inklusive EEG-Umlage pro Jahr 30 Milliarden Euro für die Energiewende ausgegeben. Der Speicherbau wird die Kosten weiter explodieren lassen. Die Bundesregierung will zusätzlich 60 Milliarden Euro aus Corona-Kreditermächtigungen in die energetische Transformation stecken. Doch Modellrechnungen besagen, dass diese Summe in den nächsten drei Jahrzehnten *jährlich* aufgebracht werden muss.[5] Das wiederum kollidiert mit der Schuldenbremse, die der Koalition Fesseln anlegt. Ein Ausweg wäre, klimaschädliche Subventionen in klimafreundliche Technologien umzuleiten und die mit 25 Milliarden Euro jährlich zu Buche schlagende EEG-Umlage abzuschaffen, die die Strompreise hochtreibt und daher höchst unbeliebt ist. Letzteres will die Regierung mit ihrem Klimapaket 2022 auf den Weg bringen. Doch werden hier Ausgaben nur verlagert: In Zukunft sollen die Fördermittel für die Erneuerbaren, die bislang aus der EEG-Umlage stammten, direkt aus dem Bundeshaushalt, sprich aus Steuergeldern finanziert werden.

Überdies wird das Stromnetz immer schwieriger handhabbar, je größer der Anteil der Erneuerbaren ist, was Systemkosten für Netzausbau und regeltechnische Stabilisierungsmaßnahmen verursacht. Und drittens wachsen diese Kosten und technischen

Probleme rapide, sobald man eine erneuerbare Vollversorgung anstrebt. Es ist also zu erwarten, dass wir bei der nun angestrebten Phase, den Anteil der Erneuerbaren auf bis zu 80 Prozent hochzuschrauben, sehr viel mehr Anstrengungen machen müssen als auf dem Weg zu den 50 Prozent, und dass die letzte Wegstrecke, die Strecke von 80 Prozent zu 100 Prozent im Jahr 2050, die schwierigste und teuerste sein wird. Bereits der 95-Prozent-Pfad unterscheidet sich nach einer Studie des Forschungszentrums Jülich vom 80-Prozent-Pfad durch einen deutlichen Mehrbedarf an Windkraft- und PV-Zubau: statt einer 2,5-fachen Steigerung gegenüber heute wäre eine vierfache Steigerung nötig.[6]

In den sozialistischen Ländern des östlichen Europas gab es eine feinsinnige Unterscheidung, die ursprünglich in der DDR geprägt wurde: die zwischen dem vollendeten Kommunismus, der die kapitalistischen Systeme in Wohlstand, Daseinsfürsorge und Freiheit überholen würde, und dem »real existierenden Sozialismus«. Der Realsozialismus war das, was allen tagtäglich vor Augen stand: noch nicht fertig, im Wartestand, voller Mängel und Fehler und mit tausend Aufrufen und Selbstverpflichtungen, ihn besser zu machen. Am Ende ist er gescheitert.

Das deutsche Vorhaben läuft derzeit Gefahr, zu einer solchen real existierenden Energiewende zu werden: eine Unternehmung der halben Sachen und der nicht funktionierenden Instrumente, die sich gigantische Ziele setzt und diese in Hochglanzprogrammen für machbar erklärt – und dann scheitert. Seit dem Klima-Urteil des Bundesverfassungsgerichts vom April 2021 und der Neufassung der EU-Klimaziele sind unserem Land bereits vor 2030 weit höhere CO_2-Einsparungen auferlegt, als ursprünglich geplant. Die Antwort der neuen Bundesregierung auf diese Herausforderung kann man in drei Worte fassen: mehr vom Selben. Bis 2030 soll »idealerweise« der Kohleausstieg vollzogen sein. 80 Prozent des Stromverbrauchs sollen dann aus Erneuerbaren Energien kommen – bisher waren nur 65 Prozent vorgesehen. Es wird allerdings erwartet, dass der Strombedarf aufgrund wachsender E-Mobilität und Wärmepumpen zur Gebäudeheizung rapide ansteigt – auf bis zu 750 Terawattstunden im Jahr. Im Jahr 2021 verbrauchte Deutschland 504 Terawattstunden elektrischer Energie, rund 45 Prozent davon aus erneuerbaren Quellen. Wir sollen also binnen zehn Jahren 50 Prozent mehr Strom als heute produzieren und überdies den Anteil an Erneuerbaren gegenüber 2021 um fast das Doppelte steigern.[7]

Die installierte Leistung an Solarenergie soll ums Dreifache steigen – allerdings in der Hälfte der Zeit, die man zum Aufbau der bisherigen Leistung benötigt hat. Eine Solarpflicht für Gewerbe- und private Neubauten soll dazu beitragen. Wobei die Frage noch lange nicht beantwortet ist, ob denn auch Rohstoffe und Fachkräfte in genügender Zahl und zu günstigen Kosten zur Verfügung stehen. Bei der Windenergie folgt man den Wünschen der Industrie. Zwei Prozent der Landesfläche, über 7.000 Quadratkilometer, sollen für Windparks ausgewiesen werden; heute sind es 0,9 Prozent. Zum Vergleich: alle Straßen der Republik nehmen 2,6 Prozent der Landesfläche ein, alle Gewässer 2,3 Prozent[8]. Auch hier soll das Doppelte an Installationen in der Hälfte der Zeit geschafft werden. Da aber binnen zehn Jahren Speichertechnologien noch nicht in Sicht sind, sollen außerdem 40 Gigawatt Gaskraftwerke als Backup hinzugebaut werden, das ist das Äquivalent von 30 großen Kernkraftwerken in Form von 80 Anlagen. Fachleute bezweifeln, dass diese Anlagen in der gebotenen Zeit errichtet werden können. Studien gehen übrigens von noch weit mehr Gaskraftbedarf aus.[9] All diese Vorstellungen erinnern tatsächlich ein wenig an die Beschleunigungs- und Materialschlachten, mit denen sozialistische Länder ihre Brachialmodernisierung betreiben wollten.

Auf Wind gebaut: die kommenden Probleme

Überdies ist die Aufgabe auch 2030 ja nicht erledigt: es müsste bis 2050 in weiteren Riesenschritten fortschreiten, will man die CO_2-Neutralität erreichen. Einstweilen jedoch ist man sich bei der Beantwortung der Frage nach der Deckung der immensen Strombedarfe für eine CO_2-neutrale deutsche Gesellschaft nicht wirklich einig. Nicht einmal über die in der Endstufe benötigten Strommengen, die 2050 für Klimaneutralität sorgen sollen, gibt es Einigkeit. Manche Studien rechnen mit maximal 1.000 Terawattstunden pro Jahr, weil sie auf Effizienzgewinne oder Importe setzen.[10] Das Fraunhofer-Institut für Solare Energiesysteme brachte 2021 eine Studie heraus, die bereits die verschärften EU-Klimaschutzziele berücksichtigt. Die Experten rechnen damit, dass sich der Strombedarf von 750 Terawattstunden im Jahr, den die Ampelkoalition für 2030 veranschlagt, bis 2050 noch einmal verdoppelt, auf bis zu 1.500 Terawattstunden pro Jahr.[11] Denn was uns noch bevorsteht, ist die Dekarbonisierung der gesamten deutschen Industrie, inklusive der energiefressenden Metallurgie- und Chemieindustrie, vorausgesetzt, man will sie im Lande halten.

Die einen plädieren für dezentrale Versorgung, was bedeutet, dass auch wenig windhöffige Gebiete in Süddeutschland mit Windparks belegt werden sollen; die anderen sind für Windenergiecluster im Norden Deutschlands, deren Stromerzeugung dann in riesigen Stromtrassen in den Süden geleitet werden soll. Die einen favorisieren große Erneuerbare-Energien-Überkapazitäten, den schon genannten »overbuild«, die anderen Stromspeicher verschiedener Formen. Der erstgenannte Weg erinnert an die Sowjetunion, die Probleme auch immer mit Quantität statt Qualität zu lösen versuchte. Hält man sich den Material- und Leitungsbedarf für die Anlagen vor Augen, sieht das ein wenig aus wie Heizungsregelung durch Öffnen des Fensters.

Beim zweiten Weg dienen Batterien und Wasserstoff als Energiespeicher. Das Wasserstoffgas soll mit riesigen Elektrolyseuren erzeugt werden, deren Stromversorgung aus Erneuerbaren Energien kommt. Das Prinzip der Elektrolyse basiert auf der Aufspaltung von Wassermolekülen durch elektrischen Strom, um Wasserstoff und Sauerstoff zu gewinnen. Synthetisiert man aus diesem »grünen« Wasserstoff dann mit Kohlenstoff aus Biogasanlagen »grünes« Methan, und baut man außerdem Gaskraftwerke mit »H_2-ready«-Turbinen, die solches Grüngas oder Erdgas mit einer hohen Beimischung von Wasserstoff verbrennen können, dann ist, so meinen die Anhänger der Energiewende, der Stein der Weisen für die Überwindung von Dunkelflauten gefunden. Nachteil dieses Systems ist sein erheblicher Aufwand für die benötigten Anlagen und sein schlechter Gesamtwirkungsgrad – denn einmal wird Strom aufgebracht, um mit Verlusten den chemischen Energiespeicher zu produzieren, und dieser wird dann wieder mit Verlusten rückverstromt. Auch bringen die chemischen Eigenschaften des hochflüchtigen und korrosiven Wasserstoffgases einige werkstoff- und verfahrenstechnische Probleme für die betroffenen Rohrleitungen, Behälter, Armaturen und Maschinen mit sich.

Überdies unterscheiden sich die Fachleute in ihren Aussagen über den Speicherbedarf erheblich – Studien geben Kapazitäten zwischen acht und 100 Terawattstunden an.[12] Die meisten Publikationen legen zur Berechnung des Strom- und folglich Wasserstoffbedarfs während einer Dunkelflaute die Daten aus einem oder zwei Wetterjahren zugrunde, was zu Unterschätzungen des Bedarfs führt. Die einzige mir bekannte Studie, die zur Ausräumung aller Eventualitäten auf 35 Jahre Wetterdatenreihen zurückgreift, stammt von Oliver Ruhnau und Staffan Qvist.[13] Die Autoren kommen zu dem Schluss, dass Knappheitsphasen erneuerbarer Stromerzeugung sich im Winter über bis zu zwölf Wochen hinziehen können. Es kommt dann mehrmals hintereinander zu kurzen Dunkelflauten, ohne dass in den windreichen Tagen dazwischen die Speicher wieder aufgefüllt werden können. Daher setzen die

Autoren 56 Terawattstunden Speicherkapazität an, die überwiegend von Wasserstoff (54,8 Terawattstunden) bestritten wird und nur zu einem kleinen Teil (0,059 Terawattstunden) von Batterien. Daraus können dann 36 Terawattstunden Strom gezogen werden, was dem Strombedarf von 24 Tagen entspräche. Die Autoren rechnen hier mit einem Tagesverbrauch, der näher am heutigen Bedarf liegt als am Stromverbrauch der Zukunft, der manchen Studien zufolge das Doppelte bis Dreifache betragen könnte.[14]

Schauen wir uns nun an, womit man diesen Speicherstrom bereitstellen kann – und wie weit wir technisch sind. Wenn der größte deutsche Batteriespeicher, Jardelund (50 Megawattstunden), voll geladen ist, kann er so viel Strom liefern, wie das Kernkraftwerk Isar-2 in zweieinhalb Minuten Vollast produziert. Würde man alle deutschen Pumpspeicherwerke füllen und nur mit ihnen die Stromversorgung eines deutschen Durchschnittsverbrauchstags (rund 1,4 Terawattstunden) bestreiten wollen, würde das rund 40 Minuten lang reichen.

Das Ende 2021 neueste und weltgrößte Batteriespeicherkraftwerk im kalifornischen Moss Landing, das mit Batterien von Tesla und von Vistra Energy läuft, erreicht eine Kapazität von insgesamt 2.330 Megawattstunden. Das entspricht rund einer Stunde und 40 Minuten Produktion von Isar-2 – oder rund vier Prozent der Batteriekapazität, welche von Qvist und Ruhnau für ihr hundertprozentiges Erneuerbare-Energien-System angeführt werden. Das Aufladen der Batterien dürfte im deutschen Winterhalbjahr aber deutlich langwieriger werden als im sonnenverwöhnten Kalifornien oder auch in Südaustralien, wo die Nummer zwei der Megabatterie-Weltrangliste steht. Beides sind Top-Regionen für Photovoltaik und Windkraft. Der Vistra-Block hatte allerdings kurz nach Inbetriebnahme im September 2021 einen Überhitzungsstörfall und musste abgeschaltet werden.[15]

Eine Kilowattstunde Batteriespeicherkapazität kostet aktuell 750 Euro und soll 2030 bei 300 Euro liegen; optimistische

Schätzungen sehen einen Kostenrückgang auf bis zu 140 Euro bereits im Jahr 2030.[16] Es liegt also auf der Hand, dass man Langzeitspeicherbedarfe mit den teuren Batterien nicht bestreiten kann: Das würde nämlich selbst bei dem niedrigsten deutschen Speicherbedarf von acht Terawattstunden und beim günstigsten Preis pro Kilowattstunde bedeuten, dass 1,12 Billionen Euro dafür bezahlt werden müssten. Batterien sind also nur zur Abfederung von Kurzzeitschwankungen geeignet. Die von Qvist und Ruhnau veranschlagten 59 Gigawattstunden Batteriekapazität würden bei optimistischer Prognose 8,26 Milliarden Euro kosten, andere Berechnungen veranschlagen das Doppelte.

Für lange Dunkelflauten muss man also, wie Qvist und Ruhnau es in ihrer Studie tun, auf die ebenfalls teure Wasserstofftechnologie vertrauen, die die Energieökonomin Claudia Kemfert wegen ihrer Kosten als den »Champagner der Energiewende« bezeichnete. Die Kosten der Wasserstoffproduktion hängen von vielen Faktoren ab, so der Leistung und Auslastung der Elektrolyseure sowie der Kosten für Wind- und Solarstrom. Derzeit kostet die Herstellung grünen Wasserstoffs 16,5 Cent pro Kilowattstunde, 2030 sollen es noch 12 Cent sein, 2050 neun Cent; bei Flautewetter können die Preise für grünen Wasserstoff aber auch aufs Vierfache steigen.[17] Qvists und Ruhnaus Wasserstoff-Polster von über 54 Terawattstunden für die lange Knappheitsperiode würde also jährlich mindestens 4,9 Milliarden Euro kosten, zuzüglich der Investitionskosten für die Batteriespeicher, die aber nicht jedes Jahr anfallen. Die Autoren selbst geben sehr günstige Kosten an, drei Cent pro Kilowattstunde Wasserstoff[18] – auch dies ein Indikator, wie ungewiss die Berechnungen derzeit noch sind.

Während das Know-how für den Bau von Windparks und PV-Dächern vorhanden ist – die aber auch noch gefördert und bezahlt werden sollen –, sind die Voraussetzungen für eine Wasserstoffwirtschaft andere. Die Technik ist zwar vorhanden, existiert aber nur in Gestalt weniger Pilotanlagen. Niemand weiß, wie die Anlagen finanziert werden sollen. Die Industrie verweist immer wieder auf das Problem, dass sie auf lange Zeit hinaus nicht konkurrenzfähig produzieren könne und ruft nach Staatshilfen. Es ist zudem absehbar, dass der Import von Wasserstoff aus dem Ausland wohl gerade in der Anschubphase einen Großteil des Bedarfs wird decken müssen. Falls unser Land nur grünen Wasserstoff akzeptiert, bleibt sicherlich nur der Import aus sonnen- und windreichen Wüstenstaaten. Der Ariadne-Szenarienreport rechnet mit nennenswerten Fortschritten bei der CO_2-Reduktion durch Wasserstoffwirtschaft in Deutschland wegen der »begrenzten Verfügbarkeit« nicht vor 2035.[19]

Bis all die neuen Technologien stehen, soll ein Erdgas-Backup als Zwischenlösung oder »Brücke« dienen, aber auch dieser an sich erprobten Lösung droht Unbill. Denn das Erdgas ist zwar sauberer als die Kohle, aber trotzdem immer noch ein Klimaschädling: Es schlägt nach neuesten UN-Zahlen mit rund 400 bis 500 Gramm CO_2-Emmissionen pro Kilowattstunde zu Buche.[20] Daher hängt die CO_2-Bepreisung wie ein Damoklesschwert über den Gaskraftwerken; Proteste der Klimabewegung sind ohnehin vorprogrammiert. Und wer möchte neue Gaskraftwerke bauen, die nur laufen, wenn Sonne und Wind, die infolge des Zubaus immer mehr Strom einspeisen, schwächeln? Das treibt die Kosten für Gaskraftwerke in die Höhe. Entweder muss der Staat den Betreibern Zuschüsse zahlen, damit sie die seltener benötigte Kraftwerksleistung vorhalten, oder er riskiert Versorgungsengpässe.

Die neue EU-Taxonomie wird auch das Erdgas fördern, macht das aber von hohen Auflagen abhängig: Nur die saubersten Gasturbinen werden aufgenommen, und die Umrüstbarkeit auf Wasserstoff wird eine zentrale Rolle spielen, alles Kostentreiber. Trotzdem dürfte diese Luxusbrücke, ist sie erst einmal errichtet, sehr lang werden, denn Power-to-Gas-Technologie auf der Grundlage »grünen« Wasserstoffs könnte erst konkurrenzfähig gegenüber

Gazprom-Erdgas werden, wenn der Gaspreis weiter so extrem hoch bliebe wie Anfang 2022 und der CO_2-Preis weiter stiege.[21]

Der Energiewendestaat

»Wer mit wem in Atomstaat und Großindustrie«, so lautet der Titel eines der Bücher, die noch aus Anti-Atom-Zeiten in meinem Bücherregal stehen. In seiner Einleitung lesen wir: »Hauptanlass für dieses Buch ist die politische Unkultur in der Bundesrepublik, die sich seit Jahrzehnten in einem ungebrochenen Verfilzungsprozess von Politik, Wirtschaft und Verwaltung – unter reger Beteiligung von Verbands- und Gewerkschaftsfunktionären – ausgebreitet und vertieft hat.«[22] Dieser Satz wurde vor 35 Jahren geschrieben, vor Energiewende, EEG-Umlage und Klimagesetz. Diejenigen, die ihn schrieben, wollten es anders machen. Schauen wir also auf die heutigen Akteure, die sich aufgemacht haben, den schwierigen und ungewissen Weg der Energietransformation zu gestalten. Wer sind sie, und von wem lassen sie sich beraten – und machen sie es wirklich anders?

Derzeit wird unsere Energie- und Klimapolitik von Menschen und Organisationen dominiert, die an Macht und Einfluss den ökonomisch-politischen Eliten des verflossenen Kohle- und Atomstaats in nichts nachstehen, ja sie noch übertreffen. Denn sie haben etwas geschafft, was den fossil-nuklearen Eliten nie gelang: sich in Gestalt von Umweltorganisationen eine Art Systemopposition mit ins Boot zu holen. Niemand in der deutschen Umweltszene schreibt das kritische »Wer mit wem im Energiewendestaat und Großindustrie«, denn die Szene ist inzwischen Teil dieses Staates. Es gibt also keine produktiven Neinsager im Transformationsprozess mehr.

Der Energiewendestaat besteht aus einem dichten Geflecht aus industriellen, politischen und medialen Akteuren, manche davon sind auch in Doppelfunktionen unterwegs. Zum Teil treffen wir auf alte Bekannte aus der Maschinen- und Anlagenbaubranche, die heute natürlich auch Sparten für Erneuerbare-Energien-Anlagen im Portfolio haben. Hinzu treten die Firmen der New Economy, die mit den um die Erneuerbaren Energien angesiedelten Software- und Netzdienstleistungen ihr Geld verdienen. Dann gibt es unzählige auf die Energiewende spezialisierte Handelsunternehmen, Rechts- und Unternehmensberatungen, viele davon Start-ups. Die Bundesrepublik verfügt außerdem über eine umfangreiche staatliche oder halbstaatliche Infrastruktur aus Forschungsinstituten und Universitäten mit ihren Erneuerbare-Energien-Lehrstühlen, die sich ausschließlich mit angewandter Forschung oder Datenproduktion für die Energiewende befassen.

Besonders unübersichtlich ist das öffentlich-privat mischfinanzierte Spektrum aus Plattformen und Stiftungen sowie staatlichen Energieagenturen, die nicht nur Beratungsleistungen anbieten, sondern auch Positionspapiere und Meinungsbeiträge produzieren – und einen Arbeitsmarkt für eine Vielzahl von Erneuerbare-Energien-Fachleuten darstellen. Außerdem gibt es eine größere Gruppe von Publizisten, die sich auf Klima- und Energiethemen spezialisiert haben und die Energiewende affirmativ begleiten. All diese Akteure zitieren und vernetzen sich ausgiebig untereinander, und sie alle produzieren eine Vielzahl von Webseiten, Blogs, Podcasts und Studien, in denen sich die Bürger über Erneuerbare Energien informieren können. Wenig überraschend ist dort Kritisches oder Selbstkritisches kaum zu finden.

Thinktanks wie die Energywatchgroup, die Agora Energiewende oder die Stiftung Klimaneutralität wirken nicht nur als Informationsplattformen und Produzenten von Studien und Policy Papers für die Entscheider, sondern auch als Verflechtungsinstanzen zwischen Politik und Erneuerbare-Energien-Lobbys. Zwischen diesen Organisationen, der grünen Partei, dem Parlament und der Exekutive herrscht ein reges personelles Wechselverhältnis. Der Grüne Rainer Baake, langjähriger Staatssekretär im rot-grünen Wirtschaftsministerium und einer der Masterminds hinter den Erneuerbare-Energien-Gesetzgebungen (EEG) der Nullerjahre, ist Mitgründer der Agora und heutiger Chef der Stiftung Klimaneutralität. Patrick Graichen, ehemaliger Agora-Chef, ist heute Staatssekretär im grünen Wirtschafts- und Klimaministerium. Der Grüne Hans-Josef Fell, ehemaliger MdB, EEG-Mitautor und Freund drastischer, aber falscher Aussagen über die Kernenergie als Klimaschädling, ist gleichzeitig Chef der Energywatchgroup. Sein ehemaliger Mitarbeiter aus der EEG-Schmiede, Volker Oschmann, ist inzwischen wieder als Abteilungsleiter in Habecks Klimawirtschaftsministerium an Bord.[23] Im Rat der Agora sind weitere Staatssekretäre, Politiker, Lobbyvereine, Umweltverbände und Vertreter der Energiewirtschaft versammelt. Der Name Agora, der übersetzt »Marktplatz« bedeutet, suggeriert einen offenen, ergebnisoffenen und öffentlichen Diskussionsraum mit niedrigschwelligem Zugang; in Wirklichkeit ist es eine Organisation von und für Energiewende-Eliten, deren Rat sich unter Chatham-House-Regeln trifft.[24] Zur Agora-Familie gehören auch die Plattformen Clean Energy Wire und Klimafakten.de, in denen sich deutsche Journalisten für Klimathemen und, wen wundert es, für die Förderung der Erneuerbaren Energien und gegen die Kernenergie stark machen.

Umweltorganisationen wie die Deutsche Umwelthilfe, Greenpeace oder der BUND, aber auch die Jugendbewegung Fridays for Future und ihr wissenschaftlicher Arm Scientists for Future betätigen sich mit Berufung auf den Klimaschutz als Lobbyisten und Propagandisten der Erneuerbare-Energien-Industrie, Greenpeace mit seiner Ökostrom-Tochter GP Energy auch als ökonomische Akteurin. Das alles geht Hand in Hand mit einem dezidierten Engagement gegen die – ebenfalls klimafreundliche – Kernenergie. Im Herbst 2021 publizierten die »Scientists for Future« ein Papier über die Eignung der Kernenergie im Klimaschutz, dessen Autorinnen und Autoren durch die Bank aus atomkritischen Institutionen stammten. Die Studie beantwortete zwar nicht die Frage, die sie sich selbst gestellt hatte, nämlich ob die Kernenergie eine Klimaschutztechnologie sei, aber widmete sich stattdessen umso detaillierter der Beweisführung, warum die Kernenergie nichts in dem von den Autoren gewünschten 100-%-Erneuerbare-System zu suchen habe.[25]

Auch im Januar 2022 zeigte die deutsche Umweltbewegung, wo ihre Prioriäten sind: Als die EU-Kommission ankündigte, die Kernenergie in ihre »grüne« Finanztaxonomie aufzunehmen, gab es einen einhelligen Aufschrei der deutschen Umweltverbände und der Fridays-for-Future-Bewegung, während ihr Protest gegen das klimaschädliche Erdgas in derselben Taxonomie weit verhaltener ausfiel. Einwände, die den Widerspruch zwischen den satzungsgemäßen Umweltschutzzielen dieser Vereine und den von den Erneuerbaren hervorgerufenen Umweltproblemen thematisieren, werden immer mit demselben Argument abgewehrt: Gelinge es nicht, das Klima zu retten, seien ja auch alle anderen Umwelt- und Artenschutzanstrengungen vergebens.

Die Opposition ist also integriert: Die deutsche Umweltbewegung und Teile der Journalistenschaft, die sich sonst immer als Pfahl im Fleische der Herrschenden verstanden, fügen sich nun als Affirmationsinstanzen in den Energiewendestaat ein. Differenzen mit der Regierung gibt es allenfalls über die Intensität und Tempo der Umbaumaßnahmen. Stattdessen haben wir nun eine Art Echokammer an der Schnittstelle von Regierung, privat finanzierten Denkfabriken, staatlich geförderter Forschung und *embedded journalism*, in der sich die Akteure gegenseitig zu mehr Energiewende ermahnen und anspornen und sich gegenseitig mit Posten, Projektmitteln, Forschungsaufträgen und Informationen versorgen.

Aber noch ein weiterer Aspekt unterscheidet den Energiewendestaat von früheren deutschen Koalitionen zwischen Industriekapital, Politik und Verbänden: Das ist sein starkes Bewusstsein moralischer Überlegenheit. Dieses verleitet die beteiligten Akteure immer wieder dazu, ihre eigenen Interessen und Tätigkeiten in einer aller politischen Kritik enthobenen Sphäre zu anzusiedeln. Wer die Energiewende kritisiert, sieht sich schnell dem Vorwurf ausgesetzt, er rühre an die Grundlagen eines »Gemeinschaftswerks«, das neben dem Klimaschutz Staat und Gesellschaft diene – und das sei nicht diskutierbar.[26] In den Verlautbarungen der Bundesregierung ist die Energiewende inzwischen zur Staatsraison aufgestiegen: Der Ausbau der Erneuerbaren, lesen wir im Koalitionsvertrag, liege »im öffentlichen Interesse und dient der öffentlichen Sicherheit.« Das ist in zweierlei Hinsicht interessant: Erstens kann man mit dieser Begründung andere Rechtsgüter aushebeln, etwa wenn es zu Konflikten zwischen EE-Wirtschaft und Artenschutz kommt. Zweitens ist zum Thema der Netzsicherheit, das heißt des direkten Garanten dieser übergeordneten Sicherheitsinteressen, außer Absichtsbekundungen wenig Konkretes zu hören.

Grüner Patriotismus

Insgesamt erhält man den Eindruck, dass das »Gemeinschaftswerk Energiewende« in Zeiten erodierender Identifikation mit klassischen Ankern nationaler Identität wie Territorium, Verfassung oder Staatsvolk als neues Patriotismus-Substitut etabliert werden soll – allerdings in Verkennung der spaltenden und sprengenden Nebenwirkungen dieses Vorhabens. Dieser Befund bestätigt sich in der Äußerung von Klimaminister Robert Habeck, der im Streit mit Bayern um die Abstandsregelung für Windenergieanlagen zu mehr »ökologischem Patriotismus« aufrief.[27] Zu diesem patriotischen Grundton passt, dass erstaunlich selten die Rede von Interessengegensätzen und Konflikten ist – oder davon, dass die EE-Branche, wie alle wirtschaftlichen Akteure in einem kapitalistischen System, zuvorderst ihre Marktanteile und Profite maximieren muss und will, und dass ihre Interessen keinesfalls identisch mit dem Gemeinwohl sind. Die Erneuerbare-Energien-Branche ist ein wichtiger Wirtschaftsfaktor – rund 300.000 Arbeitsplätze sind von ihr abhängig. Für sich genommen ist es also überhaupt nicht verwerflich, wenn sich im Zuge eines technisch-industriellen Wandels neue ökonomische Gravitationszentren, politökonomische Diskurskoalitionen und Interessengruppen bilden; das gehört zu den Funktionsgesetzen kapitalistischer Demokratien. Doch im offiziellen Deutschland lernen wir die EE-Industrie eigentlich nur als Gegenstände von Lobeshymnen und als Addressaten von Förderprogrammen kennen.

Auch entwickelt der deutsche Energiewende-Patriotismus zunehmend standort-chauvinistische Untertöne – mit bewährten Erbfeinden. Besonders der französische Atomstaat ist unseren Ökopatrioten ein Dorn im Auge, sei es beim Unisono-Entrüstungssturm über die Einbeziehung der Kernenergie in die EU-Finanztaxonomie, sei es bei der generellen Wahrnehmung der französischen Kernenergie. Genüsslich verweist man auf die Schulden des staatlichen Atomstromers Électricité de France (EdF), um zu betonen, wie zukunftslos die Kernenergie sei. Man vergisst allerdings zu ergänzen, dass sich die EdF nicht mit Umlagen auf den Strompreis saniert, etwa nach dem Vorbild Deutschlands, das dieses Instrument zur Förderung von Ökostrom-Unternehmen als selbstverständlich erachtet; die vierzig Milliarden Euro EdF-Schulden wiegen nicht einmal zwei Jahre EEG-Umlage auf.

Jeden Winter wird der Blackout in Frankreich an die Wand gemalt, wenn dort Atomkraftwerke ungeplant ausfallen oder eine Kältewelle die Elektroheizungen unserer Nachbarn glühen lässt – aber Blackout-Ängste wegen der Abschaltung von Atomkraftwerken in Deutschland werden als AfD-Propaganda abgetan.[28] In Wirklichkeit stopfen in beiden Ländern Fossilkraftwerke die

Lücken, wenn eingeplante Leistung aus AKW oder Erneuerbaren nicht geliefert wird – nur sind die Lücken in Deutschland weit größer. Die Klimabilanz der französischen Elektrizitätswirtschaft ist je nach Jahreszeit vier- bis sechsmal sauberer als die deutsche.[29]

Doch auch in anderen Aspekten der Energiepolitik ist unser Verhältnis zu den europäischen Nachbarn ambivalent. Die deutschen Energiewende-Strategen setzen stillschweigend auf andere Länder in Europa, die als Ergänzungsräume der deutschen Energiewende fungieren sollen, ob nun Wasserkraftwerke und Pumpspeicher in Norwegen oder potenzielle Wasserstoffproduzenten in Spanien. Es wird nicht danach gefragt, ob diese Hoffnungen mit den Planungen der Nachbarn abstimmbar sind. Alle Europäer müssen die CO_2-Neutralität erreichen und brauchen ihre Kapazitäten für sich selbst – oder schauen ihrerseits bange über die Landesgrenzen und suchen nach Stromlieferanten und Wasserstoffpartnern. Überdies bleibt undiskutiert, warum Deutschland, das 2011 seinen abrupten Atomausstieg ohne jede Absprache mit den Nachbarn, aber mit massiven Auswirkungen auf das gemeinsame europäische Stromverbundnetz durchgepeitscht hat, nun unbedingt damit rechnen sollte, dass alle anderen ihre Planungen nach den Bedürfnissen der Deutschen ausrichten. Der Germanozentrismus ist ein Grundproblem der gesamten Energiewende-Konzeption, passt aber gewissermaßen zur Energiewende als Patriotismus-Substitut.

Lauter Widersprüche

Überdies verwickelt man sich zunehmend in Widersprüche: Weder passt die Billige-Energie-Propaganda zu den nicht enden wollenden Geldforderungen der Branche, noch passt der eigene Klima-Alarmismus, demzufolge schon in zehn Jahren alles zu spät sein könne, zu der kategorischen Ablehnung einer Laufzeitverlängerung bereits existierender Kernkraftwerke. Auch in der Wasserstoffwirtschaft wartet ein unaufgelöster Widerspruch auf Deutschland: Wenn wir den begehrten Energiespeicherstoff in großen Mengen importieren, womit zu rechnen sein wird, wird er keinesfalls nur mit Wind- und Solarzellenstrom gemacht werden. Auch »pinker« Wasserstoff aus Atomstrom-Elektrolyse dürfte eine bedeutende Rolle spielen. Umso mehr stellt sich dann die Frage, warum wir ihn importieren sollen, wenn wir ihn doch selber machen könnten – würden wir die heimische Kernenergie nicht abservieren. Auf diese Frage antworten Energiewende-Politiker neuerdings mit einem pädagogischen Argument. Sinngemäß besagt es, die Kernenergie sei nicht trotz, sondern *wegen* ihrer geringen Emissionen abzulehnen, weil sie dazu beitrage, dass die Menschen in ihren Anstrengungen nachließen, die Erneuerbaren Energien zu unterstützen. Dieses Argument, so sagte der Wirtschaftsexperte Daniel Stelter, erinnere an einen Kapitän, der ein Loch ins Rettungsboot schlage, damit die Matrosen schneller ruderten.[30]

Glanz und Elend der deutschen Energiewendestudien

Begleitet und gestützt wird diese Selbstzweck-Argumentation auch von Teilen der deutschen Wissenschaft, die indirekt – so wie das Potsdam-Institut für Klimafolgenforschung – oder direkt, wie diverse Energie-Forschungsinstitute und -Lehrstühle, mit der Materie befasst sind. Die größtenteils aus staatlichen Mitteln, zu Teilen aber auch der Industrie geförderte Energieforschung bespeist den deutschen Energiewendediskurs mit vielen Machbarkeitsstudien, hat aber kaum Mittel für Risikobewertungen oder kritisches Gegen-den-Strich-Bürsten der eigenen Vorannahmen übrig. Die Direktive lautet: »Die Energiewende muss gelingen.« Der Werkzeugkasten, der den Wissenschaftlern von Staats wegen vorgegeben wird, ist nicht technologieoffen, und fast alle halten sich an diese Form der Selbstbeschränkung des eigenen Denkens. Wenn nur für solche Vorhaben Drittmittel vergeben werden, die diesen Vorgaben entsprechen, dann hat auch niemand einen Anreiz, für den Fall des Scheiterns von Plan A auch Pläne B oder C zu entwickeln.

Aus diesem Grunde beobachten wir einen deutlichen Hang der Forschung zugunsten von Systemen, die auf eine hundertprozentige Versorgung durch Erneuerbare Energien setzen und die sich auch von den mannigfaltigen absehbaren Problemen und Risiken puristischer Lösungen nicht beirren lässt. Die Wissenschaft unterscheidet sich in ihren Botschaften leider häufig nur graduell von den Energiewende-Lobbyisten: Es sei nur eine Frage des politischen Willens, die Vollversorgung zu erreichen. Tatsächlich kann man eine Umleitung großer Geldströme von einer Industrie in eine andere nur mit einem entsprechenden Willen ins Werk setzen, der sich in Gesetzen und Förderstrukturen niederschlägt – aber der Voluntarismus lässt vergessen, dass es auch inhärente, also dem Wesen der Erneuerbaren selbst innewohnende Schwächen gibt, die kein Geld der Welt heilen kann. Leider sorgen die vielen Energiewendestudien – manche mit deutschem Fokus, andere mit globalem Anspruch – nicht für eine kritische Selbstsicht, sondern heizen die Hoffnungen der Politiker noch an und wiegen die Bürger in Sicherheit. Diese Studien haben mehrere Merkmale gemeinsam:

1) Sie wurden von Institutionen initiiert oder in Auftrag gegeben, die beweisen möchten, dass »es« möglich ist, was bedeutet, dass sie ihren Blick von vornherein nicht auf das Klimaziel lenken, sondern auf die Durchsetzung der Erneuerbaren Energien als Selbstzweck. Damit folgen sie politischen Vorgaben, wie sie in den Absichtserklärungen und Gesetzen der Energiewende festgelegt sind. Das aber verfälscht die Ergebnisse. Es entsteht ein fataler Zirkelschluss: Die Studien gehorchen im Studiendesign den Erwartungen der Auftraggeber, die sich wiederum durch die Studienergebnisse bestätigt fühlen.

2) Sie bauen in wesentlichen Teilen auf Technologien und Infrastrukturen, die bislang weder in unserem Land noch woanders in großtechnischem Maßstab erprobt wurden – das betrifft vor allem Speicherlösungen und »smarte« Verbrauchs- und Netzsteuerung, welche die Erneuerbaren erst zu zuverlässigen und klimaneutralen Lösungen machen würden.
3) Sie arbeiten sehr voraussetzungsvoll und konstruieren ihre Modelle mit günstigen Randbedingungen. So behauptet die schon erwähnte EnergyWatchGroup, man könne bereits 2030 eine Vollversorgung mit Erneuerbaren erreichen, setzt aber völlig irreale Zuwachsraten bewährter wie noch gar nicht implementierter Technologien von PV bis Wasserstoffspeicherung sowie das Hochziehen mehrerer »Gigafactories« für heimische Solarindustrie voraus. Der Zuwachs von PV soll jährlich 85 GW betragen – das wären also *pro Jahr* rund 60 Prozent mehr als die *gesamte* derzeit existierende installierte PV-Leistung, für deren Aufbau 20 Jahre nötig waren. In anderen Studien eröffnet erst das Kleingedruckte, dass zur Zielerreichung die Installierung von bis zu 150 Gigawatt (das heißt so viel wie rund 100 moderne KKW-Blöcke) Gaskraftwerksleistung oder Importe von nicht besonders sauber hergestelltem Wasserstoff nötig wären, um das Szenario haltbar zu machen; es wird auf spätere Zeiten vertröstet, in denen das Gaskraftwerk nicht mehr von Gazprom, sondern ausschließlich mit »Grüngas« aus Elektrolyse versorgt werde. Auf welche Schwierigkeiten das aber stößt, haben wir in den vorigen Abschnitten gesehen.
4) Obwohl die Studien versprechen, die Wetterbedingungen jeder Stunde eines Jahres modellieren zu können, greift kaum eine auf Langzeit-Wetterdatenreihen mehrerer Jahrzehnte zurück. Meist modelliert man auf der Grundlage der Daten eines oder zweier Beispieljahre. So können Jahre wie das vergangene 2021, ein extrem schlechtes Windkraftjahr, das die Branche überraschte, nicht erfasst werden. Baut man aber

seine Speicherkapazitäten auf falschen Annahmen über die Dauer und Häufigkeit von Minder- oder Nichtleistung der Erneuerbaren auf, kann dies zu ernsten Schwierigkeiten führen.

5) Disruptionen, Risiken und schwer zu quantifizierende Einflüsse werden nicht berücksichtigt. Unerwartete (Natur-) Ereignisse, eigensinnige und subversive Menschen, Gerichtsprozesse, Rohstoff-Engpässe, Fachkräftemangel, Kostenexplosionen – keiner dieser Faktoren wird in den Modellen simuliert, obwohl sie alle als Investitionsrisiken über den Erneuerbaren hängen. Das ist umso erstaunlicher, als man solche Disruptionen bei der Kernenergie als Risikofaktor langfristiger Investitionen längst erkannt hat. Eine bedingte Ausnahme ist das Fraunhofer ISE, das in seinen Studien wenigstens szenarienbasiert arbeitet.

6) Die meisten Studien benutzen Stromgestehungskosten als Metrik zur Ermittlung der Kosten von EE-Systemen im Vergleich zur Kernenergie oder fossilen Erzeugern. Das aber verschleiert die Systemkosten von EE-Systemen, die bei der Netzstabilisierung, beim Netzausbau und bei der Organisierung von Backup-Kraftwerksparks oder Speichern auflaufen. Daher erscheinen die Erneuerbaren etwa im Vergleich zur Kernenergie, deren Stromgestehungskosten wegen der hohen Kapital-, Betriebs- und Entsorgungskosten weit höher sind, weit kostengünstiger, als sie in Wahrheit sind.

7) Anlagenlebenszeiten werden entweder nicht berücksichtigt oder für die Erneuerbaren zu günstig, für die Kernenergie zu ungünstig angesetzt. Wer ein Kernkraftwerk mit einem Windpark gleichen Ertrags vergleicht, darf nicht nur die Kosten eines einzigen Windparks gegen die Kosten des KKW setzen, da Windkraftanlagen häufiger ausgetauscht werden müssen. Zwar ist ein Windpark viel schneller errichtet als ein KKW heute üblicher Leistungsklassen, doch ist es erst am Netz, benötigt es nur wenige Jahre, um auch den größten europäi-

schen Windpark bei der Stromproduktion einzuholen und zu überholen. Anstatt also die EE für Sprint-Anwendungen und die Kernenergie als Marathon-Anwendung mit ihren jeweiligen Stärken zu bewerten, wird der Marathon nach Sprint-Kategorien beurteilt.

8) Idealtypische Studienmodelle treffen keine Aussagen zu den benötigten Rohstoffen und ihrer Herkunft, den Bergwerken, denen sie entstammen, und den ökologischen Lasten in den Ländern, wo die Rohstoffe entnommen werden. Die Rohstoffe werden einfach als vorhanden angenommen.

Doch kann man auch wertvolle Erkenntnisse aus den Studien gewinnen. Das Fraunhofer-Institut für Solarforschung vergleicht ein bremsend-beharrendes Verhalten einer Gesellschaft mit einem innovativ-tranformativen und versucht abzuschätzen, wie schnell unterschiedliche Transformationspfade bei der Erreichung des Netto-Null-Ziels sind. Das Forschungszentrum Jülich berechnete die zukünftige – je nach Reduktionsziel sehr stark divergierende – Abhängigkeit von importierten »sauberen« Energieträgern wie Wasserstoff, die aber dann nicht notwendigweise aus Ökostrom-Elektrolyse stammen. Die Akademie der Technikwissenschaften hat solide Arbeit bei der Berechnung des Wasserstoffbedarfs und der Untersuchung der Sektorenkopplung und ihrer Kosten geleistet, das heißt integrierter Lösungen zur elektrischen Versorgung von Industrie, Wärmemarkt und Mobilitität.[31]

Insbesondere die Szenarienbildung des Fraunhofer-Instituts erscheint sinnvoll, um die große Unwägbarkeit der Energiewende-Zukunft greifbar zu machen: Was tun wir, wenn die Bürger nicht jedes verfügbare Stück Landschaft und jedes Dach für die Erneuerbaren hergeben mögen? Es werden sich viele auch nicht von der Botschaft beruhigen lassen, dass Infraschall von Windkraftanlagen harmlos sei – diese Diskussion um diffuse Beschwerden, die der verhassten Technologie zugeschrieben werden, erinnert stark an die Ängste vor Niedrigstrahlung aus Kernkraftwerken, denen man auch mit Entwarnungen aus wissenschaftlichen Befunden nie beikommen konnte. Was tun, wenn sich einzelne Bürger und Gemeinden der Energiewende verweigern und vor Gericht ziehen? Oder wenn ein europäisches Gericht die Überfahrung des individuellen Artenschutzes bei Windparks kippt, die die Bundesregierung derzeit plant[32]? Soll man wie einst die Polizei schicken, oder werden sich partizipative, sozial gerechte und den Artenschutz berücksichtigende Lösungen finden lassen? Werden sich die Leute durch finanzielle Beteiligungen an Windprofiten dazu bewegen lassen, Windparks auf ihrer Gemarkung zu akzeptieren? Doch wird es überhaupt noch die satten Profite der Vergangenheit geben? Je mehr Windkraftanlagen, desto mehr Windstrom, desto billiger der Börsenstrompreis und desto schmaler die Gewinne.

Es gibt also genug Gründe, um sehr vorsichtig mit optimistischen Prognosen über exorbitante Zuwachsraten bei den Erneuerbaren zu sein. Doch die Studien werden von Politikern und Aktivisten gelesen, als beschrieben sie eine schon existierende Realität, nicht nur eine Modellierung: »Es ist theoretisch machbar« wird so schnell zu »Es ist fast schon da, wenn wir es nur wollen«. Wir erinnern uns an »Opa wird Olympiasieger« aus dem ersten Kapitel. Diese Interpretationsweise ist nicht den Studienautoren anzulasten, wohl aber dem Energiewendediskurs in Deutschland, der voller Illusionen und Wunschdenken ist.

Es gibt auch Technologien, die am Eigensinn von Nutzern scheitern, die sie einfach nicht im Sinne des Erfinders einsetzen; so wissen wir heute noch nicht, ob die Menschen sich dem sogenannten »Smart Demand Management« unterwerfen wollen und werden. Damit ist ein Preissignal gemeint, das den Verbrauch von Strom auf günstige Zeiten lenken soll – in einer auf volatile Erneuerbare gebauten Energiewirtschaft mit nach wie vor herrschender Ungewissheit über Speicherkapazitäten heißt das: Ob der Strom günstig ist, wird von der Wetterlage bestimmt. Dies greift aber auch in die Zeitregimes und Verfügbarkeiten von Menschen ein, die aus welchen Gründen auch immer keine Lust haben, sich in ihren Haushalts- oder Unternehmensaktivitäten dem Wetter oder gar der Jahreszeit anzupassen. Die Emanzipation vom Tag-Nacht-Rhythmus und den Unbillen des Wetters war eine der großen Errungenschaften der industriellen Moderne. Die neue Wetterabhängigkeit, digital gesteuert, weckt auch andere Skepsis, etwa hinsichtlich der Gängelung und Kontrolle von Lebensweisen. Man muss diesen Einwänden nicht folgen – aber alle können die technische Entwicklung beeinflussen, eventuell auch hemmen. Es steht also zu erwarten, dass nichts so läuft wie im idealtypischen Modell der Energiewende-Studien.

Ökobilanz einer Öko-Technologie

Was sowohl in den Diskussionen als auch in den Energiewendestudien immer wieder auffällt, ist eine gewisse Can-do-Wurschtigkeit, mit der Bedenken über Rohstoffbedarf, Landverbrauch und umweltschädliche Nebenwirkungen der Erneuerbaren, sprich ihre Ökobilanz, vom Tisch gewischt werden. Materialbedarf, Extraktionsindustrien, Rohstoff-Masseströme und Eingriffe in Landschaften spielen kaum eine Rolle mehr, sobald die Rede auf PV-Anlagen und Windparks kommt. Die Vorstellung von quasi masse- und interaktionsfreien, »sanften« Erneuerbaren hat sich tief in die Vorstellungswelten unserer Bürger eingegraben. Die meisten Fotos, ob in den Hochglanzbroschüren der Industrie oder in den Symbolbildern der Medien, zeigen einzeln stehende Windkraftanlagen in blau-grünen Naturlandschaften oder Einfamilienhäuser mit PV-Panels. Kaum eines zeigt die Industrieförmigkeit der Ökostromproduktion: PV-Farmen in Südostasien zum Beispiel, wo ganze Hügel mit Solarmodulen eingekleidet werden, oder Luftbilder großer Windparks.

Diese Form der verweigerten Auseinandersetzung mit den Folgewirkungen der Energiewende ist umso bemerkenswerter, als der Gedanke der energetischen Neuausrichtung unseres Landes ja ursprünglich aus einer Umweltbewegung hervorgegangen ist, die das Präventionsprinzip bei der Bewertung von Technologien hochhielt: Seien schädliche Folgen eines Vorhabens auf Mensch und Umwelt nicht völlig auszuschließen, so sei es vorsorglich zu unterlassen. Nun, da die Kernenergie mit eben dieser Begründung aus dem Land getrieben wird, wäre zu erwarten, dass man mit derselben kritischen Aufmerksamkeit auch auf jene Technologien blickt, die sie ersetzen sollen – es wäre sogar systemerhaltend und legitimitätsfördernd, wenn die Erneuerbaren Energien in einem Geist der sorgfältigen Evaluierung errichtet würden.

Doch erstaunlicherweise scheinen Deutschlands Umwelt-NGOs in Sachen Erneuerbare die Sprache verloren zu haben. Manche profitieren sogar direkt von der Implementierung der Windkraft, weil die Windindustrie an sie Geldmittel für Ausgleichsmaßnahmen, beispielsweise Umweltprojekte, zahlt. Diskutieren Deutschlands organisierte Umweltschützer über die Energiewende, geht es um Möglichkeiten, den Ausbau der Erneuerbaren zu beschleunigen, kaum je aber darum, das zu tun, was die satzungsgemäße Aufgabe dieser Vereine ist, nämlich die Energiewende aus Naturschutzsicht kritisch zu begleiten.

Werfen wir also einen Blick auf ihre materiell-ökologische Seite. Während für die Befürchtungen der Bürger über Infraschall-Schädigungen durch Windkraftanlagen eine wissenschaftliche Begründung fehlt, gibt es ernstzunehmende Konflikte mit anderen Schutzzielen. Im Falle der Windkraft und der Biomasseenergie, aber auch der Wasserkraft sind das vor allem Landschaftsschutz, Gewässerschutz und Biodiversität: Wildbiologen und Vogelschützer befürchten, dass die Installation der Anlagen bzw. der benötigten Energiefrucht-Monokulturen in ohnehin schon schwer vorbelasteten Agrarlandschaften eine gravierende Zusatzlast darstellen, die Bestände »zum Kippen bringt« und so der Biodiversität den Garaus macht.[33] Bei Biogasanlagen geben mangelnde Wartung und gewässerschädigende Havarien Anlass zur Besorgnis, abgesehen von der im Vergleich zu anderen Erneuerbaren relativ schlechten CO_2-Bilanz dieser Form der Stromerzeugung.

Es gibt inzwischen Forschungen, welche ermutigende Ergebnisse zeigen, die noch erhärtet werden müssen – so könnte die farbliche Markierung der WKA-Rotoren Greifvögel abschrecken, die zu ihren häufigsten Opfern gehören, und ein digital gesteuertes, maßgeschneidertes Lastmanagement könnte die Anlagen stillsetzen, wenn Fledermäuse ihre Hauptflugzeit haben. Doch all diese Vorkehrungen, die zudem erst noch eingeführt werden und sich bewähren müssen, können eine Feststellung nicht aus dem Weg räumen: Windparks und Solarfarmen sind, wenn man sie in der für die Energiewende benötigten Anzahl errichtet, eine Energie-Großindustrie, und es gibt begründete Zweifel, ob sie ausgerechnet in vom Klimawandel ohnehin gestressten Wäldern oder nahen Schutzgebieten errichtet werden sollten.

Besonders die Umweltlasten der Windkraft oder der Freiflächen-Photovoltaik gehen auf ihre Extensivität und niedrige Leistungsdichte zurück. Betrachtet man den Energieumsatz verschiedener Anlagen mit Bezug auf die beanspruchte Fläche, so kommen Erneuerbare wie Windkraft oder Photovoltaik auf Leistungsdichten von 1–10 Watt pro Quadratmeter, die Kernenergie erreicht einen Wert von etlichen Tausend Watt pro Quadratmeter. Schauen wir uns also einmal an, was es bedeutet, wenn wir die Kernenergie durch Windkraft ersetzen wollen.

Das AKW Isar-2 erzeugt jährlich rund zwölf Terawattstunden (das sind zwölf Milliarden Kilowattstunden) Strom. Wir erinnern uns: Kernenergie hat eine ähnliche Treibhausgas-Bilanz wie Windkraft, laut Weltklimarat zwölf Gramm CO_2-Äquivalent pro Kilowattstunde. Will man die Stromproduktion von Isar-2 durch moderne, auf Schwachwind spezialisierte 5-MW-Onshore-Windkraftanlagen mit bis zu 160 Metern Nabenhöhe, rund 160 Metern Rotordurchmesser und bis 230 Metern Gesamthöhe erledigen lassen, müssten wir bei der durchschnittlichen Arbeitsverfügbarkeit von europäischen Onshore-Windkraftanlagen (zugrunde gelegt habe ich 25 Prozent, was für das weniger windhöffige Niederbayern ein optimistischer Wert sein dürfte)[34] 1.095 Anlagen errichten, um dieselbe Strommenge zu erzeugen. Legt man die meist überoptimistischen Herstellerangaben zugrunde, die bei auf Schwachwindlagen optimierten Anlagen mit sonst nur auf See erreichbaren Arbeitsverfügbarkeiten von rund 40 Prozent rechnen, sind es immer noch 684 Anlagen. Das ist sehr viel Beton, Stahl, bislang noch nicht recyclebarer Carbonfaser-Verbundstoff, diverse Metalle und seltene Erden. Viele der Grund- und Rohstoffe werden aus nicht regulierten Extraktionsindustrien in Asien und Afrika bezogen, wenn nicht gleich die gesamte Anlage in China gekauft wird.

Betrachten wir jetzt die gebotenen Abstandsregeln zur Erzielung einer optimalen Energieausbeute, nämlich das Fünffache des Rotordurchmessers in Hauptwindrichtung und das Dreifache in Nebenwindrichtung, so wie es die Fachagentur Windenergie an Land 2019 publizierte[35], so können wir berechnen, welche Fläche wir mit dem Isar-2-Ersatzwindpark belegen müssten: Es wären je nach Berechnungsgrundlage rund 420 oder 260 Quadratkilometer, auf der die 230-Meter-Giganten verteilt stehen. Das ist im günstigsten Fall 85 Prozent der Fläche Münchens, im ungünstigeren Fall das rund 1,3 fache davon. Oder ein Quadrat mit rund 16 bis 20 Kilometern Kantenlänge.

Rechnen wir nun mit der Erwartung des Stromverbrauchs einer voll dekarbonisierten Gesellschaft im Jahr 2050 – laut Fraunhofer ISE bis zu (von mir gerundet) 1.500 TWh, und betrachten den Bedarf an installierter Windkraftleistung, den das ISE für diese Endausbaustufe angibt[36] – das sind bis zu 300 Gigawatt. Umgerechnet auf moderne 5-Megawatt-Anlagen des Typs, der in Deutschland sukzessive die kleineren Anlagen ablösen soll, sind das 60.000 Anlagen. Betrachten wir die oben genannten Abstandsregeln für diese Anlagen, die vom Rotordurchmesser abhängen, nämlich 800 Meter in Haupt- und 480 Meter in Nebenwindrichtung, so benötigen wir für das Aufstellen der Anlagen eine Fläche mit der Kantenlänge von 117,6 mal 195,9 Kilometern, macht 23.038 Quadratkilometer oder etwas über sechs Prozent der Bundesfläche. Wir erinnern uns an den Plan der Bundesregierung, bis 2030 zwei Prozent unserer Landesfläche oder über 7.147 Quadratkilometer für die Windkraft zu belegen, der schon einiges Unbehagen über die Auswirkungen auf Natur- und Landschaftsschutz auslöste. Derzeit werden diese zwei Prozent von Regierung und Erneuerbare-Energien-Interessengruppen gerne als das Maximum an benötigter Fläche für den Windkraftausbau in Deutschland dargestellt. Doch müssen wir in Wirklichkeit mit dem Dreifachen rechnen.[37]

Auf jeden Fall sind das nie gekannte Flächen, die wir mit Energietechnik belegen müssen, und Materialmassen, die wir mobilisieren müssen, weswegen zu Recht die Frage nach der Effizienz eines solchen Systems gestellt werden kann. Der Betonbedarf von Windkraft ist pro produzierter Terawattstunde zehnmal größer als der eines Kernkraftwerks, der Stahlbedarf der Photovoltaik ist mehr als doppelt so hoch wie der eines KKW, auch wenn wir darauf hoffen dürfen, dass technische Neuerungen auch hier Verbesserungen ergeben, zum Beispiel bei der Ersetzung des Ortbetons bei Windkraft-Fundamenten durch wiederverwendbare Beton-Fertigbauteile.[38] In den Bergbauregionen der Welt, wo Lithium, Kupfer, Kobalt und Seltenerden für Batteriespeicher, Solaranlagen, Windkraftwerke und Leitungsnetze abgebaut werden, gibt es, wie in der alten Fossilwelt, zwangsumgesiedelte Menschen, giftige Schlammseen und schadstoffbelastete, mitunter auch radioaktiv belastete Abraumhalden, weil mit den begehrten Erzen auch Thorium an die Erdoberfläche gelangt. Doch diese Probleme werden noch kaum im Zusammenhang mit den Erneuerbaren Energien diskutiert.[39] Nachdem man über Jahre hinweg von diesen Problemen fast nichts hörte, hat sich im Umfeld des Weltklimagipfels in Glasgow im Oktober 2021 dann doch einmal ein Spiegel-Reporterteam für die Ökobilanz der Energiewende-Rohstoffwirtschaft interessiert und Ergebnisse zutage gefördert, welche nur einen Schluss zulassen: Das Grundproblem des Raubbaus an Naturressourcen wird durch die extensiven Erneuerbaren Energien nicht nur nicht beseitigt, sondern wahrscheinlich sogar verschärft.[40]

Wir müssen uns also mit diesen Problemen konfrontieren und überlegen, wie Abhilfe geschafft werden könnte. Das ist eine unabdingbare Voraussetzung für einen funktionierenden und wissenschaftsbasierten Abwägungsprozess zwischen verschiedenen Optionen von Energiesystemen. Auch wenn wir am Ende zum dem Schluss gelangen sollten, dass die Erneuerbaren eine akzeptable Lösung sind – wir kommen nicht um ihre Realitäten herum. Das gilt umso mehr, als man sich im Falle der Kernenergie ihre Rohstoffbilanz sehr genau angeschaut hat. Der Uranabbau, seine Schadstoffbilanz oder die Menschenrechtssituation in afrikanischen Uranminen ist in aller Munde.[41]

Soll der Weg des Degrowth nicht beschritten werden – also des Minuswachstums und Verzichts auf mehr Stromverbrauch, sodass auch die heute verfügbaren Erneuerbaren ausreichen – dann muss man entweder auf energiedichte Stromerzeuger mit wenig Rohstoffverbrauch wie die Kernenergie setzen oder gesetzliche Regelungen einführen, die die Bergbauindustrie an die Kandare nehmen – am besten aber beides. Sowohl der Uranabbau als auch die Rohstoffextraktion für Erneuerbare Energien kann nur dann menschenrechts- und naturverträglich geregelt werden, wenn ein strenges Lieferkettengesetz für Umwelt- und Arbeitsschutzstandards sorgt. Uran zumindest kann man auch in Kanada und Australien kaufen, es muss nicht der Niger oder Kasachstan sein. Ferner müsste die Erneuerbare-Energien-Industrie, wie andere Industrien auch, in ein großes Konzept globaler Kreislaufwirtschaft eingebunden werden, das ebenfalls noch nicht in Ansätzen existiert. Jede dieser Maßnamen aber treibt die Kosten. Auch auf der Rohstoffseite dürfte der Traum von den spottbilligen Erneuerbaren bald ausgeträumt sein – zumal, wenn ihn mehr Länder träumen als nur Deutschland.

Zur Systemsicherheit der Energiewende

Eines der großen Versprechen der Energiewende war, dass sie das Leben der Deutschen nicht nur umwelt- und klimafreundlicher machen würde, sondern auch sicherer. Als großer Vorteil der Erneuerbaren gegenüber der Kernenergie wird ins Feld geführt, dass mit menschengefährdenden Unfällen und auf Millionen Jahre gefährlichen Hinterlassenschaften nicht zu rechnen sei. Tatsächlich können wir konstatieren, dass die Erneuerbaren, vorausgesetzt es gelingt, eine Kreislaufwirtschaft in Gang zu bringen, kein der Kernenergie vergleichbares Entsorgungsproblem mit sich herumschleppen. Auch sind wir ziemlich gut darüber informiert, wie Unfälle mit Erneuerbaren Energien aussehen: Es können Windkrafttürme zusammenbrechen, wie vereinzelt geschehen, es können sich Rotorblätter lösen oder Maschinenhäuser abbrennen; PV-Anlagen können in Flammen aufgehen. Es ist nicht ausgeschlossen, dass dabei vereinzelt auch einmal Menschen oder Tiere zu Schaden kommen können, aber insgesamt sind die Auswirkungen punktuell, die Opferbilanz winzig klein, wenn auch Ölrückstände und Verbundwerkstoff-Fasern nach WKA-Bränden eine erhebliche Entsorgungslast darstellen.

Die einzig wirklich schreckliche Unfallbilanz unter den Erneuerbaren Energien hat die Wasserkraft – bei Staudammkatastrophen sind im 20. Jahrhundert weltweit viele Zehntausende Menschen ums Leben gekommen, die meisten in Banqiao (China) nach einem Taifun im August 1975, als ein Staudammbruch erst rund 80.000 Opfer forderte und dann aufgrund folgender Seuchen und Hungersnöte in den Überschwemmungsgebieten noch einmal 160.000 Menschen starben. Erstaunlicherweise hat hierzulande trotzdem niemand mit Berufung auf diese Ereignisse, deren Opferbilanz viele Hundert Tschernobyls aufwiegt, je die Abschaffung der Wasserkraftnutzung verlangt. Immer reichte der Hinweis, die Talsperren in Deutschland oder Österreich seien auf dem Stand von Wissenschaft und Technik und würden sorgfältig gewartet. Es kam nie das Tschernobyl-Argument, das auch gegen die Kerntechnik im Westen in Stellung gebracht wurde: irgendwas könne immer passieren, nicht alle Unfallszenarien seien vorhersehbar.

Lassen wir diesen für die deutsche Energiediskussion recht typischen Doppelstandard fürs Erste im Raume stehen und befassen uns nun mit der Frage, wie es eigentlich um die *Systemsicherheit* einer angestrebten erneuerbaren Vollversorgung steht. Doch der Vergleich von Einzelanlagen – Windrad versus AKW – ist nicht die richtige Methode, um die Risiken und Kosten von komplexen Systemen abzuschätzen. Und ein komplexes System ist es ohne Zweifel, das wir da aufbauen wollen – es ist genaugenommen mindestens so komplex wie ein Kernkraftwerk. Deutschland will in Zukunft ein Mehrfaches des heutigen Strombedarfes ausschließlich mit Schwärmen leistungsschwacher Einzelanlagen erzeugen, die mittels Leistungselektronik und digitaler Netzleittechnik zu virtuellen Großkraftwerken zusammengeschaltet werden sollen. Auf der Abnehmerseite sollen vielfältige digitale Mechanismen des »Demand Side Management« zum Einsatz kommen, was eine Umschreibung für die Verbrauchssteuerung durch den Strompreis, aber zur Not auch durch die Zwangsabschaltung von Verbrauchern ist. Auf jeden Fall ist es eines jener zusätzlich benötigten Instrumente, welche die inhärenten Schwächen der Erneuerbaren ausbügeln sollen, aber das gesamte System komplexer machen. Außerdem wird die Leistung der vielen zu steuernden Anlagen nicht kontinuierlich, sondern intermittierend eingespeist.

Das kann je nach Wetterlage große regionale Ungleichgewichte erzeugen, was die Übertragungsleitungen belastet und häufige Regeleingriffe erforderlich macht. Diese bergen wiederum potenzielle Fehlerquellen. Es müssen höchste Anforderungen an die Cybersicherheit der digitalen Steuerungstechnik gestellt werden. Die Verantwortung dafür liegt bei den Netzbetreibern, doch diese haben keine Durchgriffsrechte bis auf die Ebene der einzelnen Anlagen.

Aus diesem Grunde ist es lohnend, den Sicherheitsstatus des Gesamtsystems und insbesondere die Cybersicherheit der Anlagen genauer unter die Lupe zu nehmen. Betrachten wir zunächst die Pläne der Bundesregierung, neben dem 2022 zu vollendenden Atomausstieg möglichst bis 2030 aus der Kohle auszusteigen, und bilanzieren wir, was das im Einzelnen bedeutet. Ein Gelingen dieses Plans ist an sehr viele Voraussetzungen gebunden, die höchstwahrscheinlich nicht in der vorgegebenen Zeit zu erreichen sind: Dazu gehört der schon erwähnte Ausbau der Windkraft und Photovoltaik um das Doppelte des heutigen Bestandes in der Hälfte der Zeit, der Bau von Gaskraftwerken als Backup und der Bau von neuen Leitungskapazitäten zur besseren Vernetzung mit unseren Nachbarn und zur Verteilung des Windstroms in Deutschland. Alle diese Vorhaben hinken im Zeitplan massiv hinterher, und es ist nicht zu erwarten, dass die infrastrukturellen Probleme – Investitionsstau, Fachkräftemangel, Planungshindernisse – sich in Luft auflösen, nur weil jetzt ein Robert Habeck dem Wirtschaftsministerium vorsteht. Es steht also zu erwarten, dass man 2030 nicht aus der Kohle aussteigen können wird, um die Sicherheit der Stromversorgung nicht zu gefährden.

Doch auch auf der Ebene der Anlagen selbst sind Sicherheitsfragen zu klären. Gerade weil sie der Nimbus der Harmlosigkeit und Unkomplexität umgibt, sind Windräder und PV-Module systemsicherheitstechnisch betrachtet unterreguliert. Jede Bürgergenossenschaft, jeder Landbesitzer, jede Hausbesitzerin kann sie errichten. Man muss nicht den Genehmigungsmarathon eines Kernkraftwerks durchlaufen, um Windmüller zu werden, was für die schnelle Errichtung dieser Anlagen auch von Vorteil ist. Doch die Beaufsichtigung ist als eher lax zu bezeichnen. Da die Bundesregierung angekündigt hat, Barrieren für die Errichtung von Windenergieanlagen zu schleifen, wird es eher weniger als mehr Kontrollen und Auflagen geben.

In der Fachwelt gibt es, weitgehend unbeachtet von der Öffentlichkeit, seit einigen Jahren Diskussionen um die Verwundbarkeit der Stromversorgung. Unser Stromnetz ist ein komplexes, interdependentes System, das zunehmend mit instabilen Systemkomponenten umgehen muss. Auch die Sicherheit von Windkraftanlagen und die möglichen Auswirkungen auf das Verbundnetz, wenn Windenergie in ihm eine dominierende Rolle spielt, wurden dabei näher untersucht. Windkraftanlagen können über Installationen vor Ort, die an der einzelnen Anlage oder an ihren Umspannstationen untergebracht sind, beeinflusst werden, aber auch über die vereinheitlichten IT-Schnittstellen, mit denen sie ferngewartet werden. Da Windparks nicht sonderlich gut bewacht werden, ist es für Kriminelle einfach, sich Zugang zu den Türmen oder Umspannstationen zu verschaffen, um Schadsoftware oder Gerätschaften zur Manipulation der Anlagen vor Ort zu installieren (»Man-in-the-middle-Angriff«). Auch das virtuelle Einhacken in die Managementsysteme von Windparks könnten ihre digitale Steuerung beeinflussen. Sicherheitsfachleute sorgen sich zunehmend um die Frage, ob etwa durch feindliche staatliche Akteure mit dem entsprechenden Know-how viele Windparks gleichzeitig gehackt und vom Netz genommen werden könnten, etwa durch eine Manipulation ihrer Windgeschwindigkeitsmesser oder Übernahme der Maschinensteuerungen und Aussendung falscher Steuerbefehle, ähnlich wie es bei der Stuxnet-Attacke auf iranische Urananreicherungsanlagen geschehen ist.[42]

Kernkraftwerke sind von diesem Problem nicht betroffen, soweit es ihre sicherheitstechnischen Funktionen betrifft, die stark abgeschottet sind. Der Reaktorschutz deutscher Kernkraftwerke ist nicht als speicherprogrammierbare Steuerung gestaltet, sondern verbindungsprogrammiert, das heißt fest verdrahtet. Dieses »altmodische« Prinzip ist eine exzellente Garantie gegen Hacks von außen. Allenfalls ökonomisch oder symbolisch könnte man einem KKW Schaden zufügen, etwa durch Manipulation von Turbinensystemen, die mit der gängigen Siemens-SCADA-Maschinensteuerung speicherprogrammiert sind. Doch die Welt der Erneuerbaren Energien ist digital gesteuert und daher im Prinzip offen für jeden Angreifer, wenn sie nicht abgesichert wird. Im Prinzip ist bekannt, was man gegen diese Schwächen tun kann. Die Normen und Sicherheitsklassen für eine tiefengestaffelte Absicherung von industriellen Steuerungssystemen, so wie sie in Kernkraftwerken implementiert werden, gelten auch für Windparks und Solarkraftwerke, zumindest die neueren. Das beginnt bei der besseren Sicherung der Anlagen über Vorkehrungen für ihre Cybersicherheit, zum Beispiel Verschlüsselung, Firewalls zwischen den Einzelanlagen eines Windparks, Reduzierung von fernbedienbaren Schnittstellen, ständige Systemüberwachung und Überwachung der über die Lieferkette in den Betrieb eingeführten Software.[43] Doch das wiederum bedroht einen wesentlichen Vorteil der Windkraft, ihre günstigen Stromgestehungskosten.

Neben einem Ausfall von Stromproduzenten könnte aber auch ein Systemfehler auf der Ebene des Verbundnetzes zu einem großen Stromausfall führen. Das steht umso mehr zu befürchten, als das heutige Verbundnetz viel stärker als früher von volatilen Erzeugern gerpägt ist, was zwei sicherheitsrelevante Folgen hat: Es müssen mehr große transkontinentale Stromflüsse bewältigt werden, um Überschüsse oder Unterversorgung in EE-dominierten Gebieten auszugleichen, und die planbaren Reserven schwinden. Befürchtet wird, dass diese Kombination aus Faktoren zu Kettenreaktionen von Leitungsausfällen führen könnte. Zuletzt erlitt das kontinentaleuropäische Verbundnetz am 8. Januar 2021 einen ernsten Zwischenfall der zweithöchsten Kategorie, der nach Leitungsausfällen in Südosteuropa mit der Aufspaltung des Netzes in eine Über- und eine Unterfrequenzzone einherging. Auch wenn Erneuerbare Energien nicht ursächlich für das Ereignis waren, betonte der Analysebericht, dass die genannten strukturellen Ursachen das Verbundnetz zunehmend instabiler machten. Indessen ist Deutschland, das einst ein Stabilitätsanker des Systems war, inzwischen zu einem Risikofaktor geworden, weil es seine gesicherte Leistung Kraftwerk für Kraftwerk stillegt.[44]

Derweil behaupten die Befürworter der hundertprozentigen EE-Versorgung, dass die »dezentralen« Erneuerbaren viel sicherer seien. Doch das ist eine Illusion. Auch regenerative Kraftwerke sind Netzteilnehmer und in vielerlei Hinsicht aufs Netz angewiesen. Solarmodule auf dem Hausdach sind keine Blackout-Versicherung, da sie ohne ihren vom Netz gespeisten Wechselrichter nicht arbeiten können. Windkraftanlagen sind zwar prinzipiell schwarzstartfähig, aber ihre Fernsteuerung ist es nicht. Nur die Generatoren von Laufwasser- und Pumpspeicherkraftwerken sind bedingungslos schwarzstartfähig und somit in der Lage, um sich herum eine stabile Netzinsel aufzubauen. Kernkraftwerke haben aus diesem Grunde eine privilegierte Schaltung zu einem Wasserkraftwerk, das ihnen die ca. 70 Megawatt Eigenbedarfsstrom für den Start nach einem Blackout liefern kann. Überdies beherrschen KKW auch den »Lastabwurf auf Eigenbedarf«, was bedeutet, dass Reaktor und Turbine nach einer Netztrennung am Mindestlastpunkt weiterlaufen und das Kraftwerk mit Strom versorgen.

Es mag durchaus sein, dass mit der Verbannung der Kernkraftwerke der nukleare Super-GAU seinen Schrecken verliert – während der nationale Blackout zum Super-GAU des Erneuerbare-Energien-Systems werden könnte. Hinsichtlich ökonomischer Schäden und Opferzahl würde ein solches Ereignis mühelos an einen großen Atomunfall heranreichen. Laut einer Schweizer Risikostudie[45] liegt das Risiko eines solchen Blackouts jedoch um mehrere Größenordnungen über dem Kernschmelzrisiko von Kernkraftwerken – einmal in dreißig bis hundert Jahren –, und die Folgen eines solchen Ereignisses können verheerend sein. Kann nicht binnen eines Tages die Stromversorgung von Großstädten wiederhergestellt werden, brechen ihre Lebensfunktionen völlig zusammen. Nur die wenigsten Institutionen haben Notstromaggregate mit Dieselvorräten, die mehr als einen Tag reichen – außer Kernkraftwerken übrigens. Heizung und Trinkwasserversorgung würden ausfallen, Hausbewohner müssten ihre Fäkalien im Garten vergraben, bargeldloses Einkaufen wäre unmöglich, wenn man nicht schon an den elektrischen Türen und Kassen der Supermärkte scheitern würde; Intensivpatienten würden sterben, Millionen Tonnen an Lebensmitteln verderben, die Treibstoffversorgung des Transportsektors versiegen.

Das ist kein Prepper-Narrativ, sondern das sind nüchterne Bestandsaufnahmen aus Behördenszenarien. Die diesbezüglichen Aktivitäten des Bundesamtes für Bevölkerungsschutz – eine seiner jüngsten Publikationen ist ein Ratgeber für »Kochen ohne Strom« – lassen vermuten, dass Regierungsstellen solche Sicherheitsbesorgnisse ernst nehmen. Doch stehen solche Szenarien in einem gewissen Spannungsverhältnis zu den regelmäßigen Verlautbarungen unserer verantwortlichen Behörden, dass die Netzsicherheit durch die Energiewende in keiner Weise gefährdet sei.

Doch das Vertrauen der Bürger ist bereits gefährdet; und es wird von Angstmachern vom populistischen Rand zusätzlich strapaziert, die Falschmeldungen über den bevorstehenden Blackout in Umlauf setzen. Unsere Regierung müsste also eigentlich zwei Beweise führen, um zu belegen, dass wir mit der Energiewende wirklich sicherer leben: Erstens sollte sie belegen, dass die Eintrittswahrscheinlichkeit eines Mega-Blackouts unter der Kernschadenshäufigkeit eines deutschen Druckwasserreaktors liegt – andernfalls wäre es unsinnig, Kernkraftwerke abzuschalten und sich dafür das viel höhere Risiko einer Stromkatastrophe einzuhandeln. Zweitens ist zu gewährleisten, dass ein solches Ereignis bzw. der Pfad dorthin und seine Folgen in den nächsten Jahren mindestens so skrupulös untersucht werden wie der hypothetische Super-GAU in einem deutschen Kernkraftwerk. Eine Deutsche Risikostudie Kernkraftwerke gibt es seit 1980 (Teil B 1990); eine Deutsche Risikostudie Energiewende gibt es nicht. Eine solche Untersuchung aber könnte aufzeigen, wo die Systemschwachstellen liegen, welche Teile des Systems besonders zum Ausfallrisiko beitragen und wo Gegenmaßnahmen ansetzen müssten.

Ich wiederhole an dieser Stelle aber meine generelle Einschätzung: Auch wenn die Systemsicherheit und das Blackout-Risiko hier um der Vollständigkeit der Abwägung willen diskutiert werden, glaube ich, dass die Verantwortlichen alles tun, um einen solchen Fall nicht eintreten zu lassen. Sie werden also im Zweifelsfall immer die Versorgungs- und Netzsicherheit vor das Erreichen von Klimazielen stellen. Das aber ist auch die Lebensversicherung für Kohle und Erdgas, die viel länger gilt als es die heutigen Ausstiegspläne suggerieren. Wir können also in eine Situation geraten, wo wir in der Gewissheit Strom verbrauchen werden, dass wir entweder unsere Klimaziele reißen oder unsere Sicherheit, Gesundheit und gesellschaftlichen Zusammenhalt akut gefährden. Ein klassisches Dilemma: Entscheidet sich die Regierung für die momentane Sicherheit und das Wohlergehen ihrer Bürger, riskiert sie die Sicherheit und das Wohlergehen ihrer Kinder in der Zukunft, da eine solche Entscheidung verheerende Folgen für den deutschen Treibhausgasausstoß haben wird.

Die große Umverteilung

Bislang haben wir nur von der (sicherheits-)technischen, ökonomischen und ökologischen Seite der Energiewende gesprochen. Es gibt aber auch noch einen weiteren Aspekt, der zu betrachten ist – ihre soziale Seite. Kein führendes Industrieland der Welt steigt gleichzeitig aus Atom- und Fossilwirtschaft aus; wenn das Vorhaben nicht gelingt, droht die Abwanderung ganzer Industrien, was erhebliche Verwerfungen auf dem Arbeitsmarkt mit sich bringen könnte. Es ist ungewiss, ob diese Verluste durch den Aufstieg einer heimischen Erneuerbare-Energien-Industrie wettgemacht werden, wie es die Bundesregierung verspricht. Die subventionsverwöhnte deutsche Solarindustrie fiel bereits im vergangenen Jahrzehnt der asiatischen Billigkonkurrenz zum Opfer, und ob die deutschen Autobauer den Systemwechsel zur Elektromobilität als Weltmarktführer überleben, ist zweifelhaft. Auch der massive Solar- und Windkraftausbau wird voraussichtlich ein weiteres Mal auf Importtechnologie gründen.

Doch nicht nur auf dem Arbeitsmarkt drohen soziale Verwerfungen. Menschen müssen auf neue Strategien und Technologien vorbereitet werden. Das wird voraussichtlich nicht von Erfolg gekrönt sein, wenn man versucht, eine von oben dekretierte Lebensreform durchzusetzen, die darauf abzielt, die Menschen an die Bedürfnisse der erneuerbaren Stromproduktion anzupassen statt die Stromproduktion an die Menschen. Am Ende haben wir womöglich das Klimaziel erricht, aber die Bürgerrechte ausgehöhlt und eine Umverteilung von unten nach oben beschleunigt.

Das zumindest ist nach 20 Jahren real existierender Energiewende beobachtbar: die Energie-Enteignung breiter Bevölkerungskreise zugunsten einer schmalen Schicht von Energiewendeprofiteuren. Die real existerierende Energiewende beruhte bislang auf dem Instrument der EEG-Umlage; die aktuelle Energiepreis-Explosion und die – ja eigentlich zu begrüßende – CO_2-Bepreisung fossiler Brennstoffe verschärfen das Problem noch. Das bedeutet eine Umverteilung in die Hände der Besitzenden, bezahlt mit den Stromrechnungen der Allgemeinheit. Zusammen mit Steuern und Abgaben hat Deutschland nun die höchsten Verbraucherstrompreise Europas, ohne dass dies aber in Stromsparanstrengungen gemündet wäre. Im Jahr 2019 wurde 289.000 deutschen Haushalten der Strom abgestellt, weil sie Schulden bei ihrem Versorgungsunternehmen hatten, Tendenz aufgrund der Coronakrise inzwischen massiv steigend.[46] Die neue Regierung plant, die EEG-Umlage abzuschaffen und zumindest diesem Mangel abzuhelfen, aber die Finanzierung der Erneuerbaren-Revolution muss dennoch von der Allgemeinheit aufgebracht werden, diesmal von den Steuerzahlern. Verbrämt wird das alles mit der oben diskutierten Gemeinschaftswerks-Rhetorik, als gäbe es keine Interessengegensätze.

Doch ein Gemeinschaftswerk ist die Energiewende keinesfalls. Nicht Arbeiter, kleine Angestellte, das wachsende Prekariat, Mieter und Alleinerziehende, die eigentliche und erträumte SPD-Klientel also, profitierten bislang von der Energiewende. Es sind vielmehr eher die Anhänger des liberalen und grünen Teils der Ampelkoalition. Investoren, die nach risikoarmer Rendite für das im Überfluss vorhandene billige Geld suchten, das die Zentralbanken in der Corona-Krise in die Märkte pumpten, profitieren von der Energiewende genauso wie das Besitzbürgertum, das genügend Geld übrig hat, um seine Immobilien – wiederum unter Nutzung von Fördergeldern – energetisch upzugraden, sich ein Elektroauto anzuschaffen oder sich in einen Bürgerwindpark einzukaufen. In den neuen Unternehmen der Öko(strom)wirtschaft ist der gewerkschaftliche Organisationsgrad niedrig, die Arbeitsverhältnisse weniger gut abgesichert als in der Old Economy, auf die die Energiewendler so gerne herabsehen. Elon Musks Tesla-Konzern, der in Brandenburg eine Batteriefabrik hochzieht, ist ein besonders abschreckendes Beispiel nicht nur für einen laxen

Umgang mit Wasserschutzauflagen, sondern auch für das Schleifen von Arbeitnehmerrechten. Gewerkschaften, Betriebsräte und journalistische Beobachter sind auf der Gigafactory-Baustelle unerwünscht – die deutschen Behörden, die sich von Teslas Gunst die Fortsetzung der Standort-Deutschland-Erfolgsstory versprechen, sind vorauseilend kooperativ.[47] Der deutsche Energiewende-Kapitalismus basiert nicht auf Bürgerenergie, sondern auf Bourgeoisie-Energie, und die Fördergelder helfen vor allem Menschen, die eigentlich alles selbst bezahlen könnten. Die Jugend-Klimabewegung Fridays for Future ist ein Spiegel dieses soziotechnischen Systems: Die Bewegung besteht zum überwiegenden Teil aus Gymnasiasten und Studierenden aus Mittel- und Oberschicht mit individualistischen Vorstellungen von der Bewältigung der Klimakrise durch Lebensreform und Ökohaus.[48] Es sind die Kinder der Energiewende-Gewinner, die wiederum mehr Energiewende fordern.

Fazit: Plan B gesucht

Wenn wir die Bilanz der real existierenden Energiewende in Deutschland ziehen, lassen sich einige Punkte zusammenfassen:

- Die Energiewende wird auch im kommenden Jahrzehnt, wahrscheinlich aber länger, nur mit fossilen Krückstöcken funktionieren. Vorher können die Alternativen – Erneuerbare mit Speichern – keine Versorungssicherheit garantieren. Dass das Backup derzeit nur fossil sein kann, liegt am Atomausstieg.
- Sie funktioniert nur, wenn die überaus optimistischen Annahmen in affirmativen und stellenweise unkritischen Studien verwirklicht weden. Die bisherige Empirie und die historische Erfahrung mit eigensinnigen Menschen und technischen Systemen in Transformationsprozessen lassen aber vermuten,

dass Probleme auftreten werden. Es sollte also einen Plan B geben, der kein Rückfall in die Fossilwirtschaft sein darf.

- Sie wird uns nach Schätzungen des Bundesrechnungshofes bis ins Jahr 2025 mindestens 520 Milliarden Euro gekostet haben, und es werden voraussichtlich jährlich rund 60 Milliarden Euro benötigt, um neben den Erneuerbaren nun auch die lange vernachlässigte Speichertechnologie auf den Weg zu bringen.
- Wir betrachten hier nur den Elektrizitätssektor, in dem schon vergleichsweise viel erreicht wurde, doch er wird der Schlüsselsektor der Transformation sein. Die Dekarbonisierung von Wohnungsbau und Heizung, Verkehr, Landwirtschaft und Industrie hinken nach. Diese Bereiche werden nie gekannte Mengen an Strom benötigen; manche Fachleute schätzen bis 2050 das Dreifache des heutigen Stromverbrauchs. Es ist zweifelhaft, ob wir diese Mengen jemals nur aus flächen- und materialverschleißenden volatilen Erneuerbaren Energien im eigenen Land decken werden können.
- Die Extensivität, vor allem aber der Materialbedarf der Erneuerbaren Energien hat bislang unterbelichtete ökologische Folgen, die so gravierend sein können, dass man sie nicht mehr als Kollateralschaden einer an sich begrüßenswerten Entwicklung abtun kann.
- Es gibt im Zuge der Energiewende unterbelichtete Sicherheitsprobleme, die bislang nur in Ansätzen diskutiert wurden, nämlich die Netzsicherheit bei einer Dominanz volatiler Erzeuger und einer Abhängigkeit von digitaler Steuerungssoftware, die einzig in der Lage ist, Zigtausende von Kleinerzeugern und Speichern sekündlich angepasst zu Großkraftwerken zusammenzuschließen.
- Es bestehen massive Zweifel daran, ob eine erneuerbare Vollversorung der günstigste, sicherste und schnellste Weg zur Dekarbonisierung ist. Im Gegenteil entsteht der Eindruck, dass

den Erneuerbaren Lasten und Erwartungen aufgebürdet werden, die sie nicht tragen können.

- Die Energiewende hat sich bislang nicht als Treiber sozialer Emanzipation und Demokratisierung der Energiewirtschaft bewährt, sondern zu einer Umverteilung von unten nach oben geführt.
- Auch wenn manche Kritik ungerechtfertigt erscheint: Die beschriebenen Schwächen der Erneuerbaren Energien beruhen nicht auf ihrer Ausbremsung oder Schlechtreden – sie sind inhärente Schwächen dieser Formen von Energiewandlung als solcher. Wir haben inzwischen genug Erneuerbare Energien in unserem Netz, um zu beobachten, was sie können. Es stellt sich heraus: Sie können bei Weitem nicht alles – oder sie können es nur zu einem sehr hohen Preis. Derzeit heißt dieser Preis Fossilbackup.

Unterm Strich ist also die zentrale Behauptung anzufechten, die bislang das Grundgesetz unserer Energiewende war: dass die Erneuerbaren eine günstigere, umwelt- und menschenfreundlichere und auch risikoärmere Alternative zur ebenfalls CO_2-armen Kernenergie seien und daher zu hundert Prozent auf sie gesetzt werden sollte.

Die in diesem Kapitel geschilderten Risiken und Gefahren sind Technikhistorikern wohl bekannt: An sich gute Ideen scheitern an den Kosten oder an der Langsamkeit des politisch-ökonomischen Apparats – oder sie werden vom Kapital dermaßen erfolgreich angeeignet und zur Ware gemacht, dass sie sich ins Gegenteil des einstigen Versprechens verkehren. Ganze Infrastrukturen entwickeln sich in die eine oder andere Richtung, weil eine Gruppe von Protagonisten mehr ökonomisches Geschick hatte oder mehr soziales Kapital, zum Beispiel Beziehungen zu Entscheidern, in die Waagschale werfen konnte als ein anderer. Die Entwicklung der heutigen Elektrizitätswirtschaft kannte mehrere solcher Wendepunkte. Ist ein solches »Large Technical

System« aber erst mal auf einen Pfad eingeschwenkt, ist auch seine Trägheit sehr groß.[49]

Wir treffen also jetzt Infrastrukturentscheidungen, die auch für unsere Enkel und Urenkel relevant sein werden. Umso gründlicher sind sie abzuwägen, und daran hapert es heute. Die Leugnung von widerstreitenden Interessen, Schwachpunkten und Zielkonflikten, die mit einem mehr als ambivalenten Ökopatriotismus einhergeht, kann sich zu einem großen Problem auswachsen. Nichts ist für das Gelingen des Transformationsprozesses gefährlicher als jene Mischung aus Machtkonzentration, Unfähigkeit zur Selbstkritik und Sendungsbewusstsein, welche die heutige Energiewendeklasse kennzeichnet. Der Atomstaat ist tot – es lebe der Energiewendestaat? Das sollte nicht das letzte Wort sein.

So richtig möchte derzeit niemand den Gedanken an sich heranlassen, dass die ungeheuren Mengen an Strom, die wir benötigen werden, sehr wahrscheinlich nicht nur von Niedrigenergie-Erntemaschinen bereitgestellt werden können. Wenn es aber Zweifel an der Qualität einer vorgeblich perfekten Alternative gibt, dann sollte man diese Alternative nicht in einer Flucht nach vorn als allein gangbaren Weg verfolgen. Man sollte innehalten und danach fragen, ob dieser Weg vielleicht seine Stärken nur dann ausspielen kann, wenn man ihn, sagen wir, nur zu 50 oder 60 Prozent verfolgt.

Es ist also an der Zeit, über einen Plan B nachzudenken. Das bedeutet, zu überlegen, wie man die inhärenten Schwächen der Erneuerbaren am besten ausgleicht, ihnen also ein Backup verschafft, ohne erst das gesamte Strom- und Gassystem umkrempeln zu müssen, neue Ressourcenkämpfe auszulösen und neue ökologische Kollateralschäden anzurichten. Das ist machbar, wenn ein Stromerzeuger mit von der Partie ist, der sowohl versorgungssicher als auch CO_2-arm ist, und der das Problem der Stromspeicherung auf machbare Größenordnungen zurückfährt. Ich halte die Kernenergie für diese Erzeugungsform. Es ist aber auch zu überlegen, wie die Verfasstheit unseres Energiesystems aussehen muss, damit weder Erneuerbare noch Kernenergie zum nächsten Albtraum im globalen Rattenrennen um die billigsten Rohstoffe werden.

Kapitel 4
Das nuklear-erneuerbare Energiesystem

Im vorigen Kapitel wurde eine Bestandsaufnahme der real existierenden Energiewende vorgenommen: Wir verlieren viel Zeit beim Klimaschutz, weil wir nicht technologieoffen agieren. Wir starten eine Operation am offenen Herzen der deutschen Industriegesellschaft – aber es ist ein Experiment mit ungewissem Ausgang. Die regierungsamtlich erlaubten Erzeugungstechnologien sind zwar vorhanden und auch im Großmaßstab erprobt – aber die Speichertechnologien sind es keinesfalls. Die Rohstoffbilanz der Erneuerbaren Energien gibt keinen Anlass zu der Annahme, mit einer EE-Vollversorgung werde das Tor in eine neue Welt der Nachhaltigkeit, Naturfreundlichkeit und globalen Gerechtigkeit aufgestoßen – im Gegenteil. Sobald die Erneuerbaren zur Großindustrie werden, ist ihr ökologischer Charme dahin. In Deutschland brachte die Energiewende eine Umverteilung von unten nach oben. Der Green Capitalism ist nichts weiter als eine neue Häutung des schlechten alten Kapitalismus.

Die Energiewende hätte mit einer bewährten Klimaschutztechnik, der Kernenergie, eine echte Wende werden können. Nun wirft sie unser Land dorthin zurück, von wo es mit der Industrialisierung einmal aufgebrochen ist: in eine vormoderne Abhängigkeit von den Jahreszeiten, vom Wetter und dem Tag- und Nachtrhythmus der Sonneneinstrahlung. Um dieser Falle zu entgehen, müssen umständliche, teure und materialfressende Zusatzvorkehrungen getroffen werden: die Stromspeicherung in verlustreichen Umwandlungsketten von elektrischer in chemische Energie und zurück zu elektrischer Energie. Falls diese Operationen wegen ihrer hohen Kosten oder wegen anderer Umsetzungsschwierigkeiten verzögert werden, riskieren wir entweder unsere Versorgungssicherheit – oder wir reißen das Klimaschutzziel, weil Kohle und Gas weiterhin zum Einsatz kommen müssen.

Was können wir also tun, damit am Ende nicht das Klimaziel gegen die Versorgungssicherheit ausgespielt wird? In diesem Kapitel skizziere ich, wie eine Energiewende ohne halbe Sachen aussehen könnte: ein System, in dem die Kernenergie eine starke Basis bildet, auf der die Erneuerbaren aufsetzen. Was ich vorschlage, ist also ein Mischsystem unterschiedlicher CO_2-armer Stromerzeuger, in dem jeder Partner seine Stärken ausspielen kann, ohne überfordert zu werden. Im Grunde ist dieses System das, wovon alle seriösen Ansätze sprechen, sei es der Weltklimarat, der auf einen Ausbau von Erneuerbaren und Kernenergie setzt, oder sei es die Europäische Union, die Erneuerbare und Kernenergie in ihre grüne Finanztaxonomie aufnimmt.

Dieses Energiesystem sollte auf lange Zeit stabil sein. »Brückentechnologien« nach wechselnden Moden, in die wegen der Ungewissheit niemand investieren will, oder die uns in geostrategische Abhängigkeit von einem zunehmend aggressiven Russland bringen, wie jetzt im Fall des Erdgases, sollten weitgehend ausgeschlossen sein. Das bedeutet aber auch, klar zu benennen, wo die möglichen Schwächen und Risiken liegen, also genau das zu machen, was die Befürworter der erneuerbaren Vollversorgung nie getan haben. Wir wollen es ihnen nicht nachmachen. Folglich sehen wir die Kernenergie nicht als unseren alleinigen Heilsbringer.

Zu einem solchen pragmatischen Ansatz gehört eine Darlegung, wie unser Strommix aussehen könnte, wenn wir den Atomausstieg rückgängig machten. Doch gleichzeitig müssen wir versuchen, mögliche Fallstricke zu identifizieren. Die heute bei uns noch betriebenen und die in der Welt neu gebauten Kernkraftwerke sind sehr zuverlässige, sichere und taugliche Instrumente, um mit ihnen die Klimakrise zu bewältigen. Aber sie können nicht voraussetzungslos existieren. Um Kerntechnik sicher und gut zu machen, müssen bestimmte Bedingungen erfüllt sein. Diese Rahmenbedingungen kann man am besten bestimmen, indem man sich ansieht, welche Fehler die Atomindustrie in der Vergangenheit gemacht hat. Schließlich müssen wir uns fragen, wie die Kerntechnik in einer Demokratie verfasst sein sollte, damit diese Fehler nicht geschehen beziehungsweise frühzeitig neutralisiert werden.

Clean is green

Das Energiesystem, das ich vorschlage, ist klimaneutral und versorgungssicher, aber es ist kein ausschließlich mit »Ökostrom« aus regenerativen Energien betriebenes System. In den USA sagt man dazu »Clean energy« statt »Green energy«, aber ich würde eher sagen, dass Clean energy unter Einschluss der Atomkraft die wahre Green energy ist, weil sie ein großes Problem der Ökostromer entschärft – ihren irrsinnigen Material- und Flächenbedarf.

Der hier vorgestellte Ansatz ist komplementär, was bedeutet, dass die einzelnen Komponenten wie Puzzleteile ineinandergreifen. Alle Teilnehmer können ihre Stärken ausspielen und ihre Schwächen gegenseitig ausgleichen; kein Teilnehmer wird mit Erwartungen und Aufgaben überfordert, an denen er scheitern müsste. Das System besteht aus folgenden Komponenten: Kernenergie als Garant von Stabilität und Versorgungssicherheit, Wasserkraft aus Pumpspeicherwerken für Spitzenlastbedarfe; Wasserstoff als saisonaler Stromspeicher und Grundstoff für die Bedarfe der Industrie; Solarenergie und Windkraft, insbesondere auf See. Die absehbar immer noch sehr teuren und rohstoffintensiven Batteriespeicher sollten vorrangig für die Elektromobilität genutzt werden, ohne sie mit einer verschleißenden Doppelaufgabe bei der Netzstützung (»bidirektionale E-Autobatterien«) zu belasten oder sie zu Millionen als Kleinspeicher in Häusern zu verbauen. Das bedeutet aber auch einen Netzausbau für die saisonal starke Solar-Einspeisung. Gebäude sollten Direktstrom aus dem erneuerbar-nuklearen Mix zum Heizen, Kochen und zur Warmwasserbereitung nutzen. Letzteres wird mit Wärmepumpen und elektrisch beheizten Wasserspeichern geschehen. Für die Netzregelung und zur Netzstützung sollten lastfolgefähige Kernkraftwerke und Wasserkraft aus Pumpspeicherwerken eingesetzt werden. Eine wichtige Komponente sind von den Stromversorgern betriebene Energie-Knotenpunkte, in denen Elektrolyseanlagen, Wasserstofftanks und »wasserstofffähige« Gaskraftwerke konzentriert werden, wie es der Physiker Gerd Eisenbeiß vorschlägt.

Roadmap für ein nuklear-erneuerbares System

Die Lösung, die ich vorschlage, orientiert sich an den Szenarien des Weltklimarats zur Einhaltung des 1,5- oder 2-Grad-Ziels. Dort ist, je nach betrachtetem Szenario, eine Verdoppelung bis Verfünffachung der globalen Kernenergieleistung bis 2050 im Vergleich zum Stand 2010 vorgesehen. Ich orientiere mich an jenem Szenario, das der Weltklimarat als »middle of the road« bezeichnet hat und mit dem Kürzel P3 versah. Es sieht einen Anteil von 63 Prozent Erneuerbaren an der Stromerzeugung vor, was – wenn man auf fossile Energieträger verzichten möchte – einen Kernenergieanteil von 37 Prozent bedeutet. Das wäre also ein etwas höherer Anteil, als wir im Jahr 2000 schon einmal hatten.[1] Damals waren es rund 140 Terawattstunden jährlich, die aus 17 Anlagen kamen. Schauen wir uns nun an, wie viel Strom wir 2050 verbrauchen werden, wenn wir sämtliche heute noch fossil befeuerten

Anwendungen elektrifizieren. Das Fraunhofer-Institut für Solare Energiesysteme (Fraunhofer ISE) prognostiziert in seiner an die verschärften EU-Klimaziele angepassten Untersuchung von 2021, dass 2050 zwischen 1.250 und 1.570 Terawattstunden Strom im Jahr verbraucht werden.[2] Ich orientiere mich daran und rechne konservativ und gerundet mit 1.500 Terawattstunden. Das ist ungefähr dreimal mehr Strom, als wir heute pro Jahr verbrauchen.

37 Prozent von 1.500 Terawattstunden Strom bedeutet 555 Terawattstunden Atomstrom im Jahr 2050. Umgelegt auf die neuesten 1.600-Megawatt-Druckwasserreaktoren vom Typ EPR (»Europäischer Druckwasserreaktor«) wie der gerade in Betrieb gegangene im finnischen Olkiluoto-3, die pro Jahr etwa 12,6 TWh Strom produzieren können, wären das 44 Anlagen, die man in Energiezentren mit bis zu vier Blöcken auf unsere etablierten und einige neue ostdeutsche Atomstandorte verteilen könnte. Es ist damit zu rechnen, dass vom Baubeschluss und Planungsbeginn bis zur Inbetriebnahme der ersten Anlagen zwölf bis fünfzehn Jahre vergehen; bei der angestrebten Standardisierung könnte sich die Bauzeit der folgenden Anlagen auf acht bis zehn Jahre reduzieren lassen. Würde man also 2023 ein Umsteuern beschließen, könnten die ersten neuen Anlagen spätestens zum alten Kohle-Ausstiegstermin 2038 ans Netz gehen. Das hört sich lange an, fällt aber in die Förderphase der anstehenden EU-Taxonomie, die für vor 2045 geplante KKW gilt, und ergibt sich aus den Planungserfahrungen der Vergangenheit, Ausreißer nicht mitgerechnet.[3] In der Übergangszeit sollte man dafür sorgen, dass erstens die bestehenden KKW nicht vom Netz gehen und zweitens das Erneuerbaren-Ausbauprogramm massiv vorangetrieben wird, um die Fossilverstromung maximal zu reduzieren.

Rund 40 Prozent Kernenergie, der Rest Erneuerbare – das wäre ein flexibler komplementärer Energiemix, der jahreszeitlich unterschiedliche Lastprofile hat. Aus der Vorhersage des Fraunhofer ISE, über 1.500 Terawattstunden jährlicher Stromverbrauch, kann ein durchschnittlicher Tagesstromverbrauch von rund vier Terawattstunden abgeleitet werden. Die 44 Kernkraftwerksblöcke könnten davon unter Vollast rund 1,6 TWh/Tag beisteuern, der Rest von 2,4 TWh/Tag müsste aus Erneuerbaren kommen und bei Dunkelflaute größtenteils aus Speichern entnommen werden. In der von Qvist und Ruhnau berechneten langen Winterknappheitsperiode der EE, in der man das Lastäquivalent von 24 Tagen in Speichern zur Verfügung halten muss, bräuchte man, wenn der Erneuerbaren-Anteil vollständig ersetzt werden müsste, 57,6 Terawattstunden Strom, der aus Wasserstoff erzeugt werden müsste. Bei einer Rückverstromung mit Hochtempertatur-Brennstoffzellen ist in der Zukunft mit einem Wirkungsgrad von 60 Prozent zu rechnen, ermittelte das Forschungszentrum Jülich. Man braucht also 96 Terawattstunden Wasserstoff im Speicher. Das wiederum bedeutet umgerechnet in Masse, dass wir einen Wasserstoffbedarf von 2,9 Millionen Tonnen Wasserstoff für die Stromversorgung in Winterflautezeiten hätten. Das ist ein Maximalwert, da die Erneuerbaren ja nicht völlig stillstehen, aber der Wasserstoff für den Direktverbrauch in der Industrie ist hier noch nicht mitgerechnet.[4]

Dieser Wasserstoff müsste mit Elektrolyseuren hergestellt werden. Ein Elektrolyseur benötigt in heute laufenden Pilotanlagen 56 Kilowattstunden Strom, um ein Kilogramm Wasserstoff herzustellen. Das bedeutet, dass im Sommerhalbjahr, wenn die Photovoltaik auf Hochtouren läuft, die Kernkraftwerke große Teile ihrer Stromproduktion für die Elektrolyse verwenden und Wasserstoff für die Saisonspeicher und für die Industrie produzieren können. Rechnerisch müssten 26 EPR-Blöcke ihre gesamte Produktion in den sechs Sommermonaten in die Elektrolyse stecken (»pinker Wasserstoff«), um die Winterreserve zu erwirtschaften, damit sie im Winter voll der normalen Stromproduktion dienen könnten. Oder im Sommerhalbjahr müssten alle KKW ständig 60 Prozent ihrer Leistung für die Elektrolyse hergeben.[5] Das sind Maximalwerte; man müsste nun im Detail mit Wetterdatenreihen modellieren, wie viel Stromüberschüsse die Erneuerbaren im vollen Ausbaustadium im Sommer für die Elektrolyse erwirtschaften könnten. Um diesen Wert verringert sich dann der Bedarf an »pinkem Wasserstoff«. Im Winter jedoch, wenn sehr viel Strom für das Heizen der Wohnungen mit Wärmepumpen angefordert wird, müssten die KKW vollständig der direkten Stromnutzung zur Verfügung stehen. An Starkwindtagen könnten sie in die Elektrolyse gehen, um die Speicher wieder aufzufüllen. Man bräuchte auf jeden Fall weniger Speicher als im derzeit geplanten Energiewendemodell – wenn man den Winterbedarf konservativ rechnet. Die meisten Studien berechnen ihn viel zu knapp, da sie nur Wetterdaten aus einem oder zwei Jahren nutzen oder den Strombedarf unterschätzen.

Was gewinnen wir mit diesem System – und was macht es besser als der 100-Prozent-EE-Pfad der Bundesregierung? Die deutsche Erneuerbare-Energien-Industrie hätte in diesem Szenario trotz der Kernkraft alle Hände voll zu tun, denn sie müsste im Vergleich zu heute immer noch um das rund Vierfache wachsen. Sie hätte keinerlei Grund, die Kernenergie als Konkurrentin zu fürchten – aber sie müsste die Akzeptanzkiller Dunkelflaute und Artenschutz nicht mehr fürchten, die drohen, wenn sie um das bis zu Siebenfache wachsen müsste.[6] Der Vorteil dieses Weges wäre – neben dem rascheren Ende der Kohle- und Erdgasverstromung – die Reduzierung des Rohstoff- und Flächenbedarfs für die Erneuerbaren um ein Drittel.

Zuerst könnte man auf die umweltschädliche Biomasse-Energie verzichten, da klimafreundliche Energie aus Kernkraft genügend zur Verfügung stünde. Nur Abfälle aus Forst- und Landwirtschaft, die ohnehin anfallen, sollten dann noch in Biogasanlagen verwertet werden; Mais-Monokulturen, andere Energiepflanzenplantagen und Holzeinschlag in Osteuropa für Biomassekraftwerke wären tabu. Außerdem bräuchten wir keine Windparks in Wäldern zu errichten, was derzeit auf die größten Widerstände von Bürgern und Naturschützern trifft. Dach-PV-Ausbau und Aufbau von Agri-PV auf landwirtschaftlichen Flächen, vor allem im Obst- und Futterpflanzenbau, kann beibehalten werden wie heute geplant, denn er belegt keine Flächen, in denen er mit anderen Nutzungen und Lebensräumen von Mensch und Tier konkurriert. Trotzdem wäre eine wichtige Voraussetzung für diesen hohen Anteil an Erneuerbaren die Etablierung einer Kreislaufwirtschaft für EE-Rohstoffe.

Winterliche Produktionseinbrüche der deutschen Erneuerbaren könnte man mit Kernkraft besser überbrücken als heute, wo dieser Job von Kohle und Gas gemacht wird und uns tiefbraune Emissionsbilanzen beschert. Je mehr Kernenergie im System ist, desto weniger Überkapazitäten an Erneuerbaren und Elektrolyseuren für die Erwirtschaftung von Winterreserven muss man bereithalten. Auch das bedeutet eine Reduzierung von Rohstoffbedarf und Kosten. Dies zusammengenommen mit der Entlastung unserer Landschaften und dem Plus für die Biodiversität lässt den nuklear-erneuerbaren Strommix nachhaltiger erscheinen als die extensive Lösung, welche nur Erneuerbare zulässt.

Die politisch-rechtlichen Voraussetzungen

Die rechtlichen Voraussetzungen für den hier beschriebenen großen Ausbau der Erneuerbaren werden von der Bundesregierung voraussichtlich im Jahr 2022 geschaffen. Die Erneuerbaren Energien können also sofort loslegen. Grundvoraussetzung für den nuklearen Teil der neuen Energiewende wäre, dass die Regierung über den antinuklearen Schatten ihrer Vergangenheit springt und das Atomgesetz ändert. In dessen Paragraf 7 ist die Beendigung der kommerziellen Stromerzeugung aus Kernspaltung bis spätestens zum 1. Januar 2023 festgelegt. Diesen Paragrafen müsste der Bundestag ändern, etwa mit einem Klima-Rahmengesetz oder einer Klimanotstandsverordnung für die akut fälligen Schritte. Ohne diese rechtliche Voraussetzung ist kein Wiedereinstieg Deutschlands in die Kernenergie möglich. Es müsste sich also eine Parlamentsmehrheit der Vernunft finden, welche diesen Schritt ermöglicht – womöglich gegen die Stimmen eines Teils der Regierungskoalition, vielleicht auch um den Preis ihres Auseinanderbrechens. Die dann folgenden Schritte wären Rahmengesetze zur Gewährleistung der Planung und des Baus der neuen Kernkraftwerke – und zur Rettung der noch funktionsfähigen bestehenden sechs Anlagen. Denn der Übergang in die fossilfreie Zeit muss überbrückt werden.

Die noch laufenden Kernkraftwerke könnten mit einer Laufzeitverlängerung und technischen Ertüchtigung bis in die 2040er Jahre weiterlaufen und vom Netz gehen, sobald die ersten neuen Anlagen fertig sind. Hier handelt es sich um Isar-2, Neckarwestheim-2 und Emsland, die zum 1. Januar 2023 ihren Betrieb einstellen sollen. Gelänge es, ihre Betriebsgenehmigungen zu verlängern, müsste kein Neuantrag erfolgen. Den Nachweis der Notfallvorsorge nach Stand von Wissenschaft und Technik erbringen laufende Anlagen jährlich für die Wiederanfahrgenehmigung nach der Revision, indem sie durch Prüfverfahren belegen, dass die Sicherheitssysteme schwere Unfälle beherrschen können.

Auch die zum 1. Januar 2022 vom Netz genommenen und nun im Nachbetrieb befindlichen KKW Grohnde, Brokdorf und Gundremmingen C könnte man aus technischer Sicht revitalisieren, gelänge es, die Maßnahmen der Betreiber zur Rückbauvorbereitung zu stoppen. Doch leider beinhalten diese Maßnahmen bereits irreversible Eingriffe in die Integrität der Anlage – zum Beispiel zerstörende Probenahmen am Material des Reaktordruckbehälters zur Dokumentation des Aktivierungsstatus und die Primärkreis-Dekontamination. Bei diesem Verfahren werden Leitungen, Pumpen und Behälter mit säurehaltigem Medium gespült, um radioaktiv belastete Korrosionsprodukte von den Innenflächen abzutragen. Dies dient der Minderung der Dosisbelastung für den Rückbau. Diese sogenannte »Full System Decontamination« wird zwar auch in Anlagen durchgeführt, die hinterher wieder angefahren werden sollen, aber die Chemikalien werden dann weniger aggressiv dosiert. Auch wäre die Wiederinbetriebnahme bereits stillgelegter Anlagen rechtlich weit schwieriger: Eine einmal erloschene Betriebsgenehmigung lässt sich nicht einfach verlängern, sie muss neu beantragt werden, und die Anlagen müssen ihre Sicherheitsnachweise dann gemessen am Stand der neuesten verfügbaren Anlagen erbringen.

Doch mit den noch laufenden Anlagen könnten wir ab 2023 rund 30 Terawattstunden jährlicher Stromproduktion aus Kohle durch 30 Terawattstunden aus Kernenergie ersetzen – die CO_2-Ersparnis würde dann bei etwa 30 Millionen Tonnen pro Jahr liegen. Träfe man die Entscheidung im Lauf des Jahres 2022, könnte man in Ruhe Brennstoff nachordern. Gelänge es, auch die im Nachbetrieb befindlichen drei KKW noch zu retten, beliefe sich die Menge des ersetzbaren Kohlestroms auf 60 TWh und die Ersparnis sogar auf 60 Millionen Tonnen CO_2 jährlich. In jedem Falle wäre der von der Koalition als »idealerweise« beschriebene Kohleausstieg, der mit der derzeitigen Politik nicht zu halten sein wird, 2030 in greifbarer Nähe.[7]

Was ich im vorigen Abschnitt beschrieben habe, ist immer noch ein sehr komplexes Unterfangen. Immer noch dominieren Erneuerbare Energien und Speicherproblematik diesen Pfad, es gibt etliche Unwägbarkeiten, die weniger von den Kernkraftwerken ausgehen als von all den neuen Komponenten im System. Es ist also eine *idealtypische* Beschreibung, was bedeutet, dass die Anteile einzelner Energieträger in der Realität variieren können. Auch wurde der Faktor »Import« in dieser Betrachtung wegen vieler Ungewissheiten noch nicht bewertet: Ökostrom, Atomstrom und Wasserstoff, der in anderen Ländern produziert wird. Voraussichtlich wird der Import von Strom und Wasserstoff gerade in der Aufbauphase aller Pfade – ob nun des Pfades der Bundesregierung hin zu einer EE-Vollversorgung, ob in dem von mir skizzierten Szenario – eine bedeutende Rolle spielen. Es wäre also einer detaillierten Studie zu überlassen, verschiedene Szenarien mit Kernenergie in höherer Auflösung zu modellieren. Natürlich ist auch eine Steigerung des Kernenergieanteils auf über 50 Prozent denkbar, etwa wenn sich der Rohstoffbedarf der Erneuerbaren als untragbar umweltbelastend und teuer herausstellte. Doch halte ich diese Option für weniger realistisch als die vorgestellte, die sich am Weltklimarat orientiert.

Ist der Zug abgefahren?

An dieser Stelle, beim Wörtchen »realistisch«, müssen wir eine kurze Pause einlegen, denn hier kommt der Punkt, wo viele sagen werden: Stopp! Schön und gut, aber völlig illusorisch, viel zu umfangreich, mit dieser Regierung, in diesem Land nicht durchführbar! Der Zug ist längst abgefahren. Weder Politik noch Wirtschaft sind dazu bereit, der Kernenergie auf deutschen Boden noch einmal eine Chance zu geben. Denn wer soll das tun, wer soll es planen? Es gibt gar nicht mehr das Personal für ein solches Unterfangen, daher soll man seine Energie lieber gleich in den vollen Ausbau der Erneuerbaren stecken!

Ich habe diesen Aufruf in vielen Diskussionen gehört. Tatsächlich kann man vor dem Hintergrund der ungeheuren Aufgabenstellung an dieser Frage verzagen. Wird nicht, trotz allmählich sich differenzierender öffentlicher Meinung, der Atomausstieg einfach in tumber Erfüllung eines politischen Trägheitsgesetzes vollendet werden – nicht, weil man noch von ihm überzeugt wäre, sondern weil man es nun mal so beschlossen hat? Tatsächlich ist es mit dem deutschen Atomausstieg wie mit einer durch den Weltraum fliegenden Sonde. Ist sie einmal auf Kurs, wird sie auf

Ewigkeit mit konstanter Geschwindigkeit in derselben Richtung weiterfliegen. Für einen Richtungswechsel, Beschleunigung oder Abbremsung müsste man Energie einsetzen, Steuerdüsen betätigen. Genau das scheint jetzt aber anzustehen. Wenn wir jetzt die Energiewende nicht revidieren, werden in einigen Jahren am selben Punkt stehen wie heute, und dann doch wieder ohne Begeisterung, aber aus Notwendigkeit, und mit noch mehr Verspätung als heute, über Kernenergie nachdenken müssen.

Gleichwohl müssen wir uns die hindernden Faktoren genau anschauen. Ein sehr wichtiger Faktor ist der Wille und die Fähigkeit der deutschen Industrie, nach so viel Hü und Hott nochmal Hü zu sagen und in Deutschland noch einmal Atombaustellen aufzuziehen. Und gibt es überhaupt noch nukleares Know-how, nachdem man sich jahrelang daran gewöhnt hat, nur noch Solaranlagen auf Dächer zu schrauben und Windparks für das größte denkbare Industrieprojekt auf deutschem Boden zu halten?

Die Antwort ist ein eindeutiges Jein. Tatsächlich hat die seit einem Jahrzehnt andauernde Abwicklung der deutschen Kernenergie zur Ausdünnung ihrer Grundlagen geführt: Ausbildung des Nachwuchses, Anlagenbau, Forschung, egal wo man hinblickt, überall hat die Antinuklearpolitik Lücken gerissen. Doch diese Haltung wird sich die deutsche Industrie in keinem Falle leisten können, ob sie nun den Weg der regenerativen Vollversorgung beschreitet, mit riesigen Elektrolysezentren und gigantischen Offshore-Windkraftwerken, oder ob sie vier Dutzend Atomkraftwerke baut. Sie wird in jedem Falle große Mengen an Energie- und Anlagenbauspezialisten ausbilden müssen, viel mehr, als sie heute hat – und sie wird in jedem Falle neue Maschinen bauen müssen, viel mehr, als sie heute hat.

Die Erfahrung mit der Genese neuer Industrien zeigt aber, dass deren Nachwuchs sich immer aus benachbarten Feldern rekrutierte, das heißt nicht fertig vom Himmel fiel. Meistens lernen die Leute ihr Handwerk sukzessive am neuen Arbeitsplatz. Zurzeit gibt es in diesem Land noch sehr gut ausgebildete kerntechnische Experten. Der antinukleare Kahlschlag jedoch hat zur Abwanderung von Personal geführt. Wenn man sich auf den Atomanlagen umhört, erfährt man immer wieder dieselben Geschichten: Die verbleibenden Belegschaften wären hochmotiviert, wenn sie wüssten, dass es mit der Kernenergie weitergeht. Viele hochqalifizierte jüngere Nukleartechniker sind in den letzten Jahren aus den Kernkraftwerken zurück in die Fossilindustrie gewandert, zum Beispiel in Müllverbrennungsanlagen oder in Blockheizkraftanlagen großer Betriebe oder Uni-Kliniken. Sie möchten auf einer laufenden Anlage arbeiten, statt eine abzureißen. Diese Leute würden auch in ein neu zu bauendes KKW zurückkehren – genauso wie ihre Vorgänger einst aus der Kohlekraftwerkswirtschaft in die Kerntechnik kamen. Auch die Beschäftigten der sukzessive schließenden Kohleindustrie suchen bundesweit Arbeit und sind bereit, sich weiterzuqualifizieren. Zudem ist der Arbeitsmarkt heute ein europäischer; für eine Übergangszeit wird Deutschland, sollte es wieder Kernkraftwerke bauen, auf Ingenieurinnen und Ingenieure zurückgreifen, die in Schweden, Tschechien, Finnland, der Ukraine oder Frankreich ihr Metier gelernt haben. Den Nachwuchs und die Forschung an den Hochschulen nachhaltig zu fördern, ist ohnehin wiederum Aufgabe des Staates und Sache politischer Entscheidungen.

Ein gewichtiges Argument ist der Unwille der Stromkonzerne, einen Ausstieg aus dem Atomausstieg hinzulegen – sei es, weil man sich längst in der grüngewaschenen neuen Energiewelt eingerichtet hat, sei es, weil man zu Recht ohne Planungssicherheit nicht handeln will. Doch agieren wir heute unter den Bedingungen eines Klima- und Energienotstandes. Er gibt völlig neue Rahmenbedingungen für politisches und wirtschaftliches Handeln vor. Die Zeit der Zimperlichkeit ist vorbei. In einem solchen Falle muss der Gesetzgeber beziehungsweise die Exekutive, verkörpert durch die Bundesnetzagentur, die Betreiber anweisen, ihre Atomanlagen gegen Entgelt dem Netz zur Verfügung zu stellen, und sei es zunächst auch nur als Reserve, so wie das heute mit vielen Kohlekraftwerken gemacht wird. Im letzten Abschnitt über die Verfassung des neuen Energiesystems werde ich auf die Frage gesondert eingehen, wer denn eigentlich die deutschen Kernkraftwerke betreiben soll, sollten je wieder welche gebaut werden.

Auch ein weiterer Aspekt muss angesprochen werden: Die vorgeschlagene Lösung ist keinesfalls frei von Konfliktpotenzial. Gegen Kernkraftwerke, aber auch gegen den Neubau von Windparks wird sich Opposition bilden. Ich rechne aber angesichts der vor uns stehenden Herausforderungen – Energiekrise, Rohstoffknappheit, andauernde Spannungen mit Russland, welche in einem Teilzusammenbruch der Gaszufuhr resultieren könnten, sowie die Megakrise Erderwärmung – mit einer steigenden und nicht fallenden Zustimmung zur Kernenergie. Jüngste Umfragen belegen diesen Trend. Ich rechne überdies mit einer allmählichen Rückkehr der Deutschen zu ihrer ingenieursmäßig-pragmatischen Tradition, welche das Intermezzo des ökoromantischen Idealismus beenden wird.

Es wäre aus historischer Perspektive nicht überraschend, wenn dieser Paradigmenwechsel ausgerechnet unter einer sich allmählich verjüngenden Mitte-Links-Grün-Regierung erfolgen würde: Oft wurden große Umschwünge nur dadurch ermöglicht, dass ihre größten Gegner nicht aus der Opposition heraus agierten, sondern in Regierungsverantwortung ernüchterten. »Only Nixon could go to China.« Die Grünen würden ein ungeheuer starkes Zeichen setzen, wenn sie nicht nur von anderen verlangten, viel mehr Geld für Energie zu bezahlen, weniger Auto zu fahren, weniger Fleisch zu essen oder nicht mehr zu fliegen, sondern wenn sie signalisierten: »Uns ist es mit dem Klima so ernst, dass wir bereit sind, auf unseren Atomausstieg zu verzichten.« Es würde den Grünen große Sympathien in der Mitte der Gesellschaft eintragen, wenn es sie dabei auch um alte Mitglieder brächte wie einst im Dauerkonflikt zwischen Realos und Fundis. Aber es würde aus dem Konflikt eine neue grüne Partei entstehen. Die finnischen Grünen haben diese Metamorphose schon hinter sich – sie optieren pragmatisch pro Atom.

Kernenergie muss nicht überteuert sein

Über eine Grundvoraussetzung aller unserer Diskussionen über die Reform unserer Energiestrategie müssen wir uns im Klaren sein: Sie ist, egal welchem Szenario wir folgen, nicht billig. Klimaschutz und Versorgungssicherheit in Kombination haben ihren Preis, und die billigen fossilen Energieträger, die der Kernenergie vor allem in den USA Konkurrenz machten und ihren Müll in der Atmosphäre entsorgten, gehören im Zeitalter der CO_2-Bepreisung der Vergangenheit an. Die Kosten für die Produktion von Strom durch neu errichtete Kernkraftwerke (Planungs-, Bau-, Finanzierungs-, Betriebs-, Brennstoff-, Entsorgungskosten) sind wesentlich höher als jene der Erneuerbaren, weil vor allem die Kapitalkosten von Atombaustellen weit höher sind. Sie machen bis zu 60 Prozent der Kosten eines KKW-Neubaus aus.

Das hängt vor allem damit zusammen, dass Kernkraftwerke lange Bauzeiten haben, während derer sie kein Geld verdienen, und weil überdies bei den Erneuerbaren keine Brennstoffkosten und nur geringe Betriebskosten anfallen. Nach Angaben der Internationalen Energieagentur liegen die Stromgestehungskosten für Neubauten bei Windkraft derzeit bei drei bis fünf Cent pro Kilowattstunde, bei KKW bei vier bis sechs Cent; atomkritische Studien, die sich auf besonders kostenträchtige Bauprojekte beziehen, kommen aber auf Gestehungskosten bis zu 14 Cent pro Kilowattstunde. Schon an dieser Bandbreite ist abzulesen, welche Rolle die Ausrichtung der Quelle spielt, aus der man solche Informationen bezieht. Laufende, abgeschriebene KKW produzieren hingegen weit günstiger, sie liegen bei zwei bis vier Cent pro Kilowattstunde.[8]

Häufig werden beim Vergleich zwischen Systemen mit und ohne Kernenergie nicht die Systemkosten, sondern nur die Kosten einzelner Anlagen verglichen, was das Bild verzerrt. Doch müssten die Kosten für Netzausbau, Netzstabilisierung, Backup-Kraftwerke und Speicher streng genommen der Wind- und Sonnenenergie zugeschlagen werden, denn nur sie verlangen diese Zusatzinstallationen zwingend. Auch werden als angeblich repräsentative Beispiele für Kernkraftwerke immer wieder die Anlagen Flamanville und Olkiluoto benannt, deren Kosten sehr hoch ausfielen. Diese beiden KKW waren die ersten EPR-Anlagen, ein deutsch-französisches Projekt, das einmal der nukleare Airbus hatte werden sollen. Doch die Deutschen stiegen infolge der antinuklearen Wende in Deutschland aus, und die beiden Baustellen wurden von erheblichen Verzögerungen heimgesucht. Seit dem Atom-Bauboom der 1980er-Jahre und dem Baubeginn dieser First-of-its-kind-Anlagen in den 2000er-Jahren war durch das Ausscheiden der erfahrenen Ingenieure Know-how vorlorengegangen. Schlecht koordinierte Lieferketten und Fertigungsfehler waren das Ergebnis. Auf Druck des Managements, das die Kosten reduzieren wollte, fing man mit dem Bauen an, bevor die Detailplanung vollendet war. Hinzu traten geänderte Mindestanforderungen und Normen durch die Regulierungsbehörden während des Baus.

Doch gibt es genügend Befunde über Kernkraftwerksbauten in Vergangenheit und Gegenwart, die mit Serialisierung, Standardisierung und stringenter Planung, heute auch mit Informatisierung – die Kosten drücken konnten. Die Entscheidung, besonders viel Sorgfalt und Kapital in die Planungsphase und in die Projektsteuerung zu stecken und höchste Transparenz walten zu lassen, zeichnet erfolgreiche öffentliche Großprojekte wie die Londoner Olympia-Sportstätten aus; die Vernachlässigung der Planungsphase haben wiederum das KKW Flamanville und der BER-Flughafen gemeinsam.[9] Die deutschen Druckwasserreaktoren in den 1970er- und 1980er-Jahren erhielten keine Subventionen und blieben im Zeit- und Kostenplan; sie zählen bis heute zu den zuverlässigsten Anlagen weltweit. Die »Generation 3+«-Anlagen russischer oder koreanischer Hersteller sowie die EPR-Blöcke in China wurden in acht bis zehn Jahren gebaut. Aus diesen Erfahrungen kann man schlussfolgern: Wenn sich Deutschland wirklich wieder auf den Kernenergiepfad begibt, dann sollte es sich für einen standardisierten Reaktortyp entscheiden, diesen an allen Standorten in Serie bauen, aber sich für die Detailplanung Zeit lassen. Experimente mit neuen Reaktortypen sollten den Forschungsinstitutionen überlassen bleiben.[10]

Studien, die sich mit komplementären nuklear-erneuerbaren Systemen beschäftigen, berechnen, dass die Kosten solcher Systeme fallen, je höher der Kernenergieanteil ist, weil dann für die Systemkosten der Erneuerbaren weniger Geld ausgegeben werden muss und der Speicherbedarf sinkt.[11] Setzen wir für jede von unseren 1.600-Megawatt-Anlagen realistische Kosten von 10 Milliarden Euro[12] an, liegen die Anlagenkosten unseres 37-Prozent-Atomkraft-Pfades bei 440 Milliarden Euro über 20 Jahre. Das ist weniger, als die *Förderung* (nicht der Bau) der Erneuerbaren in Deutschland seit 2000 gekostet hat; bis 2025 werden laut Bundesrechnungshof ungefähr 520 Milliarden Euro aufgelaufen sein.[13] Schlägt man noch die Anlagenbaukosten der EE hinzu und veranschlagt außerdem den Effekt von Rohstoffkostensteigerungen, welche die materialfressenden EE vergleichsweise stärker treffen, ist der KKW-Neubau relativ günstig zu haben. Zudem müssen wir berücksichtigen, dass während der Laufzeit unserer neu gebauten AKW – 60 Jahre sind von den Herstellern des EPR garantiert, Fachleute halten 80 Jahre für realistisch – die Windparks oder PV-Farmen gleicher Produktionsstärke zweimal neu errichtet werden müssten, denn ihre Lebenszeit liegt nach seriösen Schätzungen bei 25 bis 30 Jahren. Wenn wir noch einmal an den imaginären Windpark aus dem dritten Kapitel zurückdenken, der das KKW Isar-2 vollwertig ersetzen könnte, dann würde dieser im ungünstigeren Fall rund fünfeinhalb Milliarden Euro kosten. Muss er zweimal erneuert werden, wird der Windkraft-Ersatz teurer als das Kernkraftwerk.[14]

Schauen wir uns noch eine wichtige Kennzahl an, die vor allem in der Klimadebatte eine Rolle spielt: Das sind die CO_2-Vermeidungskosten verschiedener Maßnahmen für den Klimaschutz. Damit ist gemeint, wie viel Euro die Einsparung einer Tonne CO_2 kostet. Der Ingenieur Florian Blümm hat auf Grundlage von Daten des Bundesverbandes der deutschen Industrie und der Kosten aktueller Kernkraftwerksprojekte errechnet, dass die Vermeidungskosten eines KKW-Neubaus vom Typ EPR mit 52 Euro pro Tonne weit unter denen der Gaskraftwerke mit 72 Euro pro Tonne und auch unter denen von zusätzlichen Solaranlagen mit 96 Euro pro Tonne liegen; eine Laufzeitverlängerung der (damals noch sechs) deutschen Kernkraftwerke wäre hingegen die mit Abstand billigste CO_2-Vermeidungs-Maßnahme (minus 23 Euro) gewesen, was noch günstiger käme als die Vermeidungskosten der Errichtung neuer Windparks. Diese Maßzahl ist auch ein Hinweis darauf, welche Technologien in einem klimafreundlichen und zugleich kostengünstigen Energiemix eine bedeutende Rolle spielen sollten.[15]

Wir können also konstatieren, dass besonders auf die lange Sicht Kernkraftwerke nicht teurer sind als Erneuerbare Energien – unter einigen Gesichtspunkten sind sie sogar günstiger. Man könnte sagen, die Windkraft (und die noch teurere Photovoltaik) sind Kurz- und Mittelstreckenläuferinnen, während die Atomkraftwerke Marathon-Spezialisten sind. Beide haben ihre Berechtigung – so können in der Anschubphase des vorgeschlagenen Szenarios Photovoltaik und Windkraft ein schnelles Hochlaufen CO_2-armer Stromproduktion ermöglichen, während die nachlaufenden KKW für eine »tiefe« Dekarbonisierung sorgen, weil sie das fossile Backup nach und nach obsolet machen. Schließlich ist zu berücksichtigen, dass es inzwischen Finanzierungsmodelle für KKW gibt, die die Kapitalkosten senken, die bei Kernkraftwerken die Hauptkostentreiber sind. In Großbritannien soll das sogenannte Regulated-Asset-Base-Modell bei Neubauten zum Zuge kommen. Hier können bereits beim Bau- und nicht erst bei Betriebsbeginn Gewinne an die Kapitalgeber ausgeschüttet werden.[16]

Wie passen Erneuerbare und Kernenergie zusammen?

Häufig bekommt man zu hören, Kernkraftwerke passten gar nicht zu Erneuerbaren Energien, da sie aus ökonomischen und technischen Gründen nicht flexibel regelbar seien; sie könnten nur Volllast fahren und würden daher die Entfaltung der Erneuerbaren im Netz blockieren. Das ist die genauso berühmte wie elektrotechnisch unsinnige »Netzverstopfungs«-Erzählung, die man so oft von Energiewende-Politikern und Anti-AKW-Vereinen zu hören bekommt. Doch in Wirklichkeit sind deutsche KKW schon in der Planung als lastwechselfähige Anlagen konzipiert worden, weil die damaligen Energieversorger diese Anforderung in die Ausschreibungen setzten. Man dachte damals ja an ein von Kernenergie dominiertes System und wollte die Anlagen flexibel gestalten. Dasselbe geschah in Frankreich, wo dieses System anders als in Deutschland dann auch wirklich errichtet wurde. In Frankreich, dessen Strom zu zwei Dritteln aus Kernenergie stammt, müssen die Anlagen regelmäßig in den Nachtstunden und am Wochenende der geringeren Last folgen.

Deutsche Kernkraftwerke jedoch wurden vor dem Jahr 2000 wegen ihrer günstigen Brennstoffkosten vor allem in der Grundlast eingesetzt und fuhren dann tatsächlich fast ausschließlich Volllast. Das änderte sich mit dem Aufkommen der Erneuerbaren.

Heute stabilisieren KKW mit Regelleistung das Netz. Dafür wurden sie mit einer digitalen, auf die Anforderungen der Lastfolge zugeschnittenen Reaktorleistungsregelung ausgestattet. Sie verdienen damit auch mehr Geld, weil Regelleistung besser vergütet wird. Dank eines regeltechnischen Grundprinzips der deutschen Anlagen, der Fahrweise mit konstanter mittlerer Kühlmitteltemperatur, werden die Reaktorkomponenten kaum Temperatur- und Druckschwankungen ausgesetzt.[17]

Atomkraftwerke sind also in Wirklichkeit ein akzeptables Backup für variable Erneuerbare. Alle Erzeuger, ob Windpark, ob AKW, werden streng den Netzanforderungen gemäß behandelt. Windkraftanlagen werden zur Not abgeregelt, AKW in der Primär- und Sekundärregelung, also für die Bereitstellung von Sekunden-, Minuten- und Stundenreserven, eingesetzt. Priorität hat die Spannungs- und Frequenzhaltung. Das Netz ist nur dann stabil, wenn sekundengenau die Produktion dem Bedarf angepasst ist. Die Einsatzplanung der Kraftwerke gruppiert sich nach dem sogenannten Merit-Order-Prinzip, wobei die billigsten Kraftwerke zuerst zum Zuge kommen und die teuersten zuletzt, um die Lastspitzen abzudecken. Die teuersten Erzeuger bestimmen den Strompreis. Derzeit ist das teuerste Glied in der Merit-Order-Kette die Gaskraft. In einem solchen System genießt Kernenergie trotz des EE-Einspeiseprivilegs tatsächlich einen gewissen Vorteil: Sie ist ein gesicherter Versorger, dessen Strommengen vorwiegend in Langzeitkontrakten verkauft werden, und obendrauf können sie im Lastfolgebetrieb mit Regelenergie Geld verdienen. Sie kommen aber den Erneuerbaren, die vor allem im kurzfristigen Handel an der Strombörse gehandelt werden, gar nicht als direkte Konkurrenten in die Quere. Auch speisen Kernkraftwerke auf der Landesnetzebene ein, das heißt ins 400-Kilovolt-Netz, während die Engpässe vor allem auf der Mittelspannungsebene liegen, die an Sonnentagen der Einspeisung durch die immer größer werdenden Anteile an Photovoltaik nicht mehr standhält.

Windkraftanlagen werden an Starkwindtagen in der Regel nicht deswegen abgeschaltet, weil ihnen Kernkraftwerke im Wege stehen, sondern weil sie mit anderen Windparks um zu wenige gut ausgebaute Stromleitungen konkurrieren. Das ist beispielsweise im schleswig-holsteinisch-dänischen Grenzgebiet der Fall. Mangels Speichern, in die man Überschüsse abgeben könnte, erzielen sie, falls sie nicht abgeregelt werden, bei Starkwind an der Strombörse nur noch Negativpreise. Das bedeutet, dass der Abnehmer – häufig ein ausländischer, der damit seine eigenen Pumpspeicherkraftwerke versorgt oder die eigenen Wasserkraftreserven in Talsperren schont – noch Geld geschenkt bekommt, weil er den überschüssigen Strom abnimmt. Das ist für die EEG-Umlagezahler, egal ob Stromkunden oder (nach der EEG-Umlage-Abschaffung) die Steuerzahler, eine ruinöse Situation.[18]

Kern- und Kohlekraftwerke blieben bislang in solchen Situationen meist in Lastfolge am Netz, um bei Abflauen des Windes sofort wieder als Stabilisator bereitzustehen. Tatsächlich können Kernkraftwerke nicht binnen Minuten von null auf hundert fahren, wenn sie kalt starten müssen; das dauert aus reaktorphysikalischen und verfahrenstechnischen Grünen dann tatsächlich zwischen 32 und 96 Stunden; beim Start aus der »heiß-unterkritischen« Position rund sechs Stunden.[19] Doch wenn ein Kernkraftwerk mit 1.400 Megawatt Nennleistung zwischen 1.000 und 1.400 Megawatt mit einem 1,5- bis 3-Prozent-Gradienten, das heißt mit 20 bis 30 Megawatt pro Minute rauf- und runterfährt, leistet es denselben Beitrag zur Netzstabilisierung wie eine schnelle Gasturbine mit 300 Megawatt Nennleistung und 10-Prozent-Gradient, die von null auf hundert fährt. Allerdings leistet es diesen Dienst mit minimalen Emissionen, und das macht KKW tatsächlich zunehmend attraktiver für die Lastverteiler. Das wirkliche Problem ist also nicht das »blockierende« Kernkraftwerk, sondern das Fehlen von Stromspeichern und Leitungen, die die Produktionsüberschüsse der Erneuerbaren aufnehmen könnten.

Alle reden von Small Modular Reactors – aber keiner geht hin

Sehr häufig gingen in den letzten Monaten Berichte durch die Presse, denen zufolge alle Hoffnungen der Kerntechnik auf ganz neuen Anlagentypen lägen, den sogenannten *Small Modular Reactors*. Darunter versteht man Leistungsreaktoren verschiedener Brennstoff- und Kühlmittelkonzepte mit einer elektrischen Leistung unter 300 Megawatt. »Modular« bezeichnet die Einsatzmöglichkeit solcher Kleinreaktoren in schlüsselfertigen Modulen, die einfach transportabel und wie bei einem Baukastensystem zu Kernkraftwerken verschiedener Leistungsklassen kombinierbar sein sollen. Die Anlagen weisen bestimmte technische Merkmale auf, die, so ihre Erfinder, die großen Probleme der gängigen Leistungsreaktoren lösen sollen: Sie seien »inhärent« sicher, d. h. unter einfacher Ausnutzung von Naturgesetzen, ohne darüber hinaus technische Vorrichtungen zu benötigen; sie reduzierten das Aufkommen an Atommüll; und sie seien günstiger zu haben, weil sie wegen der kleinen Bemessungen ihrer Reaktorkerne auf teure betriebliche Sicherheitskomponenten verzichten könnten. So können manche dieser Reaktoren Leistungsbetrieb und Nachkühlung im Naturumlauf machen, was bedeutet, dass sie ohne kosten- und stromfressende Hauptkühlmittel- und Nachkühlpumpen auskommen. Bei einem totalen Stromausfall wie in Fukushima wäre das zweifelsohne ein großer Vorteil. Andere Konzepte nutzen keine Brennelemente, in denen keramische Uranoxid-Pellets von metallischen Hüllrohren umgeben sind, sondern der Kernbrennstoff, Uran oder Thorium, liegt gelöst in Flüssigsalz vor. Solche Reaktoren können keiner Kernschmelze unterliegen. In Notfallsituationen kann die Brennstoffflüssigkeit einfach durch Ablassen in einen Tank gesichert und unterkritisch gehalten werden.

Tatsächlich sind einige dieser Neuentwicklungen sehr vielversprechend – aber sie alle eint ein Problem: Sie sind noch nicht zu haben. Die meisten befinden sich noch auf dem Reißbrett und werden daher auch despektierlich »Powerpoint-Reaktoren« genannt, so auch der in Deutschland immer mal wieder gehypte *Dual Fluid Reactor.* Das hat vor allem mit den äußerst konservativen und zaghaften Genehmigungsbehörden in den USA zu tun, wo die meisten dieser Reaktor-Start-ups entstanden sind. Ein Energieexperte bescheinigte der US-Atomaufsicht eine »geradezu byzantinische Regulierungswut«, die drohe, den neuen Anlagen die Luft abzuschnüren, bevor sie überhaupt zum Pilotbetrieb kämen.[20]

Doch gibt es auch objektive Einwände gegen die neuen Reaktoren. Derart revolutionär, wie ihre Anhänger behaupten, sind sie nicht. Die Anlagen, die am weitesten gediehen sind, sind im Grunde Druckwasserreaktoren im Kleinformat und produzieren bezogen auf ihre Leistung nicht weniger Atommüll als ihre großen Geschwister. Bislang wurde auch noch nicht der Beweis geführt, dass ein Baukastensystem aus vielen kleinen Anlagen deutlich billiger zu bauen ist als eine einzelne große Anlage. Bei den massiven Strombedarfen der Zukunft, unter anderem für die Wasserstoffwirtschaft, sieht es eher so aus, dass die großen Reaktoren ihre Stärken gut ausspielen könnten. Und passive Sicherheitssysteme sind auch in den großen Kernkraftwerken seit Langem wichtige Komponenten der Sicherheitsauslegung, etwa Turbo-Notkühlpumpen in Siedewasserreaktoren, die mit Dampf aus dem Reaktor betrieben werden; Druckspeicher in Notkühlsystemen, die der Gravitation folgende Reaktorschnellabschaltung, eigenmediumgesteuerte Sicherheitsventile; im EPR oder dem russischen VVER-1200 auch eine Kernfangvorrichtung für den Fall einer Kernschmelze. Auch sind bestimmte Sicherheitsmerkmale der SMR, zum Beispiel Nachwärmeabfuhr im Naturumlauf, in manchen kleineren Reaktoren bereits seit den 1980er-Jahren verwirklicht, etwa im sowjetischen VVER-440, der auf EU-Gebiet in Tschechien, der Slowakei und Finnland in Betrieb ist. Schließlich hat auch bei den Etablierten die Brennstoffentwicklung nicht gestoppt – inzwischen gibt es »störfallfesten« Brennstoff und Konzepte mit neuen Hüllrohrmaterialien, welche im Falle eines Zusammenbrechens der Nachwärmeabfuhr wesentlich länger intakt bleiben als der konventionelle Brennstoff.[21]

Insgesamt steht zu erwarten, dass die SMRs frühestens in 20 Jahren wirklich in den Markt eingreifen können; in dieser Zeit wird es aber vielleicht auch schon Durchbrüche auf dem Weg zum Kernfusionskraftwerk geben, das fast atommüllfrei arbeitet. Bei den Vorarbeiten für das europäische Fusionsreaktorprojekt ITER am britischen Joint European Torus (JET) wurde im Februar 2022 ein neuer Fusionsenergie-Rekord aufgestellt, mit einem Plasma, das über fünf Sekunden aufrechterhalten wurde. Im Institut für Plasmaphysik in Greifswald wird der zweite wichtige Fusionsreaktortyp erforscht, der Stellerator. Hier geht es vor allem um die Erzielung eines optimalen Magnetfeldes für die Stabilisierung eines dauerhaften Fusionsplasmas. Daneben gibt es im Bereich der fortgeschrittenen Spaltreaktoren eine weitere Entwicklung, die derzeit im Windschatten der politischen Spannungen zwischen Russland und dem Westen abläuft: Im sibirischen Sewersk wird der bleigekühlte Schnellreaktor BREST-OD-300 gebaut, der mit Plutonium-Uran-Nitrid-Brennstoff arbeitet und mit dem Anspruch antritt, in seinem Reaktorkern verbrauchten Kernbrennstoff konventioneller Reaktoren zu verarbeiten und so die Menge des Atommülls zu verringern.[22]

Die noch nicht genügende Reife der SMR-Anlagen und anderer nuklearer Alternativen zum etablierten thermischen Leistungskernreaktor ist der Grund, warum ich mich in meiner Beispielrechnung für ein nuklear-erneuerbares System pragmatisch auf eine Anlage beziehe, die am Markt zu haben ist: einen Druckwasserreaktor der sogenannten »Generation 3+«, den französisch-deutschen EPR, der, wenn er die Kinderkrankheiten der ersten Anlagen hinter sich lassen kann, eine gute Standardanlage werden könnte. Sein russisches Gegenstück ist der etwas kleinere

VVER-1200, der derzeit an mehreren Standorten in der Welt in Serie hochgezogen wird. Beide Anlagen sind mit passiven Nachwärmeabfuhrsystemen, verstärkten Doppelcontainments und *Core Catcher* sicherheitstechnisch sehr robust aufgestellt, wenn sie auch das Atommüllproblem nicht abräumen.

Die Versäumnisse der Atomindustrie

Viele Vertreter der deutschen Kernenergiewirtschaft, die meisten im Ruhestand, sowie jüngere Freunde der Kernenergie, die die Vorgeschichte des Atomausstiegs nicht gut kennen, tendieren dazu, das Scheitern der Atomindustrie in unserem Land ausschließlich den Grünen, der Anti-AKW-Bewegung und ihren Angstnarrativen in die Schuhe zu schieben. Die Herrschaft der Atomangst, so besagt diese Interpretation, habe eine rationale Auseinandersetzung mit den Vor- und Nachteilen der Kernenergie verunmöglicht; die Medien hätten die Kernenergie 2011 regelrecht in den Ausstieg hineingeschrieben. Der Atomausstieg sei ein Produkt von technischer Unbildung, Massenhysterie und Populismus.

In diesem Vorwurf steckt ein wahrer Kern, denn tatsächlich gab es ungeheuer viel Angstpolitik und Populismus in der deutschen Atomdebatte; wir werden darauf noch zurückkommen. Aber trotzdem greift eine solche Behauptung viel zu kurz. Im ersten Kapitel sagte ich, dass die deutsche Kernenergie, die technisch und sicherheitskulturell eher besser aufgestellt war als die in anderen Ländern, letztlich vor allem an Diskursen scheiterte und nicht an technischen Unzulänglichkeiten. Doch das bedeutet nicht, dass sich die deutsche Nuklearindustrie nicht einiges an ihrem Scheitern selber zuzuschreiben hätte. Diese Schwächen wurden von den Atomgegnern zu Recht aufgegriffen, die seit den 1980er-Jahren eine technisch gebildete Gegenexpertise aufstellen konnten. Ihre Vertreter, zum Beispiel Michael Sailer und Lothar Hahn, die Reaktorexperten des Ökoinstituts Darmstadt, waren Wissenschaftler, die sich mit der Kernenergie sachlich-kritisch befassten.

Einen weiteren Aspekt dürfen wir nicht vernachlässigen: Auch die pronukleare Seite war sich nie zu schade, Ängste zu schüren. Damals waren das Ängste vor einem Zusammenbruch der Stromversorgung. Ohne Kernkraftwerke gingen die Lichter aus, und die Erneuerbaren könnten allenfalls wenige Prozent unserer Stromversorgung abdecken – das waren damals zwei beliebte Aussagen. Auch heutige Freunde der Kernenergie spielen immer wieder die Blackout-Karte, verkennen aber dabei, dass die Entscheider immer noch den Ausweg haben, die Versorgungssicherheit auf Kosten des Klimaziels herzustellen und die fossilen Reserven zu (re-)mobilisieren.

Jedwede Energieform, ob nun die Kernenergie, die Erneuerbaren oder die auf dem Weltmarkt schon lange nicht mehr konkurrenzfähige »heimische Kohle«, wurde in der Geschichte der Bundesrepublik unter anderem durch staatliche Förderung in den Stand versetzt, wesentliche Beiträge zur Versorgung des Landes zu leisten. Der Kickoff der Kernenergie und der Erneuerbaren ist sogar einzig der staatlichen Initiative zu verdanken – am Markt hätten sie sich sonst nie gegen die günstigen fossilen Energieträger durchgesetzt. Doch auch die deutsche Kohle kam immer wieder in den Genuss von Staatsprivilegien – erst, weil man sie als strategisch wichtig ansah, später, weil man die sozialen Verwerfungen fürchtete, die eine Verdrängung durch Importkohle bedeutet hatte. Die Kernenergie konnte sich in ihrer Anfangszeit gegen diese Fossilinteressen nicht aus eigener Kraft durchsetzen. In den 1960er-Jahren musste der Staat das Rheinisch-Westfälische Elektrizitätswerk RWE und die anderen Stromversorger geradezu zum Jagen tragen, damit sie in die Kernenergie einstiegen – billige Kohle war ja im Überfluss da und wurde von keiner Klimabewegung angefochten.[23]

Und so ist es auch heute mit den Erneuerbaren, die sich erst deswegen im Massenmarkt etablieren konnten, weil eine rot-grüne Bundesregierung beschloss, sie zu fördern und billig zu machen, während man die Kernenergie verteuern wollte. Wahrscheinlich ist das einer der Gründe, warum sich die Vertreter von Kernenergie und Erneuerbaren bis heute als Dauerkonkurrenten um staatliche Ressourcen wahrnehmen. Auf diesem Boden gediehen einige Dolchstoßlegenden: sowohl das Narrativ von der Kernenergie, welche seit den 1970er-Jahren Investitionen von den Erneuerbaren abgezogen habe und den Erneuerbaren den Netzzugang versperre, als auch die Erzählung von der systematischen Verfolgung der Kernenergie durch die rot-grünen Staatsstrukturen ab 1998.

Was die Kernenergie-Fans ebenfalls missachteten, wenn sie den Strommangel-Teufel an die Wand malten, war die Tatsache, dass die Lichter auch bei 50 Prozent und mehr Erneuerbaren Energien im Netz nicht ausgehen, solange akzeptiert wird, dass Fossile das Backup übernehmen. Die Demütigungen, denen damals die Stromrebellen mit ihren Solarpanelen und Windrädchen ausgesetzt waren, zahlen diese, inzwischen zum Establishment geworden, nun mit vollen Händen zurück: Sie verspotten die Nukies in ihren alt gewordenen und vom Gesetzgeber auf den Schrott geschmissenen Großanlagen. Viele Debatten in den sozialen Netzwerken sind deswegen so beleidigend scharf, weil jetzt alte Rechnungen beglichen werden.

Was wir gleichzeitig beobachten können, ist, dass sich der Diskurs über Energie längst von der alltäglichen Realität und der beobachtbaren Performance der konkreten Anlagen abgekoppelt hat. Was wir heute an Photovoltaik, leistungsstarken Windturbinen und Batteriespeichern haben, hätte sich vor 20 Jahren niemand träumen lassen. Auf der anderen Seite ist die sicherheitstechnische Robustheit, die leittechnische Perfektion und Zuverlässigkeit der heute noch laufenden und der in den letzten Jahren stillgelegten deutschen Kernkraftwerke im internationalen Vergleich legendär.

Kein deutscher Atomunfall hat unsere Anlagen je in der Welt in Misskredit gebracht. Nie ist ein Mensch durch Atomabfälle in einem deutschen Zwischenlager mit Castor-Behältern zu Schaden gekommen. An der Qualität unserer Anlagen, die ihnen auch von den wenigen Kritikern mit kerntechnischem Einblick bescheinigt wird, kann es also nicht liegen, dass sie gehen müssen.

Doch hat unsere Atomindustrie in ihrer Anfangszeit, im Verbund mit den staatlichen Stellen, als diese ihr noch gewogen waren, viele Fehler und Versäumnisse zugelassen – dafür wurde sie abgestraft. Der Industriehistoriker Charles Dodd hat einmal die Standortauswahlprozesse für kerntechnische Anlagen in verschiedenen Ländern verglichen und konstatiert, dass es auf der einen Seite eher obrigkeitsstaatliche Verfahrensformen gab und andererseits eher partizipative Vorgehensweisen, bei denen die Bürger auf Augenhöhe behandelt wurden. So beobachtete er in Schweden und teilweise den USA den letztgenannten Fall, in Deutschland eher den erstgenannten.[24] Bis auf die Erörterungstermine, in denen Bürger aber im Grunde nur als Bittsteller behandelt wurden und die Betreiberseite immer mehr Macht und Ressourcen hatte, gab es keinen Kommunikationsraum, in dem Industrie, Genehmigungsbehörde, kritische Wissenschaftler, Presse und Bevölkerung auf Augenhöhe zusammenkommen konnten. So blieb als Medium der Kommunikation häufig nur der Protest oder das abweichende Votum kritischer Wissenschaftler und die Klage vor Gericht.

Auch das bis in die 1980er-Jahre übliche Verhalten bei der Handhabung, Meldefreudigkeit und Kommunikation von Störungen, Störfällen und Anlagenmängeln war nicht dazu angetan, Vertrauen zu gewinnen. Als in Biblis im Dezember 1987 infolge menschlichen Versagens ein Beinahe-Kühlmittelverlust-Störfall unter Umgehung des Reaktorsicherheitsbehälters geschah, vertuschte der Betreiber RWE das Ereignis ein Jahr lang, und die Öffentlichkeit erfuhr von ihm auf Umwegen – aus der kerntechnischen Fachpresse. Im

Forschungszentrum Jülich wurden in den 1970er-Jahren Störfallereignisse und unzulässige Temperaturerhöhungen im Kugelhaufen-Hochtemperaturreaktor AVR vertuscht. In Hamm-Uentrop hatte man sogar ein Kernkraftwerk errichtet, das dieselbe Technologie nutzte und auf das die NRW-Landesregierung große Hoffnungen setzte. Daher schaute man den Betreibern nicht so genau auf die Finger, wie es einer Atomaufsicht angestanden hätte. Entsprechend aggressiv reagierte die HTR-Gemeinde, darunter mächtige Lehrstuhlinhaber mit besten Beziehungen, als der Wissenschaftler Rainer Moormann, der sich mit der Reaktorsicherheit der Anlage befasste, die Temperatur-Probleme in Forschungsarbeiten und in der Öffentlichkeit thematisierte. Moormann konnte nachweisen, dass die Temperaturerhöhungen Brennelemente beschädigt hatten und zu einer weit höheren Kontamination der Anlage führten, als man berechnet hatte. In der Folge erfuhr er schwere Anfeindungen und Mobbing; 2011 wurde er dafür mit dem Deutschen Whistleblowerpreis ausgezeichnet. Seine Publikationen führten zum Aus für ein deutsch-südafrikanisches Kooperationsprojekt zum Bau eines neuen Hochtemperaturreaktors.[25]

Im Versuchsendlager Asse, einem ehemaligen Kali- und Salzbergwerk, wurde seit 1967 schwach- und mittelaktiver Abfall aus der gesamten Bundesrepublik lediglich gemäß Bergrecht und Strahlenschutzverordnung, aber nicht unter dem weit strengeren und eine Öffentlichkeitsbeteiligung verlangenden Atomrecht eingelagert. Wassereintritte waren eigentlich schon zu Beginn der Betriebsphase als Versuchsendlager bekannt, wurden aber lange Zeit verheimlicht und verharmlost. Da die Standsicherheit des Grubengebäudes gefährdet ist und die Wassereintritte nicht zu verhindern sind, muss nun die Rückholung des Abfalls zu voraussichtlichen Kosten von über drei Milliarden Euro vorgenommen werden.[26] Auch das Projekt Gorleben, das zwar technisch-geologisch weit besser für die Einlagerung von Atommüll geeignet erschien als die Asse, wurde nicht in einem rein wissenschaftsbasierten Prozess aus vielen Möglichkeiten auserkoren, sondern aus politischen Gründen: gelegen im Randgebiet an der damaligen DDR-Grenze, in einem dünnbesiedelten Gebiet, das man als konservativ, unpolitisch und folglich leicht handhabbar identifiziert hatte. Mit dem lokalen Widerstand, der sich schnell um linke Protestler aus den umliegenden Großstädten Hamburg, Braunschweig oder Hannover erweiterte, hatte die niedersächsische Landesregierung nicht gerechnet.[27]

An der historischen Verteilung der Skandale ist abzulesen, dass sie schwerpunktmäßig von den 1960ern bis in die 1980er-Jahre auftraten. Seitdem hat ein Kulturwandel in Industrie und Behörden stattgefunden, der nicht zuletzt auch durch das Einrücken atomkritischer Politiker und Wissenschaftler in Entscheiderpositionen ermöglicht wurde. Die Industrie als Ganzes trat nach den Atomunfällen von Three Mile Island und Tschernobyl in mannigfaltige Reform- und Lernprozesse ein, von denen im fünften Kapitel noch zu berichten sein wird. Auch der Unfall von Fukushima hatte nochmals umfassende Sicherheitsdiskussionen in der Fachwelt und zusätzliche Maßnahmen auf den Anlagen zur Folge. Die andauernde, neue Suche nach einem Endlager ist mit Partizipations- und Transparenzinstrumenten ausgestattet, von denen man im Gorleben der 1980er-Jahre nur träumen konnte. In den deutschen Kernkraftwerken kam es nach dem Biblis-Ereignis nicht mehr zu nennenswerten Störungen oder Skandalen – kleinere Vorkommnisse wurden aber nach den historischen Erfahrungen häufig zu Skandalen hochgeschrieben. Das bekannteste Beispiel ist sicherlich der Transformatorbrand im KKW Krümmel, der kein sicherheitstechnisch wichtiges System betraf und zu keiner Zeit die Sicherheit der Anlage beeinträchtigte, aber von den politischen Entscheidern missbräuchlich zur Stilllegung des Kraftwerks ausgenutzt wurde.[28]

Derweil versuchten die Menschen, die auf den Anlagen arbeiteten, zwischen der Loyalität zu ihrem Betrieb und der kritischen bis ablehnenden Haltung ihrer Umgebung zu manövrieren. Häufig wurden sie von Journalisten und Demonstranten angefeindet. Doch auch diesen Erfahrungen stand eine parallele Realität entgegen, nämlich die gute Integration der Anlagen und ihrer Mitarbeiter in ihre jeweilige Nachbarschaft, in Schulen, Kirchgemeinden und Vereine. Waren sie erst einmal gebaut, nahmen die KKW als Betriebe aktiv am sozialen Leben ihrer Umgebung teil, ob mit der Werkskapelle, beim Fußball oder mit der Drachenboot-Mannschaft. Je näher dran am AKW, desto weniger Atomgegner gab es. Die Standortgemeinden – auch die, die zunächst gegen die Anlagen geklagt hatten – profitierten von Gewerbesteuereinnahmen und dem Revisionsgeschäft und lebten in einem auskömmlichen Verhältnis mit ihren Anlagen, wenn auch nicht so stark aufeinander bezogen wie die osteuropäischen Atomstädte, deren Strukturen völlig von den Kraftwerken abhängig waren.

Nach dem Atomausstiegsbeschluss 2011 haben viele der Beschäftigten in der Industrie resigniert aufgehört, über ihren Beruf zu kommunizieren. Ihnen wurde dafür auch nie der Rücken gestärkt. Ihre Arbeitgeber hatten seit Fukushima, im Grunde aber bereits nach Tschernobyl nur noch wenig Interesse an aktiver Kommunikation. Der flach gehaltene Ball war und ist das Lieblings-Sportgerät der Atom-Öffentlichkeitsarbeit, und der Maulkorb der Konzernzentrale ist neben dem Schutzhelm und dem Dosimeter wahrscheinlich das meistgetragene Ausrüstungsstück der Atomtechniker. Statt dem Druck und häufig auch den Verleumdungen aus dem grünen Milieu etwas entgegenzusetzen, verlegte man sich aufs Sich-Totstellen – und aufs Sparen. Die Informationszentren wurden geschlossen, die früher überaus beliebten Tage der offenen Tür und die Führungen in deutschen Kernkraftwerken wurden abgeschafft. Man weigerte sich schlicht, die Auseinandersetzung mit unbegründeter Kritik offensiv zu führen.

Und so sehen die Webseiten und Aktivitäten auf sozialen Netzwerken der deutschen kerntechnischen Betriebe, aber auch die

Öffentlichkeitsarbeit der deutschen Atomaufsichten aus: dröge, wortkarg, steril, wenig aktuell. Auch die Standesvertretung der Kerntechnik, die Kerntechnische Gesellschaft, verharrt in vornehmer Passivität. Man vergleiche die deutschen Auftritte nur mit denen der Schweizer, kanadischen, skandinavischen oder ukrainischen KKW oder mit den exzellent gemachten Informationsmaterialien des Eidgenössischen Nuklearsicherheitsinspektorats. Selbst im autoritären Russland macht der Staatskonzern Rosatom eine pfiffigere Öffentlichkeitsarbeit als die deutsche Atomindustrie.

Was wir hier also sehen, ist eine Galerie der verpassten Chancen. Es ist in Deutschland nie gelungen, den Arbeitsalltag der Kernkraftwerke mit lebendigen Menschen, alltäglichen Situationen, lustigen und ernsten Begebenheiten, Witzen und Anekdoten nach draußen zu vermitteln; es wurde nie Bildungsarbeit geleistet, welcher der Spagat zwischen Selbstreflexion und Selbstbewusstsein gelungen wäre; es war auch nicht möglich, über technische Ereignisse maximale Transparenz zuzulassen. Dem standen nicht nur hundertfache Bedenken über Persönlichkeits-, Bild- und andere Rechte entgegen, sondern vor allem immer die bange Frage: Was würden die Journalisten, was die Grünen draus machen? Die deuten doch alles zu unseren Ungunsten. Also besser gar nichts sagen.

Das ist der Teufelskreis der Atomkommunikation, wenn der gesamte Diskurs von Misstrauen geprägt ist: Sagt man wenig, wird es als Vertuschung interpretiert; sagt man viel, könnte es missverstanden werden; also sagt man wenig. Dieser Teufelskreis wäre nur zu durchbrechen, wenn die Anlagen Bestandsschutz hätten. Wenn sie also für Transparenz nicht mit ständigen Schließungsanträgen grüner Politiker »belohnt« würden, wenn die Bevölkerung ihnen für Transparenz Vertrauen entgegenbrächte, wenn die Medien kritisch, aber fair berichteten, und wenn die Verwaltung sie scharf, aber unparteiisch beaufsichtigte.

Die Betriebe am unteren Ende der Befehlskette waren auch deshalb so wortkarg, weil oben, in den Konzernetagen, keine Konzepte und Visionen entstanden. Die Vertreter der Atomlobby in der deutschen Industrie – eine abgeschottete *nucléocratie* wie in Frankreich gab es hierzulande nie – nutzten ihre wenigen Chancen nicht, sondern verlegten sich auf eine Status-Quo-Politik, die im Wesentlichen darin bestand, auf eine Bestandsgarantie durch die jeweils herrschenden Regierungen zu hoffen, um ungestört mit den Atomkraftwerken Geld verdienen zu können. Und das konnte man ohne Zweifel, sobald die Anlagen abgeschrieben waren. Ironischerweise hörte die deutsche Atomindustrie genau zu dem Zeitpunkt auf, Kernkraftwerke zu bauen, als es ihr gelungen war, mit den Anlagen der Kraftwerksunion (KWU), eines Zusammenschlusses von Siemens und AEG für den Reaktorbau, sicherheitstechnisch ausgereifte, hochzuverlässige Anlagen kostengünstig in Serie zu errichten. Auch auf Subventionen und Staatsbürgschaften waren diese Anlagen nie angewiesen. Das war Mitte der 1980er-Jahre. Doch da keine Ordnungspolitik für eine Abwicklung der Fossilverstromung sorgte, hätte ein weiterer Zubau von KKW nur Überkapazitäten produziert.

Die Visionen gingen der Atomgemeinde also aus, als sie gerade laufen gelernt hatte. Die nuklearen Schlachtrösser und Charakterköpfe vom Schlage der RWE-Bosse Mandel oder Grossmann räumten das Feld. Sie pflegten zwar einen machohaften Atombaron-Stil, der in gewisser Weise zur Misere der deutschen Kerntechnik beigetragen hatte, aber sie standen mit Leib und Seele für ihre Sache ein. Ihnen folgten keine Persönlichkeiten, die durch Zukunftsaussichten, aber auch Selbstkritik und Lernfähigkeit die Atomindustrie hätten aus der Kommunikationskrise führen können. Es übernahmen glatt gestriegelte Finanzer, Betriebswirte und Controller in den Chefetagen der neoliberalisierten Stromkonzerne, die auf Kosten und Gewinne schauten, aber mit der Kernenergie keine Hoffnungen und keine Strategie mehr verbanden –

schon gar keine »grüne«, als solche Firmenpolitiken begannen, in Mode zu kommen.

Auch, als man die Zeitläufte noch hätte beeinflussen können, ließ man die Dinge laufen: als der Treibhauseffekt allmählich begann, in die Öffentlichkeit vorzudringen – das war ungefähr zeitgleich mit Tschernobyl –, oder zuletzt nach der Pariser Klimakonferenz 2015, als sich abzeichnete, dass Deutschland ohne radikale Abkehr von der Kohleverstromung niemals die von der Bundesregierung unterzeichneten Abkommen einhalten könnte. Selbst 2021 hätte sich die Industrie noch ein Herz fassen können und der Regierung selbstbewusst und nüchtern die Wahrheit sagen können: Ohne Kernenergie kein Erreichen der Klimaziele vor 2030 – wir sind bereit, das Ruder herumzuwerfen. Das war der letzte Zeitpunkt, an dem der Atomausstieg aus der Industrie heraus hätte infrage gestellt werden können – und wie ich meine, müssen.

Doch diese Entwicklung war letztlich auch eine Folge der intellektuellen Armut im deutschen Nuklearindustrie-Korporatismus. Man war zu exzellenten Ingenieursleistungen fähig, aber nicht zu konzeptuellen, weit in die Zukunft reichenden Strategien, geschweige denn zu wildem Denken. Das große Projekt vom geschlossenen nuklearen Brennstoffkreislauf und Plutoniumwirtschaft mit Schnellreaktoren und Wiederaufbereitung, das bei der Altgeneration noch im Schwange gewesen war, wurde politisch begraben – und klammheimlich waren die Verantwortlichen angesichts der Kosten und Ungewissheiten froh, dass es so war. Was in der konservativen Welt der Nuklearmanager und Stromkonzerne völlig fehlte, war ein Draht in linke Subkulturen, eine Vision von den energetischen Grundlagen sozialer Befreiung, eine Sicht auf die Kernenergie als fortschrittliche Produktivkraft, oder ein ökomodernes Konzept von der Rolle der Kernenergie in einer postkapitalistischen Gesellschaft. In anderen Ländern gibt es solche Ansätze und Denktraditionen, etwa in Frankreich, wo die Kernkraftwerke fest in der Hand linker Gewerkschaften sind.

Doch in Deutschland wurden Grenzgänger, die solche Gedanken formulierten, gnadenlos abgekanzelt. Ein Beispiel ist der linke Schöngeist Klaus Traube, ein Atommanager im Schnellbrüterprogramm, der 1977 vom Verfassungsschutz illegal abgehört wurde, weil man ihm – fälschlicherweise – Verbindungen zu RAF-Terroristen nachsagte. Sein Arbeitgeber, die Kraftwerksunion, ließ ihn kalt fallen. Traube wurde in der Folgezeit zu einem profilierten Kritiker der Atomindustrie und Kronzeugen der Atomgegner.

Und so wurschtelte sie sich durch, die deutsche Atomwirtschaft, in der Hoffnung, den Status quo erhalten oder mit einer Laufzeitverlängerung absichern zu können, war aber auf Gedeih und Verderb abhängig vom Wohlwollen der Politik. Mit der rotgrünen Regierung Schröder-Fischer handelte man den ersten Atomausstieg aus und schielte gleichzeitig auf ein Hintertürchen mit der CDU, durch das man sich in die Laufzeitverlängerung von 2010 mogeln konnte. Umso ärger erwischte die deutschen Kernkraftwerksbetreiber die Fukushima-Wende der Kanzlerin und ihrer Partei. Ohne Rückhalt in der Regierung und ohne eigenes Konzept fehlte auch der Widerstandswille. Die Unternehmen gaben die Anlagen preis – zu einem hohen Preis für die Steuerzahler. 2,4 Milliarden Euro zahlt der Staat den KKW-Betreibern für ihre De-facto-Enteignung nach 2011. Auch in der Endlagerungsfrage kam es zu einem letztlich für die Konzerne mehr als akzeptablen Deal: Gegen 24 Milliarden Euro aus den Entsorgungs-Rückstellungen der Konzerne übernahm der Staat die Standortzwischenlager und die Suche nach einem Endlagerstandort.

Energiedemokratie gesucht

Was lernen wir aus dieser Versäumnisgeschichte? Erstens, dass sich die deutsche Kernenergie in der Hand privater Unternehmen letztlich nicht gelohnt hat. Erst trug der Staat die Kickoff-

Kosten, die Gewinne wurden dann, wie so häufig, privatisiert; die uns bevorstehende jahrzehntelange Endlagersuche, wenn auch von der Industrie großzügig abgegolten, wurde sozialisiert. Auch eine zweite Lehre können wir ziehen: Es nutzt nichts, nur gute Ingenieure in guten Anlagen zu haben; Kernenergie ist nicht nur Maschinenbau, Reaktorphysik, Elektro- und Verfahrenstechnik, sondern auch eine Polit- und Kulturtechnik. In den Händen von Leuten ohne Konzept ist sie keine Marathonläuferin, keine Energiequelle mit Langzeitpotenzial, sondern ein schnödes Produktionsmittel, das man, sobald irgendwo eine vermeintlich noch profitablere Quelle auftaucht, fallenlässt. So ist es 2011 geschehen, als die Stromunternehmen mit großer Verspätung die Erneuerbaren Energien entdeckten. Doch wie könnte ein System aussehen, in dem die Kernenergie nicht mehr Konzern-Privatsache ist?

Was in Diskussionen über Energiesysteme häufig vernachlässigt wird, ist ihre politisch-soziale Verfasstheit. Derzeit geht es nur um rechtlich-technische Mechanik: Wie lassen sich möglichst schnell große Mengen von Ökostrom produzieren und viele Kilometer Stromleitung installieren? Ein solcher technokratischer Ansatz griffe jedoch viel zu kurz. Wir stehen am Scheideweg einer großen Transformation unserer Industriegesellschaft – ob wir es nun mit oder ohne Kernenergie versuchen – und das bedeutet, dass auch die vorher unantastbaren Gewissheiten über das bislang existierende System auf den Prüfstand gehören. Bislang hat sich die Energiewende in einem sonderbaren Hybrid aus neoliberalem Strommarktdesign und planwirtschaftlichem Dirigismus bewegt. Zwar konkurrieren jetzt Stromanbieter am Markt miteinander und Netze wurden von Erzeugern getrennt, Monopole zerschlagen. Doch gleichzeitig mischen sich staatliche und supranationale Instanzen ein: Der deutsche Gesetzgeber verteilt Privilegien und Fördermittel an die einen und erteilt Verbote an die anderen, die EU steuert mit ihren eigenen Regelungen, zuletzt mit der Nachhaltigkeits-Taxonomie für Energieinvestitionen. Der freie Strommarkt ist also eine Illusion, obwohl private Akteure in ihm das Sagen haben.

Doch hatte die Privatisierung öffentlicher Infrastrukturen in den 1990er-Jahren einen hohen Preis. Entscheidungen, die früher die Sache der öffentlichen Hand waren, werden nun der Profitmaximierung untergeordnet – und wenn diese mit Erneuerbaren Energien und Staatsprivilegien eine Zeit lang zu haben ist, werden kapitalistische Unternehmen diesen Weg gehen. Als die Energiewende-Protagonisten einst antraten, die Gebietsmonopole der Stromkonzerne herauszufordern, nannten sie sich »Stromrebellen«. Sie träumten von einer Energiedemokratie freier »Prosumer«-Genossenschaften, in denen Produzenten und Konsumenten ein und dasselbe sein würden. Sie hätten sich nicht träumen lassen, dass die Energiewende nun fast wieder in der Hand der Großkonzerne ist. Und tatsächlich hat der Einzug der Erneuerbaren Energien die deutsche Stromwelt nicht schöner oder demokratischer gemacht. Windpark-Projekten fehlt es an lokaler Partizipation, der angekündigte Solarzwang und das »Demand Management«, also die Verbrauchssteuerung nach dem Bedarf der Produzenten, nicht der Konsumenten, weckt bei den Bürgern unangenehme Assoziationen eines in die eigene Wohnung hineinregierenden Staates oder Energieunternehmens. Ist die einst erträumte Energiedemokratie noch zu retten? Und ist sie kompatibel mit einem Anteil von über 30 Prozent Kernenergie im Netz?

Die Antwort lautet: Ja – solange die Bereitschaft da ist, das Denken auf ungewohnte Pfade zu lenken. Man könnte die Energie zum Beispiel als Gemeingut bewirtschaften. In der alten deutschen Agrarwelt hieß das »Allmende«, ein mit »Gemeinde« und »Allgemeinheit« verwandtes Wort. Damit waren vor allem Gemeindewälder und -viehweiden gemeint. Fast alle diese Allmenden sind im Laufe des 19. Jahrhunderts der Privatisierung und Kapitalisierung zum Opfer gefallen; häufig wurde das damit begründet, dass die Gemeinschaftsnutzung nur in der Übernutzung, Verantwortungslosigkeit und Verwüstung des Gemeinguts geendet sei. Viel Literatur ist über die »Tragödie der Allmende« oder »tragedy of the commons« geschrieben worden, obwohl Umwelthistoriker differenzierend feststellen, dass dieses Narrativ vor allem von interessierten Privatiseuren in die Welt gesetzt wurde, um Gemeinschaftsnutzungen zu diskreditieren. Im Kalten Krieg erschien die Verlotterung öffentlichen Besitzes in den sozialistischen Ländern als abschreckendes Beispiel. Doch es gibt auch die Gegenbilder. Die sozialistischen Vorgärten der Atomstadt Warasch, in der ich lange gewohnt habe, wurden liebevoll in Ordnung gehalten. Heutzutage heißen solche Gemeingüter, auch durch die Bedeutungsverschiebung des Begriffs in den medialen Bereich, »Commons«: Es sind gemeinsam genutzte und weiterentwickelte Güter wie Software oder Bildmaterialien mit öffentlichen Codes und von allen gratis oder gegen geringe Gebühr erwerbbaren Lizenzen. Könnte man also nicht auch die Energie als Gemeingut bewirtschaften?

Die Transformation der Industriegesellschaft und ihrer Energieversorgung erzeugt ungeheure Anstrengungen und Kosten, für die vor allem der Staat, also wir alle, mit Fördergeldern und Sonderausgaben aufkommt. Da wir Bürger die Transformation bezahlen, sollten wir sie auch gestalten können. Die Energiewirtschaft der Zukunft sollte in die öffentliche Hand gelegt werden, aus der sie einmal kam. Das bedeutet: Die Bürger bezahlen, aber sie besitzen die Kraftwerke auch. Technologien wie die Windkraft könnten vor allem von Kommunen betrieben werden – das würde die Akzeptanz vor Ort erhöhen und die Profite dahin fließen lassen, wo auch die Betroffenen wohnen. Denkbar wäre auch, die Bewohner von Windenergie-Landschaften und die Anwohner von Kernkraftwerken mit besonders günstigen Strompreisen zu entschädigen, denn zu ihnen muss der Strom nicht durch lange und teure Leitungen fließen.

Die Kernkraftwerke aber gehören unter die Oberaufsicht und

in die Verantwortung des Staates, nach dem Muster der Atom-Zwischenlager und der Bundesgesellschaft für Zwischenlagerung (BGZ) oder der Bundesgesellschaft für Endlagerung (BGE), die die Auftragnehmerin der Regierung für die Endlagersuche und -planung ist. Wir müssten also eine Bundesgesellschaft für Kernenergiewirtschaft schaffen. Die Aufgabe der Kraftwerke wird sein, die Versorgungssicherheit unseres Landes CO_2-arm abzusichern. Die Rolle der Bürger wird sein, sich als Bauherren, Besitzer, Profiteure und Versicherer die Kernenergie wieder anzueignen. Ein neues Selbstverständnis tut not: Wir wären gleichzeitig Windmüller und Atomkraftwerkerinnen. Die Kernenergie in öffentlicher Hand hätte den Vorteil, dass staatliche Institutionen viel günstiger an Kredite zum Kraftwerksbau kommen als private Investoren. Außerdem ist der Staat nicht dazu verdammt, Profit zu erwirtschaften, er soll vielmehr für Stabilität sorgen. Wenn nach allen Lohnzahlungen, Modernisierungen, vorbeugenden Instandhaltungen und Verkauf der Stromproduktion eines Kernkraftwerks am Ende eine Schwarze Null in der Bilanz stünde, würde das reichen. Das Ethos des »öffentlichen Ingenieurs«, das man aus der Frühzeit der Élecricité de France (EdF), der staatlich dominierten Elektrizitätsgesellschaft in Frankreich, und auch von unseren Flächenversorgern kannte, sollte wieder in den Anlagen einziehen. Damit aber nicht der Staat die eigenen Unternehmen kontrolliert, müssten auch die Atomaufsichten aus den Landesumweltministerien herausgelöst werden, die bei ihnen die Fachaufsicht ausüben. Es müsste eine neue weisungsunabhängige Behörde für die Atomaufsicht geschaffen werden, ähnlich dem Bundesrechnungshof oder dem Schweizer Nuklearsicherheits-Inspektorat.

Fassen wir zusammen: Eine andere Energiewelt ist möglich, in der Kernenergie und Erneuerbare komplementär und kooperativ zusammenarbeiten. Eine Kernenergiewirtschaft mit hoch standardisierten Anlagen in öffentlicher Hand bringt Stetigkeit und Sicherheit bei gleichzeitig minimaler Emission. Die Erneuerbaren in öffentlichem und privatem Sektor bauen auf diesem Sockel auf. Die öffentliche Atomwirtschaft versteht ihre Mission aber auch in einer anderen Weise – sie macht sich radikal offen und transparent. Die Anlagenereignisse werden in Statusmeldungen wöchentlich veröffentlicht. Es gibt regelmäßige Austauschformate mit den Bürgern, die Anlagen werden Teil des öffentlichen Lebens ihres Landkreises. Die Angestellten arbeiten auf sicheren Arbeitsplätzen im öffentlichen Dienst. Eine schlagkräftige, unabhängige Atomaufsicht überwacht die Anlagen. So sieht eine nuklear-erneuerbare Energiedemokratie aus. Ob sie kommen soll, das muss Gegenstand einer öffentlichen Diskussion werden.

Die Voraussetzung der Energiedemokratie ist Vertrauen: Vertrauen der Bürger in eine Technik, die diese sich jeden Tag verdienen muss – aber auch Vertrauen der Techniker in die Bürger, denen sie dienen. Die Kommunikation zwischen den Kraftwerken und ihrer Umgebung müsste angstfrei werden. Das ist nur möglich, wenn sich unser Land bei einer Entscheidung für diesen Pfad auch wirklich festlegt – und zwar, anders als 2011, nicht als hektische Entscheidung einer Kanzlerin unter dem Druck einer Minderheit von Hochmobilisierten, sondern im Zuge eines kollektiven Diskussionsprozesses. Was hier bewerkstelligt würde, wäre ein Jahrhundertprojekt der tiefen Dekarbonisierung. Solche Projekte kann man nicht nach 20 Jahren umwerfen, wenn am anderen Ende der Welt, unter völlig anderen Randbedingungen, wieder ein Atomunfall passieren sollte – es sei denn, es würde der Beweis der Übertragbarkeit geführt, der in Fukushima nie geführt wurde. Und damit sind wir bei einer weiteren zentralen Frage, die Voraussetzung für diese Vertrauensbildung ist: Wie organisieren wir den sicheren Betrieb der Anlagen, und was geschieht mit dem Atommüll? Welche Lehren ziehen wir aus den kerntechnischen Unfällen? Das wird Gegenstand der beiden folgenden Kapitel sein.

Kapitel 5
Die Niedrigrisiko-Industrie

Was Sie über Reaktorsicherheit wissen sollten

Im vorigen Kapitel habe ich ein System skizziert, in dem Kernkraftwerke und Erneuerbare Energien eine leistungsfähige und emissionsarme Stromversorgung garantieren. Dafür bräuchten wir rund vier Dutzend große Kernkraftwerksblöcke. Diese Vorstellung ist gewöhnungsbedürftig, denn nicht mal in der Hochzeit der Kernenergie waren so viele Anlagen gleichzeitig am Netz. Und bei vielen Menschen ist der Gedanke an Kernkraftwerke mit dem Gefühl von Unbehagen verbunden: Das ist doch eine Hochrisikotechnologie! Irgendetwas kann immer passieren, da können die Experten noch so beschwichtigen!

Stimmt das? In diesem Kapitel werde ich versuchen, gesichertes Fachwissen über die Reaktorsicherheit darzustellen und dabei auch den immer wiederkehrenden Fragen und Behauptungen aus den Diskussionen zu begegnen. Wie funktioniert Reaktorsicherheit in der Praxis? Wie hoch ist das Unfallrisiko unserer Kernkraftwerke wirklich? Können Unfälle wie Fukushima oder Tschernobyl auch bei uns passieren? Welche Konsequenzen hat man aus den Unfällen gezogen? Sind Kernkraftwerke wirklich »nicht versicherbar«, wie immer wieder behauptet wird? Sind sie gegen Flugzeugabstürze gesichert? Ich nehme Sie mit auf eine typische deutsche Anlage und schildere Ihnen, was dort technisch abläuft, um sie sicher zu machen – und was ablaufen würde, wenn ein Unfall geschähe. Doch bevor wir diese Exkursion machen, muss geklärt werden, warum Menschen die Kerntechnik als besonders riskante Technik wahrnehmen, obwohl die Statistik das Gegenteil besagt. Das liegt nämlich nicht nur an Erfahrungen mit spektakulären Unfällen, sondern hat auch sozialpsychologische Gründe: Menschen beurteilen Technik gemäß ihrer Wertesysteme, die sie schon haben, bevor sie sich mit Technik beschäftigen.

Hoch- und Niedrigrisiko: Wie die Risikowahrnehmung das Bild der Atomkraft bestimmt

Das Wort von der »Hochrisikotechnologie« hat sich seit der Atomdebatte der 1970er-Jahre im deutschen Sprachraum etabliert, neben einigen anderen Schlagwörtern wie »GAU«, »Super-GAU« oder »Kernschmelze«. Das ist eigentlich verwunderlich, denn die reale Bilanz der deutschen Kernkraftwerke ist eher unauffällig. Nie gab es einen Unfall, nie wurden die strengen Emissionsgrenzwerte überschritten, die Arbeitsunfallraten sind fantastisch niedrig. Die Atomunfälle fanden dafür umso heftiger in den deutschen Köpfen statt – nur in Deutschland ist es zum Beispiel bis heute möglich, Menschen glaubhaft zu machen, die 19.000 Toten des großen Erdbebens und Tsunamis in Japan 2011 seien auf den Reaktorunfall von Fukushima zurückzuführen. Doch selbst unter Berücksichtigung der Opfer von Atomunfällen liegen die globalen Opferzahlen der Kernenergie pro produzierter Megawattstunde ganz weit hinten in der Statistik, fast auf gleicher Höhe wie die Windkraft oder Photovoltaik; die wirklichen Killer sind demnach Kohlekraftwerke wegen ihres starken Beitrags zur Luftverschmutzung.[1]

Risikowahrnehmung hängt von sehr vielen Faktoren ab. Tendenziell nehmen Menschen ein Risiko als größer wahr, wenn es ihnen in Form spektakulärer Einzelereignisse vor Augen geführt wird, als wenn es sich um ein Alltagsrisiko handelt. Daher setzen sich die meisten Menschen ohne Bedenken hinters Steuer ihres Autos, besteigen aber mit mehr Unbehagen ein Flugzeug und misstrauen dem Kernkraftwerk – obwohl statistisch gesehen das Flugzeug das im Vergleich zum Auto weit weniger riskante Verkehrsmittel ist und es bei Kernkraftwerken noch seltener zu Unfällen kommt als beim Fliegen. Doch kommen die rund 2.500 Verkehrstoten, die Deutschland pro Jahr zu beklagen hat, nicht in einem einzigen Großunfall ums Leben, sondern verteilt auf viele tägliche Ereignisse – das erleichtert den Menschen, das Auto-Risiko als geringfügig wahrzunehmen.

Menschen nutzen massenhaft Flugzeuge, obwohl es jedes Jahr Abstürze gibt – im zurückliegenden Jahrzehnt sind rund 3.800 Menschen bei Flugzeugkatastrophen ums Leben gekommen. Doch ist diese Zahl bezogen auf die geflogenen Meilen sehr klein – das Flugzeug ist das sicherste Verkehrsmittel. Die Nützlichkeit überwiegt die Angst, man könne einem Unfall zum Opfer fallen. Genau das wird aber der Kernenergie häufig abgesprochen: ihre hohe Sicherheit, ihr Nutzen und auch ihre Unersetzbarkeit. Während man das Flugzeug nicht ersetzen kann, falls man nicht wieder mit dem Schiff den Atlantik überqueren möchte, halten viele Menschen das Kernkraftwerk für sehr leicht ersetzbar. Dass es sich im Zeitalter der Klimakrise nicht mehr so einfach verhält, wurde im dritten Kapitel dargelegt.

Doch noch ein weiterer Aspekt spielt eine Rolle: Viele Menschen schätzen ein Risiko dann geringer ein, wenn sie glauben, es durch eigene Entscheidungen beeinflussen zu können. Wer sich ausgeliefert fühlt, hat mehr Angst als jemand, der sich als Herr der Lage fühlt. Auch daher halten Menschen das Risiko des Autofahrens für geringer als jenes der Luftfahrt oder der Kernenergienutzung: Obwohl sie auf der Autobahn sehr wohl vom Sicherheitsverhalten anderer abhängen, halten sie sich für autonome Entscheider. In der Rolle des Flugzeugpassagiers oder des Anwohners von kerntechnischen Anlagen hingegen fühlen sich Menschen stärker ausgeliefert. Daher empfinden sie auch das Risiko als höher, durch die Anlage zu Schaden zu kommen.

Betrachtet man die Haltung zu technischen Risiken, etwa dem der Kernenergie, so spielt auch die soziale Selbstverortung der Menschen eine bedeutende Rolle. Die Sozialpsychologen Aaron Wildawsky und Karl Dake haben herausgefunden, dass Menschen mit eher linken, egalitären, machtkritischen Gesellschaftsvorstellungen tendenziell die Natur als verwundbar und schützenswert wahrnehmen und großtechnische Risiken überschätzen, während Konservative, die auf Hierarchien, Institutionen und Experten vertrauen, oder Libertäre, die die Natur als Gestaltungsfeld des Individuums ansehen, auch mehr Vertrauen in die Sicherheit großtechnischer Anlagen zeigen; die Natur nehmen sie als etwas zu Beherrschendes und Beherrschbares wahr.[2] Es ist also tatsächlich kein Zufall, dass sich Menschen im grünen und linken Spektrum tendenziell kritischer zur Kernenergie positionieren als Menschen im liberalen und konservativen Spektrum unseres Parteiensystems.

Doch wie so häufig in der Atomgeschichte sind menschliche Verunsicherungen auch eine direkte Reaktion auf die Entwicklungen der Kerntechnik, und zwar ganz abseits der Unfälle. In den 1970er-Jahren entwickelten sich dank der Möglichkeiten gesteigerter Rechnerleistung auch Sicherheitsstudien für Kernkraftwerke, die auf Risikoabschätzungen durch Wahrscheinlichkeitsberechnungen beruhten. Man übernahm diese Methode aus der Luft- und Raumfahrt, wo man schon einige Erfahrungen mit Risikoanalysen hatte.

Diese Studien traten mit dem Ziel an, durch Berechnung der Eintrittshäufigkeit bestimmter Unfallszenarien deren Beitrag zum Kernschmelzrisiko einer konkreten Anlage zu ermitteln. Das diente den Atomtechnikern zur Optimierung ihrer Systeme oder zum Auffinden von Schwachstellen. Auch in den Sicherheitsgutachten, die jedes KKW in seiner Genehmigungsphase vorzulegen hat, wird eine solche Berechnung unternommen und die sogenannte Kernschadensfrequenz (Core Damage Frequency, CDF) ermittelt. Das sind winzigste Häufigkeiten: Bei den noch laufenden deutschen Anlagen beträgt der Wert 2 · 10 - 7 pro Reaktorbetriebsjahr, was bedeutet, dass alle fünf Millionen Betriebsjahre ein Unfall zu erwarten ist, bei dem es zu einer Beschädigung der Brennelemente kommt.[3] Die Wahrscheinlichkeit, dass radioaktive Stoffe freigesetzt werden, liegt dabei noch mal um den Faktor fünf bis zehn niedriger, in einer Anlage wie Isar-2 wäre damit nur alle 25 bis 50 Millionen Betriebsjahre zu rechnen.

Gleichzeitig untersuchten die Sicherheitsstudien der 1970er-Jahre die Auswirkungen von radioaktiven Freisetzungen bei großen Atomunfällen. In Deutschland war das 1979 die »Deutsche Risikostudie Kernkraftwerke«, die am Beispiel des Blocks Biblis A diese Berechnungen durchführte. In einem zweiten Teil ging es vor allem um die Versagensrisiken von Sicherheitssystemen und mögliche Unfallpfade.[4] Neu für die Öffentlichkeit waren die in den Wahrscheinlichkeitsanalysen (*probabilistic safety assessment*, PSA) offengelegten, wenn auch hypothetischen, so doch hohen maximalen Opferzahlen. Sie erschreckten die Menschen. Man las nur die Tausende von potenziellen Opfern aus der Studie heraus, aber nicht die winzige Wahrscheinlichkeit, mit der sie zu erwarten seien. Also machte man sich auf, diese nicht vorhandenen Opfer zu retten.

Obwohl also die eigentliche Absicht dieser Sicherheitsanalysen war, Daten für eine Verbesserung der kerntechnischen Sicherheit zu gewinnen, rutschten sie auch in eine kommunikative Rolle, für die sie eigentlich gar nicht vorgesehen waren. Prompt wurden sie missverstanden und auch missbraucht – von beiden Seiten. Konzernchefs verstiegen sich zu Aussagen, nun sei bewiesen, dass große Unfälle auszuschließen seien; Atomgegner hielten die wirklichen Unfälle dagegen und warfen den Studien Verharmlosung vor. Indessen wurden sie in der kerntechnischen Praxis tatsächlich für Verbesserungen genutzt.

Beaufsichtigen und Prüfen

Eine ganz entscheidende Rolle für die Risikowahrnehmung der Kerntechnik spielen die Behörden, die die Kernkraftwerksbetreiber und ihre Anlagen überwachen. Sie publizieren die »Meldepflichtigen Ereignisse« von KKW und sorgen für Untersuchungen, wenn ein Verdacht auf Unregelmäßigkeiten besteht. Sie bestellen unabhängige Gutachten oder holen Drittmeinungen ein, wenn es einen Konflikt mit Betreibern oder Atomkritikern gibt. Die Atomaufsicht in Deutschland ist Ländersache. Die Aufsichtsbehörde ist eine Abteilung der Landesumweltministerien. Das Bundesumweltministerium fungiert als übergeordnete Fachbehörde.

Auf Länderebene sind die Atomaufsichten in ständigem Kontakt mit den Anlagen. Es gibt regelmäßige Behördengespräche, und die Beamten sind bei vorgeschriebenen Begehungen und Begutachtungen auf der Anlage präsent. Sie haben auch das Recht auf unangekündigte Überprüfungen. Die Atomaufsicht erteilt die Genehmigung für die Beladung des Reaktors mit frischen Brennelementen und auch für den neu zusammengestellten Reaktorkern selbst, über den ein umfangreiches Sicherheitsgutachten erstellt wird. Wenn alle Prüfungen abgeschlossen und offenen Fragen geklärt sind, erteilt die Behörde die Anfahrgenehmigung. In dieser Genehmigung wird der Anlage auch der ordnungsgemäße Zustand ihrer Sicherheitssysteme nach Stand von Wissenschaft und Technik ausdrücklich bestätigt.

Die Belege dafür wiederum erbringt die Anlage übers Jahr und während der Revision mit vielen gesetzlich vorgeschriebenen »Wiederkehrenden Prüfungen« (WKPn), die in bestimmten

Zeitintervallen stattfinden müssen. Anforderungen wie der Notstromfall werden regelmäßig geprobt. Bei den Sicherheitssystemen, die in deutschen Anlagen zumeist vierfach vorhanden sind, wird jeder Strang einmal im Monat durchgeprüft, sodass jede Woche ein Strang an der Reihe ist. Das geht von einfachen Tests von Reaktorschutzsignalen, die nur wenige Minuten dauern, über stundenlange Notstromdiesel- und Pumpenprobeläufe bis zu umfangreichen Prüfverfahren an Großkomponenten, die sich über mehrere Tage ziehen können. So dauert eine Leckratenprüfung an einem KKW-Containment mehrere Tage.

Als unabhängige Gutachter fungieren in Deutschland Fachleute der Technischen Überwaschungsvereine (TÜV) Nord und Süd. Sie sind als Sachverständige bei bestimmten WKPn dabei. Auch die Betriebsmannschaften haben ihre eigenen »wiederkehrenden Prüfungen«, das sind die regelmäßigen Schulungen am Kraftwerkssimulator in Essen. Dort sind die die Kontrollräume jedes einzelnen Kernkraftwerks originalgetreu nachgebaut, Großrechner steuern eine wirklichkeitsgetreue Simulation des Anlagenverhaltens. Im Simulator werden nicht nur seltene Betriebsabläufe im normalen Betrieb wie das An- und Abfahren trainiert, sondern auch Störfälle durchgespielt und das Verhalten der Techniker und Technikerinnen analysiert. In den meisten Störfallsituationen laufen die Reaktionen der Anlage vollautomatisch ab, gesteuert von Reaktorschutzsignalen, die auf bestimmte Grenzwerte reagieren. Das verschafft der Fahrschicht eine Zeitreserve von bis zu 30 Minuten zur Analyse des Störfalls und zur Entscheidung über die Maßnahmen. Als Hilfsmittel dienen Handbücher mit Entscheidungsbäumen, die in visuell klarer Aufmachung die Anlagenfahrer durch das komplexe Störfallgeschehen lotsen. Situationsanalyse und Strategiewahl sowie das praktische Einüben der Schalthandlungen stehen daher auch im Mittelpunkt des Simulatortrainings.

Den Aufsichtsbehörden und ihren Fachaufsichten, die die

Oberaufsicht über die deutschen Atomanlagen und das Fachkundepersonal ausüben, kommt also eine verantwortungsvolle Aufgabe bei der Gewährleistung der kerntechnischen Sicherheit zu. Die Behörden sorgen aber auch für Vertrauensbildung. Mit der Anfahrgenehmigung für ein Kernkraftwerk, wie sie nach jeder Jahresrevision erteilt wird, gibt die Aufsichtsbehörde auch eine Bestätigung, dass die Anlage nach Stand von Wissenschaft und Technik sicher zu betreiben ist und dass sie ausreichende Schadensvorsorge gewährleistet. Die Behörde ist darin ausschließlich den gesetzlichen Vorgaben und dem kerntechnischen Regelwerk verpflichtet, nicht aber politischen Präferenzen ihrer ministeriellen Leitungen. In der Regel haben sich in der Vergangenheit auch grüne Landesumweltminister an diese Gepflogenheiten gehalten und die Anfahrgenehmigungen für Kernkraftwerke nicht verhindert, obwohl ihre aktivistischen Anhänger das häufig von ihnen verlangten. Das Verhältnis zwischen den Anlagen und der Atomaufsicht wird in der Regel als sachlich und kollegial, aber auch distanziert beschrieben, es gibt weder Kumpelei noch Regulierungswut und Schikanen.

Gestaffelte Verteidigung: die wichtigsten Sicherheitsprinzipien

Die meisten Menschen können der Atomaufsicht folgen, wenn sie ein Kernkraftwerk nach der Revision wieder ans Netz gehen lässt. Sie würden der Aussage zustimmen, dass die deutschen Anlagen im bestimmungsgemäßen Leistungsbetrieb zuverlässig und sauber arbeitende Kernkraftwerke sind. Doch die Atomskeptiker verweisen auf mögliche Störfälle, die sich zu Unfällen ausweiten könnten. Sie meinen daher, die Atomtechnik sei »unbeherrschbar«. Daher müssen wir uns einmal etwas genauer ansehen, wie Kernkraftwerke sich für Störfälle rüsten – und wie sie diese beherrschen. Dabei orientieren sich die Planer eines Kernkraftwerks an einer Reihe von Leitprinzipien, die für die Reaktorsicherheit von großer Bedeutung sind. Dazu zählen klar definierte Schutzziele, sodann bestimmte Konstruktionsprinzipien für Sicherheitseinrichtungen, und schließlich die Tiefenstaffelung von Sicherheitsebenen und -systemen.

Die Ingenieure legten bei der Planung der Anlagen eine Vielzahl von Störfällen zugrunde, die »beherrscht« werden müssen. Die Anlage muss also so ausgerüstet sein, dass sie auch in schweren Störfallverläufen die drei zentralen Schutzziele der Reaktorsicherheit gewährleistet. Erstens die »Unterkritikalität«: Das bedeutet, dass der Reaktor sicher abschaltbar sein muss und die selbsterhaltende Kernspaltungs-Kettenreaktion, das Anzeichen eines »kritischen« Reaktors, unter keinen Umständen unkontrolliert wieder einsetzen darf. Das zweite Schutzziel ist der Wärmetransport für die Kernkühlung – das bedeutet, dass die Wärmeabfuhr aus dem Reaktorkern auch nach Abschaltung des Reaktors und auch unter Störfallbedingungen so gut funktionieren muss, dass die Brennelemente eine festgelegte Temperatur nicht überschreiten. Das wiederum ist eine Garantie für die Intaktheit der Brennstabhüllen und der innen liegenden Brennstoffpellets. Das dritte Schutzziel ist die Aktivitätsrückhaltung: Auch im Störfall muss die Anlage radioaktive Spaltprodukte, die aus einem beschädigten Brennelement freigesetzt werden, sicher zurückhalten können, sodass in ihrer Umgebung die zulässigen Strahlengrenzwerte für die Zivilbevölkerung nicht überschritten werden.

Die Planung der Anlage zur Erfüllung all ihrer betrieblichen Funktionen und zur Einhaltung aller drei Schutzziele auch im Störfall nennen Fachleute ihre »Auslegung«. Die Störfälle, die die Anlage ohne Brechen der Schutzziele beherrschen muss, heißen »Auslegungsstörfälle«. Es gibt auch auslegungsüberschreitende Unfälle – das sind Verläufe, in denen es zu Kernschäden kommt. Doch selbst dann gibt es noch begrenzende und lindernde Maßnahmen, die eine Freisetzung von radioaktiven Stoffen verhindern können.

Der berühmte »GAU«, »größter anzunehmender Unfall«, stammt ursprünglich aus diesem Kontext. Es ist eine veraltete Bezeichnung für den Auslegungsstörfall, den man »annimmt«, im Sinne von »zugrunde legt«, um das Anlagendesign darauf anzupassen. Der Terminus wurde um 1970 aus der amerikanischen Fachliteratur entnommen und nicht ganz sinngemäß übersetzt, denn dort sprach man vom »maximum credible accident«, dem »größten glaubhaften« Unfall. Diese Begrifflichkeit wurde aber bald als zu ungenau verworfen und durch »design basis accident« ersetzt – den Auslegungsstörfall. Der »Super-GAU« ist also eine überholte Bezeichnung für den auslegungsüberschreitenden Unfall. Obwohl veraltet, haben GAU und Super-GAU in der atomkritischen Rhetorik einen festen Platz. Auch aus der deutschen Alltagssprache sind sie, wie die »Kernschmelze«, nicht mehr wegzudenken. Sie stehen dort als Synonyme für maximal denkbare Katastrophen oder für das Versagen von Menschen und Institutionen in krisenhaften Situationen.

Damit Sicherheitssysteme in einem Kernkraftwerk auch unter härtesten Anforderungen ihre Funktion erfüllen und die drei Schutzziele gewährleisten, werden sie ihrerseits auf besondere Weise abgesichert: durch Redundanz, Diversität und räumliche Trennung. Redundanz bedeutet, dass Sicherheitssysteme immer mehrfach vorhanden sind. In den deutschen Anlagen sind sie gemäß einer sogenannten »n+2«-Auslegung gestaltet, was bedeutet, dass es immer zwei Systeme mehr als die Anzahl der zur Störfallbeherrschung notwendigen Systeme gibt. Auch für die normale Betriebspraxis ist das sehr wichtig, denn es kommt immer darauf an, wie viele Systeme man für Störfälle vorhalten kann. In den deutschen Anlagen kann beispielsweise ein Not- und Nachkühlsystem in Reparatur gehen, ohne dass die Anlage vom Netz muss. Dieses System hat vier Stränge, von denen zwei zur Störfallbeherrschung benötigt werden. Ist einer in Reparatur, darf noch ein weiterer Strang ausfallen – trotzdem könnte die Anlage mit den beiden verbleibenden einen Kühlmittelverluststörfall beherrschen. In Frankreich mit seinen n+1-Anlagen ist das anders – ist hier ein Notkühlsystem wegen Reparatur unverfügbar, muss die Anlage abgeschaltet werden, weil sie bei einem Versagen des anderen Strangs im Notfall keine Reserven mehr hätte.

Auch die Notstromversorgung deutscher Kernkraftwerke ist redundant ausgelegt. Im Notstromfall, wenn also die Versorgung durch das Landesnetz und das Reserve-Hochspannungsnetz ausfallen, stehen zwei Notstromnetze zur Verfügung, die von vier Notstromdieseln und vier Notspeise-Notstromdieseln versorgt werden. Die vier letztgenannten Aggregate sind in einem verbunkerten und flutsicheren Notstandsgebäude untergebracht. Dort befinden sich auch eine Notsteuerstelle und gesicherte Leittechnikschränke für den Reaktorschutz, damit dieser auch bei Zerstörung des regulären Schaltanlagengebäudes funktioniert. Der Reaktorschutz hat im Leittechnikkonzept der deutschen Anlagen immer absoluten Vorrang. Auf der unteren Ebene steht die betriebliche Regelung, dann folgt in der Priorität die Reaktorbegrenzung, die die Anlage bei Abweichung von den Regelparametern wieder auf den Pfad der Normalität zurückführt. Gelingt das nicht, greift der Reaktorschutz ein. Andere Anlagen, in denen die Begrenzungsebene fehlt, handeln sich in solchen Fällen schneller mal eine Reaktorschnellabschaltung ein, wie ich es in Osteuropa erlebt habe.

Diversität bedeutet, dass man nie nur auf ein einziges Wirkprinzip setzt. So kann man etwa einen Druckwasserreaktor auf zwei unterschiedliche Arten abschalten: durch Einwerfen der Steuerstäbe, was auf dem Prinzip der Gravitationskraft beruht, aber auch durch ein Zusatzboriersystem, das mittels Hochdruckpumpen den Neutronenabsorber Borsäure in den Primärkreislauf injiziert. Das Schutzziel »Unterkritikalität« wird also diversitär erreicht. Daneben sorgen auch noch Messgeräte oder Aggregate unterschiedlicher Hersteller für Diversität, was eine Absicherung gegen systematische Herstellungsfehler gewährleistet.

Räumliche Trennung bedeutet, dass funktionsgleiche Komponenten von Sicherheitssystemen immer in getrennten Räumen stehen oder durch Barrieren voneinander abgeschottet sind, sodass sie nicht von ein und derselben Ursache lahmgelegt werden können. Das betrifft sowohl Aggregate und Maschinen, zum Beispiel Notkühlpumpen, als auch ihre Stromversorgung, die aus unterschiedlichen »Scheiben« organisiert wird; das betrifft die getrennte Leitungsführung und auch die Messtechnik. Diese Prinzipien bestimmen die Topografie von Kernkraftwerken. Die Sicherheitssysteme in unseren Anlagen haben vier Redundanzen oder »Scheiben«. Macht man einen Rundgang durch den Ringraum eines Reaktorgebäudes auf Höhe minus vier Meter, dann ist der Kreis, den man abläuft, in vier voneinander getrennte Viertel aufgeteilt. In den Räumen eines Viertels sind die unterschiedlichen Funktionen einer Redundanz gemeinsam aufgestellt, aber niemals zwei funktionsgleiche Apparaturen. Sie könnten sonst beide wegen einer gemeinsamen Ursache ausfallen, etwa bei Brand oder Überschwemmung des Raums. Kommt es trotz aller Maßnahmen zu einem solchen Ereignis, ist nur eine Redundanz betroffen, die anderen drei können ihre Sicherheitsfunktionen voll ausspielen.

Diese auf viele Räume verteilten Sicherheitseinrichtungen werden außerdem in eine Art Raum-Zeit-Konzept eingepasst, das auf den Abläufen in der Anlage aufbaut. Dieses Sicherheitskonzept ordnet alle Betriebszustände, Auslegungsstörfälle und auslegungsüberschreitenden Unfälle in einem gestaffelten System an, das man auch als »Tiefenverteidigung« bezeichnet. Ihr Ziel ist es, zu vermeiden, dass Störungen zu Störfällen und Störfälle zu Unfällen werden – und dass Unfälle zu unkontrollierten Freisetzungen radioaktiver Stoffe führen. Man muss sich das tatsächlich wie ein gestaffeltes System von Verteidigungsanlagen in einer Festung vorstellen. Auf jeder Burgmauer sind, von außen nach innen gesehen, Ritter und Waffen verschiedener Art postiert, die den Feind abhalten. Durchbricht der Feind die äußeren Wälle, stehen innen neue Verteidiger bereit. Und so stehen auch in einem KKW in jeder Sicherheitsebene – vom Normalbetrieb bis zu schwersten Störfallverläufen – unterschiedliche Instrumente bereit, um die Anlage in einen sicheren Zustand zurückzuführen.

Umkleidet werden diese Sicherheitsrepertoires in deutschen Kernkraftwerken noch mit einem übergeordneten Prinzip, dem sogenannten Basissicherheitskonzept für druckführende Umschließungen, womit alle Rohrleitungen und Behälter des Primärkreislaufs abgedeckt sind. Hier wird die Komponentensicherheit durch ein umfassendes System an Untersuchungen und Dokumentationen von der Produktion der Komponenten bis zu ihrer periodischen Prüfung gewährleistet. Ein Reaktordruckbehälter etwa wird schon beim Schmiedeprozess überwacht. Regelmäßige »nicht zerstörende« Prüfungen mit Ultraschall- und Wirbelstromverfahren an Behältern, Rohrleitungen und ihren Schweißnähten werden bei den Revisionen vorgenommen. Hinzu treten »zerstörende« Prüfverfahren, zum Bespiel Kerbschlagversuche an Materialproben aus Reaktorbehälter- und Rohrleitungsmaterial. Solche Materialproben werden vom Hersteller mitgeliefert und archiviert, sie können aber auch aus sogenannten »Voreilproben« stammen. Das sind Materialstücke aus demselben Produktionsprozess wie der Reaktorstahl, die in den Reaktordruckbehälter eingehängt werden. An ihrem Platz sind sie intensiverem Neutronenbeschuss ausgesetzt als die etwas weiter von den Brennelementen entfernte tatsächliche Behälterwand, deren Sicherheit uns eigentlich interessiert. Neutronenbeschuss kann Versprödung des Reaktorstahls erzeugen – er reagiert dann auf mechanische und thermische Belastungen weniger elastisch als in unbestrahltem Zustand. Das gilt besonders für niedrige Temperaturen und ist relevant für den Fall der Notkühlung eines Reaktordruckbehälters. Daher ist die Versprödung eine wichtige Kenngröße der Komponentensicherheit, und es gibt spezielle »Versprödungskennlinien«, die den sicheren Betriebsbereich markieren. Weil die Voreilproben stärkerem Neutronenbeschuss ausgesetzt sind[5] als die Behälterwand, geben sie Rückschlüsse auf den Zustand, den die Behälterwand in der Zukunft haben wird. So lassen sich Voraussagen über die Entwicklung des Werkstoffzustands im Reaktorbetrieb machen.[6]

Beherrschte Hölle: Was passiert bei Lecks im AKW?

Unter anderem aufgrund dieses Sicherheitskonzepts und dank ihrer fortschrittlichen Werkstoff- und Fertigungstechnik hatten deutsche KKW in der Vergangenheit nur sehr selten Probleme mit Korrosion oder Wasserstoff-Einschlüssen, die die Rohrleitungen und Reaktordruckbehälter einiger französischer und belgischer Kernkraftwerke plagen. Doch trotzdem rüsten sich die Anlagen für den Bruch von Leitungen und die damit zusammenhängenden Leckstörfälle. Primärlecks gehen mit dem Verlust von Kühlmittel aus dem Reaktorkreislauf einher. Der Reaktor verliert dann seine normale Wärmeabfuhr, eine Kernschmelze droht. Schauen wir uns also die Funktionsweise der Verteidigung genauer an: Die Ritter und Waffen auf der Burgmauer gegen die Kernschmelze sind in einem Druckwasserreaktor die Not- und Nachkühlsysteme.[7]

Für die Nachwärmeabfuhr nach Abschaltung des Reaktors braucht man mindestens zwei Nachkühlstränge, während zwei in Reserve stehen. Ein Nachkühlstrang ist ein Leitungssystem, das in die Hauptkühlmittelleitungen einbindet, aber während des Leistungsbetriebs durch Absperrarmaturen vom unter hohem Druck stehenden Primärkreislauf getrennt ist. Nach der Reaktor- und Turbinenabschaltung wird die Nachwärme eines Druckwasserreaktors zunächst genauso abgeführt wie im Leistungsbetrieb: über die Dampferzeuger. Der Dampf landet über eine Frischdampf-Umleitstation direkt im Turbinenkondensator und wird dort kondensiert. Danach gelangt das Kondensat wieder ins Speisewassersystem der Dampferzeuger. Sind Temperatur und Druck im Reaktorkreislauf unter einen bestimmten Wert gesunken, übernimmt das Nachkühlsystem. Die Erstabsperrungen werden aufgemacht und die Nachkühlpumpen angeschaltet. Auf der »heißen« Seite der Hauptkühlmittelleitung, zwischen Reaktor und Dampferzeuger, wird das direkt aus dem Reaktor kommende Wasser abgesaugt, auf der »kalten« Seite, zwischen Hauptkühlmittelpumpe und Reaktor, wird es das aus dem Nachwärmekühler zurückkommende Wasser wieder eingespeist. So entsteht ein eigener Kühlkreislauf (siehe Abbildung).

Wenn in einem Kernkraftwerk während des Leistungsbetriebs eine Hauptkühlmittelleitung leckschlüge oder gar abrisse, käme die Notfallfunktion des Nachkühlsystems zum Tragen – es ist nämlich gleichzeitig ein Notkühlsystem, das auch mit Notstromaggregaten versorgt werden kann. Schauen wir uns also einmal an, was im Fall des Falles – »großes Primärleck« nennen das die Fachleute – passieren würde.

Im Moment des Ereigniseintritts ist im Reaktorgebäude erst mal die Hölle los. Auf einen Schlag entstehen zwei 80 Zentimeter Durchmesser große offene Leitungsenden im Primärkreislauf, durch die das unter fast 160 bar Druck stehende, über 300 Grad heiße Kühlmittel schlagartig austritt und auf Normaldruck kommt, was bedeutet, dass es augenblicklich verdampft. In wenigen Sekunden fängt das verbliebene Wasser im Reaktordruckbehälter wegen der Druckentlastung an zu kochen und der Füllstand sinkt dramatisch. Aber auch Dampf und dampfhaltiges Wasser haben einen guten Kühleffekt, Hauptsache, der Dampf-Wasserstrom kommt nicht zum Erliegen. Noch ist also nichts verloren, aber es bleibt dramatisch: Der Reaktor dampft aus, der freigesetzte Dampf kondensiert an den Wänden und

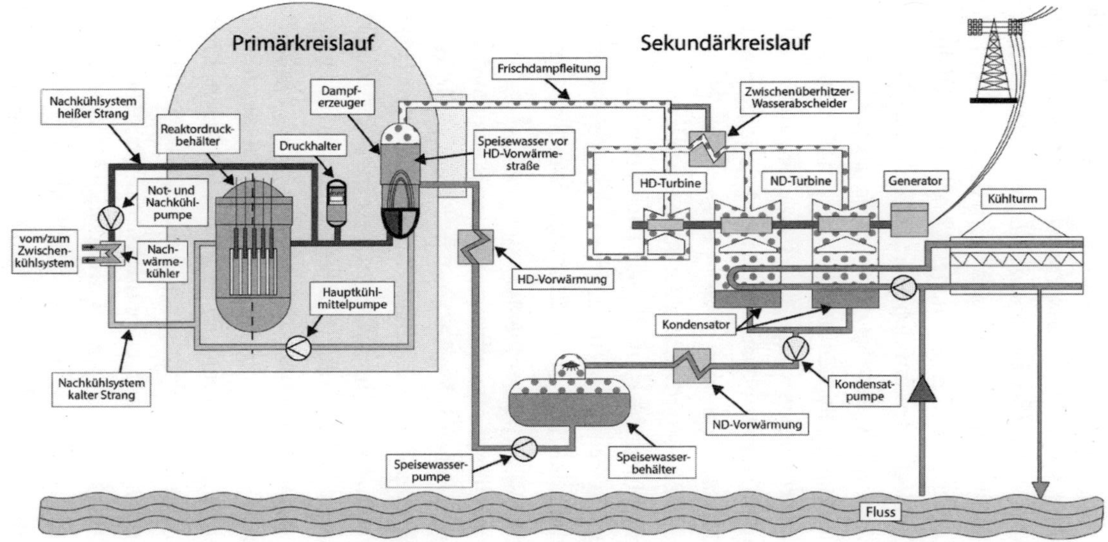

Kühlkreisläufe eines Kernkraftwerks mit Druckwasserreaktor

Abbildung: Prinzipschaltbild der Kühlkreisläufe eines Kernkraftwerks mit Druckwasserreaktor. Die Systeme auf der linken Seite der Abbildung sind innerhalb des Reaktorsicherheitsbehälters und im Ringraum des Reaktorgebäudes untergebracht, die auf der rechten Seite im Maschinenhaus und in den Gebäuden der Kühlwasseraufbereitung.

Komponenten der Anlagenräume wieder zu Wasser, das durch Gitterroste in den Reaktorgebäudesumpf rauscht.

Schon bei Beginn dieses »Blowdowns« empfängt das Reaktorschutzsystem die Signale der Messgeräte für Druck, Temperatur und Füllstand und verarbeitet sie in Sekundenbruchteilen zu Befehlen: »Notkühlkriterien stehen an! Notkühlung vorbereiten!« Der Reaktor wird schnell abgeschaltet, Armaturen schalten die Leitungen fürs Notkühlen auf den Primärkreis durch und besorgen den Gebäudeabschluss, was bedeutet, dass alle nicht für die Notkühlung gebrauchten Leitungssysteme, die nach draußen führen, abgesperrt werden. Zugleich setzen eine ganze Reihe verschiedener automatisierter Maßnahmen zur Kühlung ein: Hochdruck- und Nachkühlpumpen speisen aus großen Wasserreservoirs durch den heißen und den kalten Strang gleichzeitig ein, um den Reaktorbehälter wieder aufzufüllen. Durch den dramatischen Druckabfall im System werden außerdem passive Systeme aktiviert, die Druckspeicher, die ebenfalls ihr Wasserinventar einspeisen. Wenn diese Flutungsphase beendet ist, gehen die Nachkühlpumpen in einen Kreislaufbetrieb über. Sie saugen dann das durchs Leck entweichende Wasser aus dem Sumpf an. So kann der Wasserstand im Reaktordruckbehälter immer über den Brennelementen gehalten werden, obwohl das Wasser im Pott siedet. Doch auch siedendes Wasser hat einen Kühleffekt, und der aufsteigende Dampf kann kondensieren und zurück in den Reaktor gelangen.

Es werden bei der Notkühlung also aktive Prozesse genutzt, die mit Pumpen am Laufen gehalten werden, und passive Prozesse, die auf der Nutzung von Naturgesetzen beruhen, wie die Druckdifferenz zwischen Reaktor und Druckspeichern oder die Konvektion, Verdampfung und Kondensation des Kühlmittels. Es sind dramatische Ereignisse, die ich hier beschreibe – aber es ist ein Störfall, den die Anlage beherrscht: ein Auslegungsstörfall, in der Fachsprache »2-F-Bruch einer Hauptkühlmittelleitung«. Das gasdichte Containment ist dann zwar voller Dampf und triefnasser

Komponenten, aber es ist dafür ausgelegt, und hält radioaktiven Dampf und Wasser von der Außenwelt fern. Die für die Aufrechterhaltung der Notkühlung wichtigen Pumpen und elektrischen Anlagen sind von den Reaktorräumen getrennt untergebracht, sodass sie in ihrer Funktion durch den frei werdenden Wasserdampf nicht beeinträchtigt werden können.

Die internationale Reaktorsicherheitsforschung hat einigen Aufwand betrieben, um die Vorgänge in solchen Störfallsituationen mit Notkühlung zu berechnen und die für die Simulation der Störfälle eingesetzten Rechencodes in umfassenden Experimenten auf Testständen zu überprüfen. Große Teststände gab es in den 1980er- und 1990er-Jahren bei der Kraftwerks-Union (heute Framatome) in Erlangen und auf dem Gelände des Großkraftwerks Mannheim. In dem Mannheimer Großversuch unter dem Namen »Upper Plenum Test Facility« (UPTF) baute man einen Primärkreislauf und einen Reaktordruckbehälter mit Brennelement-Dummys und originalgetreuen Einbauten nach, packte ihn mit Messgeräten voll und simulierte mit Dampf, den das Kohlekraftwerk lieferte, das thermodynamische und fluiddynamische Verhalten der Anlage in allen möglichen Varianten von Lecks und Notkühlwasser-Einspeisesituationen. Diesen Testständen verdanken die international eingesetzten Simulationscodes der bundeseigenen Gesellschaft für Reaktorsicherheit (GRS) ihre Zuverlässigkeit und Präzision. Man kann sie auch für die Nachbildung chaotischer Strömungsverhältnisse in Wasser-Dampf-Gemischen oder in Leitungen nutzen, in denen gleichzeitig eine Wasser- und eine Dampfphase strömt. Die Tests erbrachten aber vor allem einen experimentellen Beweis, dass die Auslegungsreserven der deutschen Druckwasserreaktoren sehr geräumig waren und dass ihr Notkühlkonzept überlegene Ergebnisse erzielte. Es konnte gezeigt werden, dass der Reaktorkern in jedem Falle, auch bei sehr komplexen Strömungsverhältnissen mit Anwesenheit von Dampf, Notkühlwasser und Kondensat in den Leitungsschleifen, stets genügend gekühlt war, sodass Schäden an den Brennelementen ausgeschlossen werden konnten.[8]

Was wir aus den Unfällen lernten

Während wir bislang von glimpflichen Verläufen und Störfallsimulationen gesprochen haben, gab es aber auch schwere Störfälle und Unfälle in ausländischen Anlagen, auf die man in Deutschland reagieren musste. Interessanterweise ist in keinem der drei großen kerntechnischen Unfälle mit Kernschäden das geschilderte dramatische Ereignis, der Abriss einer Hauptkühlmittelleitung, geschehen. Diese Unfälle kamen anders zustande. In Three Mile Island-2 (TMI) nahe Harrisburg im US-Bundesstaat Pennsylvania war 1979 ein kleines Primärleck die Unfallursache, im japanischen Fukushima 2011 dampften die Reaktoren aus, weil nach einem totalen Stromausfall infolge eines Tsunamis, der die Anlage überflutete, sämtliche Notkühlsysteme ausgefallen waren. Im sowjet-ukrainischen Tschernobyl gab es gar keinen Kühlmittelverlustunfall, sondern einen explosiven Leistungsanstieg des Reaktors, der seine sofortige Zerstörung bewirkte.

Im Zentrum des Unfallgeschehens von TMI stand der Druckhalter, eine wichtige Komponente des Reaktorkühlkreislaufs in Druckwasserreaktoren. Das ist ein etwa zehn Meter hoher beheizbarer Behälter, der am höchsten Punkt des Reaktorkühlkreislaufs aufgebaut ist und durch eine Verbindungsleitung, die sogenannte »surgeline«, mit ihm verbunden ist. In ihm steht das heiße Reaktorkühlmittel rund acht Meter hoch, und darüber ein Dampfpolster. Mit diesem Behälter wird der Druck im Primärkreislauf geregelt. Ist der Druck zu hoch, wird Wasser eingesprüht, was zu einer Kondensation des Dampfes im Druckhalter und zu einer Druckminderung führt; ist er zu niedrig, sorgen die Heizstäbe im Behälter für mehr Verdampfung und mehr Druck. Ein Abblaseventil und zwei Sicherheitsventile gewährleisten die Druckabsicherung des Primärkreislaufs.

Eben diese Ventile öffnen aber auch einen potenziellen Weg nach draußen, wenn sie nicht richtig funktionieren. Und genau das war in TMI der Fall. Dort gab es eine tragische Verkettung von Ereignissen. Erst fiel die reguläre Speisewasserversorgung für die Dampferzeuger aus, dann war die Notspeiseversorgung wegen einer vergessenen Absperrung blockiert. Die Wärmeabfuhr aus dem Reaktor über die Dampferzeuger war also gestört, was zu raschem Druckaufbau im Primärkreislauf führte. Vorschriftsgemäß öffnete das Abblaseventil am Druckhalter und ließ Dampf ab – schloss aber danach wegen eines Defekts nicht wieder. Die Reaktorfahrer erkannten das nicht; hätten sie den Defekt bemerkt, hätten sie die Abblaseleitung ganz einfach absperren können. Doch die zugehörige Leuchtanzeige meldete nicht die tatsächliche Stellung des Magnetventils, sondern nur seine Stromversorgung: Licht aus, Elektromagnet aus, Magnetventil zu – so die falsche Annahme der Techniker. Also entwich nach und nach ein Großteil des Kühlmittels durch das defekte Ventil. Der Reaktorkern wurde freigelegt, die Brennelemente begannen zu überhitzen und zu schmelzen.

Die Operateure merkten nicht, dass der Wasserstand im Reaktor fiel, weil sich infolge der Überhitzung Dampf in den Hauptkühlmittelleitungen und unter dem Reaktordeckel angesammelt hatte und den Füllstand im Druckhalter hochdrückte. Die Reaktorfahrer schlossen daraus auf einen genügenden Füllstand des Gesamtsystems und schalteten die automatisch angelaufenen Notkühlpumpen ab. Erst nach Stunden bemerkte die Folgeschicht den Fehler, sperrte die Leitung vor dem Abblaseventil ab und startete die Notkühlung erneut. Der Unfall lief – abgesehen von dem Milliarden-Dollar teuren Totalschaden der Anlage und der Kontamination in ihrem Inneren – glimpflich ab, das Containment hielt, die Bevölkerung wurde keiner erhöhten Strahlung ausgesetzt. Doch war über Tage hinweg die Angst vor einer Explosion, ausgelöst durch die Reaktion von Wasser mit den überhitzten Brennelementenhüllen, groß.[9]

Nach TMI hat man in den deutschen Kernkraftwerken Füllstandssonden im Reaktorbehälter und Wasserstoffrekombinatoren eingeführt – vorher hatte allein der Füllstand des Druckhalters Auskunft über den Wasserstand im Primärkreislauf gegeben. Die Wasserstoffrekombinatoren sollen ein Entzünden von Wasserstoffgas verhindern. Auch wurden die Betriebsmannschaften bei ihrer Ausbildung für die bei solchen Störfällen auftauchenden Dampfblasen-Probleme sensibilisiert. Eine weitere wichtige Neuerung war der Einbau der sogenannten »TMI-Armaturen« – das sind alle Ventile in sicherheitswichtigen Leitungssystemen, deren Blockade zur Nichtverfügbarkeit des Systems führen könnte. Sie sind bei einem Rundgang im Kraftwerk gut an der roten Lackierung ihrer Handräder zu erkennen. Diese TMI-Armaturen sind mit Schließungen versehen. Das bedeutet: Sie können in der Sollstellung mit einem oder zwei Spezialschlüsseln verriegelt werden, die Schließprotokolle werden auf der Warte geführt und die Schlüssel bei der Wache aufbewahrt. Ein unbeabsichtigtes oder böswilliges Betätigen und Blockieren ist nicht möglich.

Tschernobyl war ein völlig anders gelagerter Fall, denn er war anders als TMI technisch nicht auf die deutschen Anlagen übertragbar. Der Tschernobyl-Reaktor RBMK ist ein Siedewasser-Druckröhrenreaktor, wo die Brennelemente einzeln in wassergekühlten Druckkanälen stecken. Als Moderator – das ist ein Stoff, der in Kernreaktoren die Neutronen auf spaltfreudige Geschwindigkeiten abbremst – dient Grafit, also hochreiner Kohlenstoff, der in Ziegeln rund um diese Brennelementkanäle angeordnet ist. In deutschen KKW dient Wasser gleichzeitig als Moderator und Kühlmittel. Im RBMK brachte diese besondere Konstellation im Zusammenspiel mit der Geometrie des Reaktorkerns auch eine physikalische Besonderheit mit sich: in bestimmten Betriebszuständen wirkt eine Dampfblasenbildung im Kühlmittel leistungssteigernd. Wenn dann nicht mit den Steuerstäben dagegengearbeitet wird, um Neutronen abzufangen, kann der Reaktor durchgehen. Insbesondere bei Schwachlast und hohem Abbrand der Brennelemente wirkt sich dieses Phänomen besonders stark aus. Diese Konstellation war in der Nacht des 26. April 1986 gegeben. Man wollte während des Abfahrens zur Revision einen Spannungsregler am Generator testen, den man zur Beherrschung des Notstromfalls brauchte. Danach wollte man den Reaktor abschalten. Vorher aber war die Anlage bereits durch einen Operatorfehler in einen instabilen Zustand gebracht worden. Der Reaktorfahrer versuchte, die Anlage nach einem Leistungseinbruch wieder hochzuziehen, indem er fast alle Steuerstäbe aus dem Reaktorkern zog.

Als man dann zum Reaktorabschalten alle Stäbe gleichzeitig aus oberer Endstellung einwarf, wirkte das aufgrund konstruktiver Besonderheiten der Stäbe, die es nur im RBMK gab, reaktivitätsfördernd. Dieses Phänomen war nur in ganz bestimmten für unmöglich gehaltenen Konstellationen gefährlich – aber diese waren in der Unfallnacht gegeben. Nun wirkten die Abschaltstäbe eher wie ein Gaspedal als wie eine Bremse. Zusammen mit dem Dampfblaseneffekt erzeugte das einen nicht mehr kontrollierbaren Leistungsanstieg, der den Reaktor zerstörte und den Grafit in Brand setzte. Explosion, Brand und eine frühsommerliche Ostwindwetterlage sorgten für eine weiträumige Verteilung des flüchtigen Reaktorinventars, vor allem Jod-131, Cäsium-137 und Strontium-90, über ganz Ost-, Nord- und Zentraleuropa. Das war der Fallout von Tschernobyl, der heute noch Wildschweine im Bayerischen Wald auf Cäsium-Grenzwerte über der Verzehrgrenze bringt.

In Tschernobyl wurde die Schuld zunächst auf das Betriebspersonal abgewälzt, das Vorschriften sträflich vernachlässigt habe. Die Überlebenden aus der Unfallmannschaft und die Kraftwerksleitung wurden vor Gericht gestellt und zu Lagerhaftstrafen verurteilt. Doch wenige Jahre später stellte eine Untersuchungskommission fest, dass nicht menschliches Versagen, sondern die Konstruktion des Reaktors und seines Abschaltsystems als Hauptursache des Unfalls zu betrachten seien. Überdies stellte sich heraus, dass es bereits vorher Störfälle gegeben hatte, aus denen man keine Konsequenzen gezogen hatte, und dass Fachleute schon lange vor einem großen Unfall im Zusammenhang mit den festgestellten Mängeln gewarnt hatten. Ihre Stellungnahmen versandeten in der geheimniskrämerischen sowjetischen Atombürokratie; Messreihen und Störfallberichte, die die Betriebsmannschaften hätten über die Risiken informieren können, wurden geheim gehalten. Auch mangelte es an Sicherheitsfunktionen, die hätten verhindern können, dass die Anlage überhaupt erst in jenen Zustand gebracht wurde, in dem dann ihre Mängel »zuschlugen«. Eine automatisierte Reaktorschutzfunktion für eine Fahrbegrenzung der Steuerstäbe oder eine zwingende Schnellabschaltung bei instabilem Reaktor gab es nicht. Man hatte angenommen, es könne zu einem solchen Fall nicht kommen, und es gab überdies auch keine wirklich eindeutigen Verbotsanweisungen in den damals uneindeutig formulierten und zur Auslegungsfreude einladenden Betriebshandbüchern. Wie es der damalige Leiter der Untersuchungskommission, Nikolaj Schtejnberg, formulierte: »Man hat den Reaktorschutz auf den Schultern des Personals abgeladen.«[10]

Eine solche Situation hat es in den deutschen Kernkraftwerken nie gegeben; sie sind nach dem sogenannten Fail-safe-Prinzip konstruiert, das die Anlage bei Bedienungsfehlern stets in die sichere Richtung »fallen« lässt. Überdies lassen die reaktorphysikalischen Eigenschaften unserer Druck- und Siedewasserreaktoren einen Verlauf wie in Tschernobyl, der sich über Feedback-Schleifen aufschaukelte, nicht zu. Auch hatten die Abschaltsysteme deutscher Reaktoren niemals ambivalente Nebenwirkungen, wie sie bei den Steuerstäben von Tschernobyl zum Tragen kamen.

Trotzdem wurde auch nach Tschernobyl in Deutschland und der Welt noch mal alles auf den Prüfstand gestellt. Die Prinzipien der Kommunikation und Wissensweitergabe zwischen Anlagen und Betreiberorganisationen wurden überprüft. Vor allem nahm man die Kommunikation in der Hierarchie der Anlagen unter die Lupe. In Tschernobyl hatte ein Vorgesetzter die Untergebenen unter Druck gesetzt, schneller zu arbeiten und keine Fragen zu stellen. Diese hätten als lizenziertes Personal eigentlich das Recht gehabt, bei einem instabilen Reaktor das verhängnisvolle Testprogramm abzubrechen, waren aber durch die in der Sowjetunion praktizierte Befehl-und-Gehorsam-Kultur angehalten, auf jeden Fall den Anweisungen zu folgen. Überdies erkannten sie die Gefahr nicht, weil Wissen über die reaktorphysikalischen Abweichungen beim RBMK nur unzureichend bis zu den Schichtmannschaften weitergegeben worden war. Zudem war es unmöglich, einen Haltepunkt einzulegen, um sich einen Überblick über die Lage zu verschaffen, sie neu zu bewerten und zur Not auch gegen den Vorgesetzten eine Entscheidung zugunsten der Anlagensicherheit zu fällen.

Nach Tschernobyl wurden daher weltweit in den Kernkraftwerken sogenannte Human-Factor-Management-Maßnahmen etabliert, die die schon eingeübten Prüf- und Kontrollverfahren ergänzten. Außerdem wurden Datenbanken zur Information über bemerkenswerte Beobachtungen und meldepflichtige Ereignisse geschaffen. Erstmals wurde festgehalten, dass in den Kernkraftwerken eine selbstkritische, hinterfragende Haltung nur zu erreichen ist, wenn Fehler ohne Angst vor Strafen zugegeben, weitergemeldet und reflektiert werden können. Das war in Kernenergiewirtschaften, die aus militärischen Wurzeln hervorgingen, wie in den USA oder der Sowjetunion, keinesfalls selbstverständlich. Die relativ egalitären Zustände der kanadischen, skandinavischen oder deutschen Kernkraftwerke, in denen die Verantwortungskultur von Flächenversorgern und ihrer »öffentlichen Ingenieure« herrschte, unterschieden sich stark von der Führungskultur im östlichen Europa oder auch in Japan. Es ging darum, formalisierte und verbindliche Instrumente zu entwickeln, die ein Hinterfragen in den Prozess »einbauen«.

Im Zuge dieses Transformationsprozesses übernahm die Kernenergiewirtschaft viele Instrumentarien anderer »Hochzuverlässigkeitsorganisationen« wie der Luftfahrt und der Hochleistungsmedizin. Eine wichtige Neuerung waren formalisierte Kommunikationsformen wie die in der Flugsicherung angewandte Drei-Wege-Kommunikation und Kontrollverfahren nach dem Vier-Augen-Prinzip. Das bedeutet in der Praxis, dass ein Anlagenschlosser in der Tiefe der Anlage, der beauftragt wird, eine bestimmte Armatur in einem bestimmten Raum zu bedienen, diese Anordnung mit allen Anlagencodes und der Raumnummer wiederholt und sodann von »oben« bestätigt bekommt. Schalthandlungen werden bewusst ausgeführt und von zwei Operateuren überwacht. Der eine spricht laut aus, welche Komponente er schaltet oder bedient, der Partner, der die schriftliche Prüf- oder Freischaltanweisung in der Hand hält, bestätigt. Erst dann erfolgt die Aktion.

Nach Tschernobyl wurden auch sogenannte Pre-Job-Briefings eingeführt: systematisierte und alle Hierarchiestufen umfassende Vorbesprechungen vor Eingriffen in die laufende Anlage, wobei Punkt für Punkt die Auswirkungen von Prüfverfahren oder anderen Interventionen auf den Reaktor diskutiert werden. Es gab natürlich in Ost wie West auch vorher schon Dienstbesprechungen vor solchen Arbeiten, aber deren Gestaltung war den jeweiligen Verantwortlichen überlassen. Sorgfältige Planer hielten auch vor der Einführung der PJB-Methodik detaillierte Vorbereitungsrunden ab, wortkarge oder weniger engagierte Zeitgenossen aber nicht. In Tschernobyl waren die Turbinenspezialisten und die Elektriker die Prüfverantwortlichen gewesen. Sie hatten sich vorher nicht mit der Reaktormannschaft zusammengesetzt, um das Testprogramm zu besprechen. So gab es nie ein gemeinsames Durchspielen der Situation, keine Diskussion darüber, was die im Testprogramm vorgesehene Leistungsabsenkung und was die »scharfe« Simulation eines Notstromfalls mit Abschaltung von Hauptkühlmittelpumpen für die Neutronenbilanz im Reaktor bedeuten konnte.

Darüber hinaus gab es auch technische und regulatorische Neuerungen, die nach Tschernobyl angegangen wurden. So wurde in Deutschland die von Fachleuten lange geforderte und in den Konzernen auch schon geplante gefilterte Druckentlastung nun für die deutschen Containments verpflichtend. Tschernobyl hatte technisch damit zwar gar nichts zu tun: Die Anlage besaß kein Containment, und hätte sie eines besessen, hätte dieses der Wucht der Explosion nicht standgehalten. Doch hatte man diese Maßnahme eigentlich schon seit TMI geplant, stand doch spätestens seit diesem Unfall im Raum, dass eine Kernschmelze eben doch stattfinden konnte.

Gleichzeitig machte Tschernobyl auch der damaligen CDU-geführten Bundesregierung Beine. Sie wollte Handlungsfähigkeit demonstrieren und forcierte daher die Einführung der gefilterten Druckentlastung. Daher heißen diese Armaturen bis heute »Wallmann-Ventile«, ein Name, den der »Spiegel« ihnen anhängte und der auf den ersten Bundesumweltminister Walter Wallman zurückging. Dieser Fall ist ein schönes Beispiel für die Kernenergie als »public technology«, denn hier wurden technische Neuerungen auch auf gesellschaftlichen Druck hin vorangetrieben. Zudem kam auch die Industrie unter dem Tschernobyl-Schock zu dem Schluss, es reiche nicht, die Kernschmelze als winziges Restrisiko zu behandeln. Man müsse auch eine letzte Handhabe gegen einen auslegungsüberschreitenden Unfall haben, geschehe dieser gegen alle Wahrscheinlichkeit. Genau das leistet eine gefilterte Druckentlastung: Sie sorgt bei einer Kernschmelze dafür, dass das Containment kein Überdruckversagen erleidet, und schickt die Spaltprodukte in Filterstrecken statt direkt nach draußen – wie es dann in Fukushima geschehen ist, wo diese Vorrichtung nicht vorgeschrieben war.[11]

Status: Es ist kompliziert

Es gibt in Kernkraftwerken auch Auslegungsstörfälle, die von der Optik her wesentlich weniger dramatisch daherkommen als der oben beschriebene Bruch einer Hauptkühlmittelleitung, aber aus Ingenieurssicht komplexer sind als dieser. Dazu gehören Störfälle, die durch kleine Lecks Wege für radioaktive Stoffe nach draußen öffnen: in den Sekundärkreislauf des Kraftwerks und ins Freie. Ein solcher Fall wurde in den letzten Jahren in Deutschland mit großer Medienaufmerksamkeit diskutiert, weil in Dampferzeuger-Heizrohren des Kernkraftwerks Neckarwestheim-2 bei Materialprüfungen Korrosion festgestellt worden war.

Zum Störfall käme es, wenn an der Übergabestelle der Wärme, im Dampferzeuger, ein solches Heizrohr brechen würde. Die sehr dünnen Dampferzeuger-Heizrohre stehen zu Tausenden in einer umgekehrten U-Schleife in den neunzehn Meter hohen Dampferzeugern. In diesen Nadelrohren wird das Primärwasser durch den Dampferzeuger geführt und erhitzt das Speisewasser, sodass es zum Verdampfen kommt und zur Turbine geleitet werden kann.

Nehmen wir nun an, es käme zu einem Heizrohrbruch – was dann? Auch dieser Störfall – im Jargon der Kernkraftwerker der »DE-Heiro« – ist ein »Auslegungsstörfall«, die Anlagen sind also so aufgebaut, dass sie ein solches Geschehnis ohne Beschädigung des Reaktorkerns und Erhöhung von Strahlengrenzwerten für Personal und Bevölkerung bewältigen. Die Anforderungen und Abläufe sind allerdings anspruchsvoll, denn wenn aus dem Primärkreislauf mit fast 160 bar Druck durch den Abriss eines solchen Dampferzeuger-Heizrohrs eine Verbindung zum Sekundärkreislauf hergestellt wird, der nur unter rund 70 bar Druck steht, strömt wegen der Druckdifferenz Primärmedium in den Sekundärkreislauf. Trotz des kleinen Leitungsquerschnitts eines solchen abgerissenen Rohrs sind das 40 Kilogramm Kühlmittel pro Sekunde. Das kann den Druck auf der Sekundärseite so sehr erhöhen, dass »die Anlage über Dach steht«, wie die Profis sagen, also die Frischdampf-Sicherheitsventile öffnen und radioaktiv belasteten Dampf in die Umgebung abgeben. Das wäre eine Umgehung aller Sicherheitsbarrieren, das Containment ist in einem solchen Falle für die Katz. Daher streben die automatischen Schutzmaßnahmen danach, genau diesen Fall zu verhindern.

Es gibt allerdings schon vor einem Bruch zuverlässige Indikatoren, dass ein Leck vorliegt. In der Werkstofftechnik spricht man vom »Leck-vor-Bruch«-Kriterium, was bedeutet, dass ein Rohrbruch sich immer durch ein Leck ankündigt. Im Falle unserer Dampferzeuger kann man ein Heizrohrleck sehr früh feststellen, weil Aktivitätsmessstellen im Sekundärkreislauf ansprechen würden. Das Kraftwerk wird in einem solchen Fall sofort vom Netz genommen, um das Leck zu finden.Kommt es aber zu einem richtigen Bruch eines Heizrohrs, wird die Anlage schnellabgeschaltet und dann von 156 auf 89 bar Primärkreisdruck gedrosselt. Das ermöglicht einen annähernden Druckausgleich zwischen Primär- und Sekundärseite, ohne die Sicherheitsventile anzufahren oder bei den in immer noch herrschenden Temperaturen den Primärkreis zum Sieden zu bringen. Das wiederum erlaubt es, die Hauptkühlmittelpumpen weiterlaufen zu lassen und eine gute Nachwärmeabfuhr zu bekommen. Um das gewünschte Ergebnis zu erzielen, wird auch diesmal aus allen Rohren gefeuert, die das System hergibt: alle Druckhalter-Sprühsysteme, Zusatzboriersystem und Volumenregelsystem geben dann ihr Bestes, um den durchs Leck entweichenden Verlust auszugleichen und gleichzeitig den Druck auf den gewünschten Wert abzusenken.

Leider gibt es Sonderfälle, bei denen dieser intelligente Weg nicht funktioniert. So etwas passiert, wenn man gleichzeitig einen Notstromfall annimmt. Dann fallen die Hauptkühlmittelpumpen aus und man kann nur »über Dach« gehen, um eine schnelle Druck- und Temperaturabsenkung zu erreichen. Allerdings ist dieses Zusammentreffen eines ohnehin schon seltenen Störfalls mit einem Stromausfall als sehr unwahrscheinlich einzustufen. Trotzdem muss ein Kernkraftwerk auch dafür gerüstet sein. Diese Schilderung zeigt also, wie komplex solche Störfalllagen sein können. Unser »DE-Heiro« gliedert sich in vier Varianten in unterschiedlicher Kombination: mit und ohne Notstromfall, mit und ohne Notkühlkriterien. Dieser Störfall ist auch der einzige, bei dem sehr schnell Maßnahmen des Personals erforderlich sind. Die Automatik spult ihr Programm in 400 Sekunden ab, danach müssen die Anlagenfahrer ran. Daher wurden und werden Generationen von Schichtleitern und Reaktorfahrern in der Ausbildung und im Anlagensimulator mit diesem Störfall traktiert. Sie können den Ablauf im Schlaf hersagen. Ich war in Osteuropa bei einer solchen Trainingseinheit dabei: erster Durchgang, Manöverkritik, zweiter Durchgang, Manöverkritik, bis jeder Handgriff sitzt.[12]

In Deutschland ist ein solcher Fall noch nie eingetreten, aber ein ähnlich gelagerter Fall in der Sowjetunion schon. Im Block 1 des ukrainischen Kernkraftwerks Rivne, einem VVER-440-Druckwassereaktor, hatte man im Winter 1981/82 die frühen Warnsignale – Radioaktivität im Sekundärkreislauf – ignoriert, weil man während des harten Frosts und aufgrund von Strom-Engpässen die Anlage nicht vom Netz nehmen wollte. Man ließ die Sache laufen, weil die Werte knapp unter den gestatteten lagen, bis es in einer verhängnisvollen Nachtschicht im Januar 1982 zu einem gleichzeitigen Versagen der Barriere in gleich mehreren Dampferzeugern kam. Es gelangte leicht radioaktiver Dampf in die Umgebung, aber die Notkühlsysteme arbeiteten wie vorgesehen und es kam zu keinen Überhitzungen an den Brennelementen. Es lief also insgesamt glimpflich ab: Die Anlage zeigte, dass auch ein besonders schwerer Fall von Dampferzeugerversagen nicht in einen großen Unfall münden muss.

Doch war ein solcher dramatischer Verlauf auch die Befürchtung der Atomkritiker, als 2020 aus dem KKW Neckarwestheim-2 bekannt wurde, dass Heizrohre der Dampferzeuger durch Korrosion geschwächt seien. Grund war ein lange zurückliegender Kondensatorschaden, der nicht entsalztes Neckarwasser in den Speisewasserkreislauf eingetragen hatte. Würde ein Heizrohr brechen, so argwöhnte die Anti-Atom-Bewegung, könne es zum Super-GAU kommen! Es gab Wellen der Entrüstung, weil die Behörde der Anlage trotzdem immer wieder die Anfahrgenehmigung erteilte und ihr einen sicheren Zustand bestätigte. Warum?

Die meisten Leute wissen nichts von den oben geschilderten Maßnahmen zur Beherrschung eines solchen Störfalls, und die Betreiber machen sich auch keine große Mühe, solche komplizierten Sachverhalte in einfacher Sprache nach draußen zu kommunizieren. Auch ist den meisten Menschen unbekannt, dass es für diesen Fall ein bewährtes Verfahren gibt: Die von Schadbefunden betroffenen Heizrohre, einige wenige von über tausend, werden zugeschweißt und nicht mehr durchflossen. Da die Heizrohre bei jeder Revision geprüft werden, kommt man solchen Defekten auch vor einer Leckbildung oder gar einem Abriss eines Heizrohrs zuvor. Gibt es zu viele solcher Defektanzeigen, können Dampferzeuger auch ausgetauscht werden. Das wurde in Kernkraftwerken schon verschiedentlich unternommen, würde sich aber in Neckarwestheim nur bei einer Laufzeitverlängerung lohnen.

Die Schwächung der Heizrohre wurde bei der Überprüfung diagnostiziert und die Heizrohre verschlossen. Wir sehen also, dass hier ein Sicherheitsrepertoire funktionierte, wie es sollte. Die Überprüfung führte zu Befunden, und diese zu Maßnahmen zu ihrer Behebung. Unabhängige Gutachter bestätigten, dass es dabei korrekt zuging. Danach bekam die Anlage ihre Anfahrgenehmigung, womit ihr die Behörde die Betriebssicherheit bestätigte. Trotzdem führte der Vorgang in der Region zu einem Unsicherheitsgefühl, auch weil Anti-Atom-NGOs einigen Aufwand betrieben, um aus den Befunden Erzählungen über einen dramatischen möglichen Unfallverlauf zu komponieren. Doch selbst atomkritische Gutachter wie das Physikerbüro Bremen mochten ihnen hier nicht folgen.[13]

Fukushima an der Isar?

Doch richten komplexe Sicherheitsgutachten für deutsche Kernkraftwerke nur sehr wenig aus gegen die Bilder von Tschernobyl und Fukushima, die in den Köpfen stecken: Irgendwas könne immer passieren, sagen die Leute dann. Wahrscheinlichkeitsanalysen beeindrucken sie wenig, sie sind viel zu abstrakt. Selbst die Physikerin Angela Merkel ist dieser Denkweise letztlich erlegen, als sie sagte, Fukushima habe ihre Wahrnehmung des Restrisikos deutscher Kernkraftwerke verändert. Sie ließ sich bei ihrer Einschätzung stark von den Technologie-Images leiten, die Deutsche über Japan haben: Jeder kennt die weltberühmte Qualitätssicherung der japanischen Autobauer. Was also in Japan passieren könne, könne auch bei uns passieren, schloss Merkel. Doch die japanische Atomindustrie war weit weniger gut reguliert als die deutsche, was zu etlichen Sicherheitsversäumnissen führte, die insbesondere in den älteren Anlagen wie Fukushima Daiichi zum Tragen kamen.

Wir müssen also die Frage beantworten, ob Fukushima tatsächlich in deutschen Kernkraftwerken passieren könnte. Dazu müssen wir uns ihre Sicherheitsauslegung noch einmal von einer anderen Seite ansehen und ihre Robustheit gegen sogenannte »Einwirkungen von außen« betrachten, zu denen Erdbeben und Flutkatastrophen gehören. Deutsche Anlagen müssen für ein 10.000-jähriges maximales Flutereignis ausgelegt sein, in Fukushima wurde nur ein 100-jähriges Ereignis zugrunde gelegt. Daher gingen Groß-Tsunamis wider besseres historisches Wissen gar nicht in die Auslegung des KKW Fukushima Daiichi ein. Vitale

Funktionen wie Notstromaggregate und Schaltanlagen wurden in nicht flutsicheren Kellergeschossen untergebracht, was der Anlage am 11. März 2011 dann auch zum Verhängnis wurde: Sie wurde überflutet, ein totaler Stromausfall war die Folge, sodass für die Notkühlung wichtige Armaturen und Pumpen nicht betrieben werden konnten. Wir hatten es hier also nicht mit einem »Restrisiko« zu tun, womit deutsche Gerichte einst das winzige nicht kalkulierbare Risiko bezeichneten, welches auch nach Einhaltung aller Sicherheitsvorkehrungen übrig bleibe. In Fukushima kam vielmehr ein kriminell vernachlässigtes hohes Risiko zum Tragen – die Überflutungsgefahr, gegen die man die Anlage nicht rüstete. Als Erstursache der Katastrophe benannten die Unfallanalysen ein Systemversagen der japanischen Atomaufsicht, die diesen Mangel trotz Warnungen nicht angegangen war.

Isar-2 jedoch wäre nicht überflutet worden, denn eine deutsche Behörde hätte dem Betreiber gesagt: Hier sind in unserer Langzeitbetrachtung 14-Meter-Tsunamis möglich, also baut eine Flutschutzmauer von 16 Metern Höhe. Nehmen wir nun einmal an, diese Mauer hätte versagt und die Anlage wäre doch überflutet worden. Dann hätten aber Isars Notstromsysteme und Schaltanlagen, die entweder erhöht oder verbunkert stehen, nicht absaufen können. Es wäre also nach der Naturkatastrophe und dem Verlust der externen Stromversorgung die Notstromversorgung angelaufen, und die Anlage wäre in einen Nachkühlbetrieb »mit Notstromfall« gegangen. Die Dieselgeneratoren reichen für die Nachkühlfunktionen aus und haben Treibstoff für eine Woche. Wäre auch die Notstromversorgung ausgefallen, gäbe es noch ein zweites System, die Notspeise-Notstromversorgung. Für den Fall, dass dies auch nicht funktioniert, würden batteriebetriebene Systeme und passiv funktionierende Druckentlastungs- und Bespeisungsmaßnahmen den Reaktor ungefähr 24 Stunden auf genügendem Füllstand halten, während derer man externe Hilfe organisieren könnte.[14]

Misslänge auch dies oder käme keine Hilfe, würde der Wasserstand im Reaktorkern tatsächlich sinken und die Brennelemente überhitzen. Das hätte zur Folge, dass explosives Wasserstoffgas entsteht. Für seinen Abbau hängen aber in den deutschen Reaktorgebäuden überall Wasserstoff-Rekombinatoren, um die Explosionsgefahr zu bannen. Käme es zum Schmelzen von Brennelementen und zu einem Druckaufbau im Containment, könnte die schon genannte gefilterte Druckentlastung betätigt werden, um es vor dem Versagen zu schützen. Selbst im Falle einer Kernschmelze würde es hier nicht zu einer radioaktiven Freisetzung und zu Wasserstoffexplosionen kommen. Das radioaktive Inventar verbliebe im Containment und in den Filtern.

Doch Fukushima besaß keine gefilterte Druckentlastung. Da man aber die Reaktoren entlasten musste, um sie mit Niederdruck-Feuerlöschpumpen aus dem Meer notzukühlen und wenigstens eine noch größere Katastrophe zu verhindern, wählte man diesen Weg. Die meisten radioaktiven Stoffe gingen in Fukushima ungefiltert, aber geplant über die Fortluftkamine ins Freie. So rettete man unter extremen Bedingungen einer Naturkatastrophe die Anlage vor einem Ereignis wie in Tschernobyl. Die Reaktoren schmolzen, aber sie selbst explodierten nicht. Die Wasserstoffexplosionen betrafen nur Gebäudestrukturen außerhalb der Primärcontainments. Doch produzierten sie große physische Zerstörungen – und schufen jene dramatischen Bilder, die auch in Deutschland Schockwellen auslösten. Am Unfallort jedoch kam dank der Eindämmungsmaßnahmen kein Mensch aufgrund von Strahlungswirkungen ums Leben, nur wenige Arbeiter überschritten ihre zulässige Gesamtlebensdosis. Auch die Belastung der Bevölkerung blieb deutlich unter der in Tschernobyl. Weite Teile der Evakuierungszone wurden bereits wieder aufgehoben. Die Weltgesundheitsorganisation erwartet keine zusätzlichen vorzeitigen Todesfälle durch Krebserkrankungen.

Wir sehen am Beispiel dieses Mehrfach-Reaktorunfalls, dass

an jeder Weggabelung, an der die Anlage Fukushima aufgrund von Auslegungsfehlern und fehlenden Nachrüstmaßnahmen den Weg in den Unfall »wählte«, die deutschen Anlagen eine eingebaute Blockade besitzen, die sie auf den sicheren Weg führt. Genau das legte die deutsche Reaktorsicherheitskommission im Frühjahr 2011 auch Angela Merkel dar: Hätte Isar-2 in Fukushima gestanden und hätte dort das deutsche kerntechnische Regelwerk gegolten, wäre Fukushima sehr wahrscheinlich nicht passiert. Doch die Kanzlerin stand bereits zu sehr unter dem Druck einer hochmobilisierten und emotionalisierten Bevölkerung. Und so opferte sie die deutschen Kernkraftwerke als Sündenböcke.[15]

»Und wenn ein Airbus drauffällt?«

Nach den Anschlägen des 11. September 2001 auf das World Trade Center und das Pentagon, bei denen Terroristen entführte Verkehrsflugzeuge als Angriffswaffe benutzt hatten, wuchs die bange Frage, ob die deutschen Kernkraftwerke gegen einen solchen Angriff gewappnet wären. Viele Menschen, die einer sicherheitstechnischen Argumentation zur Nicht-Übertragbarkeit von Fukushima noch zustimmen mögen, wenden genau diesen Punkt ein: Das sei eine Gefahr, die schlicht außerhalb der Kontrolle von Reaktordesignern liege.

Als die Anlagen geplant wurden, ist tatsächlich nur der Aufprall eines Militärflugzeugs vom Typ Starfighter einkalkuliert worden. Damals ging man nur von solchen Unfällen aus und legte zugrunde, dass in der Nähe von Kernkraftwerken außer Militärmaschinen und Kleinflugzeugen keine Luftfahrzeuge flögen; die Einflugschneisen von Verkehrsflughäfen seien weit weg. Nach 9/11 wurde man eines Besseren belehrt. Damals wurden die deutschen KKW-Betreiber aufgefordert, Untersuchungen anzustellen, inwieweit ihre Anlagen auch einer »Einwirkung von außen«

(EVA) durch mittlere und große Verkehrsflugzeuge standhielten. Und auch 2011, nach Fukushima, war die angeblich mangelnde Absicherung gegen Flugzeugabstürze ein Argument für die sofortige Stilllegung von acht Anlagen. Sie besaßen dünnere Betonabschirmungen als die am Netz verbliebenen Kernkraftwerke, acht Druckwasserreaktoren sowie die zwei Siedewasserreaktoren der fortgeschrittenen Baulinie 72 in Gundremmingen.

Die Betreiber wiesen zunächst nach, dass ihre Anlagen wegen ihres hohen Grundschutzes die Anforderungen erfüllten. Voraussetzung war, dass es der Betriebsmannschaft gelinge, im Zuge eines Voralarms über ein anfliegendes Flugzeug die Steuerstelle im verbunkerten Notspeisegebäude zu besetzen, und die Anlage so auch den Aufprall und Kerosinbrand eines großen Flugzeugs überstehen könne. Die lebensnotwendigen Funktionen zum Abfahren und Nachkühlen könnten von dieser Notwarte aus bedient werden, auch wenn das Schaltanlagengebäude mit der Hauptwarte in Trümmern liege.

Die Reaktorsicherheitskommission (RSK) und das Bundesumweltministerium hielten diese Sichtweise für plausibel, forderten aber weitere Nachweise. Daher wurde die Gesellschaft für Anlagen- und Reaktorsicherheit (GRS) mit Untersuchungen über die Folgen von mechanischen Einwirkungen und Kerosinbränden im Falle des Absturzes mittlerer und großer Verkehrsflugzeuge auf ein Reaktorgebäude beauftragt. Außerdem stellten die Betreiber eigene Untersuchungen an. Die Reaktorsicherheitskommission bildete eine Arbeitsgemeinschaft, die die Analysen begleiten sollte.

Den Ergebnissen ist zu entnehmen, dass die vitalen Funktionen der heute noch in Betrieb oder Nachbetrieb befindlichen sechs KKW auch von einem Aufprall an ungünstigster Stelle mit anschließendem Kerosinbrand nicht beeinträchtigt würden. Das 1,8 Meter dicke Stahlbetoncontainment fängt die Energie des Aufpralls dabei so ab, dass die Strukturen im Inneren des gasdichten Sicherheitsbehälters, also der innenliegenden Stahlkugel von 38 Millimeter Wandstärke, die durch den Ringraum vom Außencontainment getrennt ist, nicht beschädigt würden; auch der Sicherheitsbehälter bliebe intakt. Es würde zu keiner Wanddurchdringung der äußeren Gebäudehülle durch Flugzeugteile kommen, sodass auch Kerosin nicht eindringen könnte. Die sicherheitswichtigen Nachkühl-, Beckenkühl- und Zwischenkühlpumpen und die Kühlstellen der vitalen Systeme befinden sich zwar außerhalb des stählernen Sicherheitsbehälters, aber gut geschützt in den Tiefgeschossen des Ringraums. Sie sind vor einem Aufprall durch das Erdreich und durch die Betonstrukturen im Reaktorgebäudefundament geschützt. Auch die zusätzliche konservative Annahme des Abrisses einer kleinen Leitung der druckführenden Umschließung an der ungünstigsten Stelle beeinträchtigte die Not- und Nachkühlung des Reaktors nicht.[16]

Wie die Abläufe bei einem sogenannten RENEGADE-Alarm bei einem sich nicht mehr zurückmeldenden Flugzeug sind, das habe ich einmal selbst in einem deutschen KKW erlebt. Wenn der Kontakt der Luftraumkontrolle mit einem Verkehrsflugzeug abreißt, werden automatisch alle Kernkraftwerke in dem betroffenen Gebiet alarmiert. Für alle, die nicht zur Fahrschicht gehören, wird Räumungsalarm ausgelöst; die Schicht bezieht die Notsteuerstelle, während das Kraftwerk geräumt wird. Fast 1.000 Menschen sammelten sich damals auf einer Wiese in der Nähe. Wir waren so viele, weil die Anlage wegen der Jahresrevision voller Monteure anderer Firmen war. Gerade als die letzten Kollegen eintrafen, die man aus den verschiedenen Ecken des Maschinenhauses geholt hatte, gab es schon wieder Entwarnung.

Kernkraftwerke – »nicht versicherbar«?

Die verzerrte Risikowahrnehmung der Atomkritiker hat auch das Argument hervorgebracht, Kernkraftwerke seien gar nicht versicherbar: Die Versicherungssummen deckten die Schäden eines großen Atomunfalls ja gar nicht ab. Das allerdings verkennt das Prinzip von Versicherungen, die stets ein Risiko versichern, aber nicht jeden maximal denkbaren Schaden, solange dessen Eintrittswahrscheinlichkeit sehr gering ist. So sieht das auch der Gesetzgeber, der im Atomgesetz die Versicherung regelt. Für einen nach menschlichem Ermessen sehr unwahrscheinlichen Großschaden müssen auch deutsche KKW nicht voll versichert werden – für ihr (sehr kleines) Risiko aber schon. Das ist der Grund, warum der Staat bei sehr seltenen Industrieunfällen in Haftung geht, falls der Schaden die Versicherungssumme überschreitet. Wäre es anders, wären auch manche Erneuerbare Energien »nicht versicherbar«, denn man kann sich ohne Zweifel auch Unfälle sehr kleiner Wahrscheinlichkeiten mit Windkraftanlagen ausdenken: Angenommen, in einem Windpark neben einer Bahnlinie fiele ein losgerissenes Rotorblatt auf einen vorüberfahrenden Güterzug mit Chlorgastanks. Angenommen, der Zug entgleiste, einer der Waggons explodierte und eine tödliche Gaswolke forderte Hunderte Menschenleben in einer nahen Kleinstadt.[17] Absurd? Sicher, aber mit winziger Wahrscheinlichkeit denkbar. Müsste man den Windpark für solch ein Ereignis voll haftpflichtversichern, könnte man auch ihn nicht mehr rentabel betreiben.

Die Versicherungssumme im deutschen Atompool, dem Rückversicherer der deutschen KKW, beträgt zwei Milliarden Euro. Doch auch darüber hinaus haftet nicht gleich der Staat. Erst mal haften die Betreiberkonzerne mit ihrem gesamten Betriebsvermögen, was beispielsweise bei E.on über 90 Milliarden Euro wären. Doch die Kosten eines Fukushima-Unfalls, je nach Schätzung zwischen 270 und 617 Milliarden Euro in den nächsten 40 Jahren, kann man damit nicht abdecken, sodass die Kritiker hier einen Punkt machen: Der Staat ginge dann in Haftung.[18]

Oben wurde bereits dargelegt, warum ein Unfallverlauf wie der in Fukushima in deutschen Kernkraftwerken nicht möglich gewesen wäre, und dass man das Risiko von Kernkraftwerken immer individuell berechnet und versichert. Man kann sie aber keinesfalls für historische Anlagen mit ganz anderen Konstruktionsprinzipien, wie den Tschernobyl-Reaktor, oder für entfernte Verwandte in Asien mit haftbar machen. Aber schauen wir uns auch die Überzeugungskraft des Gegenarguments an. Die Behauptungen von der »Nichtversicherbarkeit« entstammen meist ein und derselben Quelle, die tatsächlich mit furchterregenden, aber hypothetischen Zahlen aufwartet, die »Leipziger Versicherungsstudie«.[19] Sie wurde vom Bundesverband Erneuerbare-Energien in Auftrag gegeben, hier bestellten also Lobbyisten eine Studie gegen die Konkurrenz. Die Leipziger Untersuchung kommt in ihren Berechnungen zu exorbitanten Haftpflicht-Versicherungsprämien, indem sie in einem ersten Schritt Extremwerte maximal denkbarer Schäden und Hunderttausender Krebsopfer, für die Entschädigung gezahlt werden müsste, mit willkürlich festgelegten hohen Unfall-Eintrittswahrscheinlichkeiten kombiniert. Letzteres wird damit gerechtfertigt, dass man ja auch das Risiko von Terroranschlägen einbeziehen müsse.

Doch weder die Erfahrungswerte über Atomunfälle noch jene über versuchte, aber nicht erfolgreiche Anschläge geben diese Annahmen her. Tschernobyl forderte laut der UN-Strahlenforschungs-Organisation UNSCEAR 6.000 (heilbare) Schilddrüsenkrebsfälle und keine feststellbaren Krebsfälle darüber hinaus; in Fukushima werden gar keine Krebsfälle erwartet; erfolgreiche Terroranschläge auf KKW gab es in den etwa 18.000 Reaktorbetriebsjahren weltweit nicht, wohl aber Sabotagefälle mit hohem ökonomischem Schaden innerhalb der Anlage, allerdings ohne Beeinträchtigung der nuklearen Sicherheit.[20]

Trotzdem setzt die Leipziger Studie für ihre Berechnungen die Häufigkeit von Freisetzung von Radioaktivität kurzerhand um drei bis vier Größenordnungen hoch: von einer Kernschadenshäufigkeit bei deutschen Reaktoren zwischen $2 \cdot 10^{-7}$ bis $5{,}3 \cdot 10^{-6}$ pro Reaktorbetriebsjahr[21] auf 10^{-3} pro Reaktorbetriebsjahr. Das bedeutet: Aus einem Fall in fünf Millionen Betriebsjahren macht man kurzerhand einen Fall pro tausend Betriebsjahre. Dies wird mit der Möglichkeit von Terroranschlägen begründet, obwohl nicht plausibel belegt werden kann, wie das geschehen soll. Auch die Forschungen zu Wahrscheinlichkeitsberechnungen ergeben, soweit ich es bei dem Geheimhaltungsstatus überblicken kann, keine neuen Erkenntnisse. Zwar kann man die Wahrscheinlichkeit eines Anschlags nicht modellieren, wohl aber die Schäden, die ein erfolgreich eingedrungener Täter anrichten könnte. Denn es genügt nicht, sich einfach nur Einlass in eine Atomanlage zu verschaffen, man müsste auch wissen, was zu tun ist, um ihr ernsthaft schaden zu können. Dafür bräuchte man wegen des Redundanz- und Diversitätsprinzips gleich eine ganze Truppe anlagenkundiger Täter, die entweder gewaltsam Barrieren überwinden oder aber als Mitglieder der Belegschaft mehrere Hürden der gegenseitigen und automatischen Kontrolle lahmlegen müssten. Das ist wohl auch der Grund, warum es bislang niemandem gelang, einen erfolgreichen Terroranschlag auf ein laufendes KKW zu verüben. Die berühmt gewordenen Fälle – die brutalen, weil opferreichen Bombenanschläge der baskischen Terrororganisation ETA auf das KKW Lemóniz in den 1970er-Jahren und der Panzerfaust-Anschlag des linksradikalen Atomgegners und späteren Schweizer Grünen Chaim Nissim auf den französischen Schnellreaktor Creys-Malville 1978, der geringen Sachschaden anrichtete, betrafen Anlagen, die sich im Bau befanden.

Außerdem setzten die Leipziger Autoren eine minimale Ansparzeit und die maximale Entschädigungssumme von über fünf Billionen Euro binnen zehn Jahren an. So ergibt sich eine tatsächlich astronomische Zahl von 67 Euro pro Kilowattstunde »wirklicher« AKW-Versicherungskosten.[22] Auch verkennt dieser Ansatz, dass die Nuklearindustrie durchaus nicht die einzige Industrie ist, die nicht für alle ausdenkbaren Unfallextreme versichert ist.[23] Vergleichen wir überdies die angesetzten hypothetischen Kosten mit einer Aufstellung realer Unfallkosten aus Fukushima (270 bis 617 Milliarden Euro über 40 Jahre) und mit Tschernobyl, das mit schätzungsweise 340 Milliarden US-Dollar zu Buche schlug, wird offensichtlich, dass diese Realdaten weit entfernt von den Extremwerten des Versicherungsforums Leipzig sind. Schließlich gibt es inzwischen Diskussionen über Lösungen mit globalen Versicherungspools für Kernkraftwerke – auch diese werden von Kritikern nicht zur Kenntnis genommen. Kontextualisierungen mit ähnlich gelagerten Fällen in anderen Industrien, etwa den weit höheren externen Kosten der Kohleverstromung, unterbleiben in ihren Rechnungen.[24]

Die neue Generation

Fassen wir also alle Erkenntnisse zusammen, die wir über den Stand der Dinge bei der Reaktorsicherheit wissen müssen: Sowohl die Evidenz aus den Erfahrungen mit Atomkraftwerken als auch jene aus Berechnungen und Versuchen besagt, dass wir es mit Niedrigrisiko-Anlagen zu tun haben, die in sehr seltenen Fällen Unfälle mit hohen Schadwirkungen erleiden können. Am Beispiel der deutschen Anlagen wurde jedoch gezeigt, wie extreme Herausforderungen durch Störfälle bewältigt werden, und dass auch auf den ersten Blick überfordernd komplex wirkende Störfallverläufe beherrschbar sind. Es wurde diskutiert, warum Verläufe wie in Tschernobyl und Fukushima in deutschen Anlagen nicht zur Katastrophe geführt hätten: Hier hätten tiefengestaffelte Sicherheitsbarrieren oder sicherheitsgerichtete reaktorphysikalische Eigenschaften den Pfad in den Unfall blockiert.

Zudem gilt es, das Risiko von Kernkraftwerken in einen Vergleich mit den Kraftwerken der fossilen Energiewirtschaft zu stellen – den einzigen, die derzeit Kernkraftwerke auch funktionell ersetzen können, weil sie gesicherte Leistung liefern. Die Fossilen sind keine Alternative zur Kernenergie, weil sie bereits im Normalbetrieb weit größere Risiken für Klima und Menschen bergen als es Kernkraftwerke tun. Der Weiterbetrieb der Fossilkraftwerke setzt also die deutsche Bevölkerung weit größeren Gefahren aus, als eine Laufzeitverlängerung der deutschen Kernkraftwerke bewirken würde[25]. Die AKW-Betreiber sind mit einer Rückversicherung ausgestattet und haften auch mit ihrem Firmenvermögen, fortgeschrittene globale Versicherungslösungen sind in der Diskussion.

Zudem müssen wir nun noch mitbedenken, dass Kernkraftwerke neuer Generation, die vom Prinzip mit den deutschen Druckwasserreaktoren vergleichbar sind, über weitere Eigenschaften verfügen, welche ihre Sicherheit nochmals erhöhen. So ist der Kernschmelzunfall im Europäischen Druckwasserreaktor EPR, der als leistungsstärkerer deutsch-französischer Nachfolger der Konvoi-Anlagen konzipiert wurde, nicht mehr auslegungsüberschreitender Unfall, sondern Auslegungsstörfall. Für den unwahrscheinlichen Fall einer Kernschmelze sorgt eine keramische Auffangvorrichtung für die Aufnahme und Kühlung der Schmelze. Das Stahlbeton-Doppelcontainment des EPR ist eine sichere Vorkehrung gegen Flugzeugabstürze. Die russischen VVER-1200-Anlagen haben eine funktionell analoge Vorkehrung in Form eines Auffangbehälters und darüber hinaus ein passives System für die Nachwärmeabfuhr für den Fall eines totalen Stromausfalls. Der VVER nutzt dafür seine sehr geräumigen und horizontal verbauten Dampferzeuger, die auch sekundärseitig im Naturumlauf betrieben werden können. Als Wärmesenke dient eine Luftkühlung der Leitungen, in denen das heiße Medium durch Konvektion aufsteigt, das kältere aber durch Gravitation wieder hinabfließt. In manchen Anlagen übernehmen Wassertanks diese passive Kühlung, die über mehrere Tage hinweg nicht nachgefüllt werden müssen.[26]

Wir können bei solchen Weiterentwicklungen mit noch höherer Wahrscheinlichkeit als bei den Altanlagen damit rechnen, dass Unfallfolgen auf das Anlagengelände begrenzt bleiben und Evakuierungen nicht nötig sein werden. Diese »Generation 3+« wären die Anlagen der Wahl, wenn man eine erneuerbar-nukleare Klimastrategie für die nächsten zwanzig Jahre plant. Aber wie gezeigt werden konnte, wäre auch eine Laufzeitverlängerung der bestehenden deutschen Kernkraftwerke reaktorsicherheitstechnisch betrachtet gut zu rechtfertigen. Sie haben einen immer noch zeitgemäßen Standard an Zuverlässigkeit und Sicherheit und konnten immer wieder Jahresweltbestleistungen und Weltmeistertitel in der Blockstromproduktion erzielen. »Put it on wheels, bring it to France«, wie mir ein französischer Ingenieur in neidloser Anerkennung einmal sagte.

Doch dem steht die Vorstellung vieler Menschen gegenüber, Kernkraftwerke seien gefährliche Anlagen. Sie hängt wesentlich von ihrer Risikowahrnehmung über Strahlenschäden nach großen Unfällen und durch den im Normalbetrieb erzeugten Atomabfall ab. Daher lohnt es sich, einen Blick auf diese Urgründe der Atomangst zu werfen.

Kapitel 6
Das Ende der Angst

Eine andere Sicht auf Strahlung und Atommüll

Das wohl größte Hemmnis für eine Akzeptanz der Kernenergie in der Bevölkerung ist die Angst vor »Radioaktivität«. Damit meinen die Menschen ionisierende Strahlung aus zivilisatorischen, menschengemachten Quellen, zum Beispiel aus Kernkraftwerken im Normalbetrieb, Atombombentests und Atomunfällen. Langlebige radioaktive Substanzen aus diesen Quellen sind seit 1945 als untilgbare Spuren des Menschenzeitalters der Erde eingeschrieben. Ganz besonders gibt den Menschen die Strahlung aus Atommüll zu denken, denn anders als im Falle der Kernkraftwerke, die über ausgeklügelte, über Jahrzehnte entwickelte Sicherheitsregimes verfügen, gibt es keine Möglichkeiten, sich ein existierendes und in Betrieb befindliches Endlager anzuschauen.

Unser radioaktives Leben

Das Leben auf der Erde war seit Anbeginn mit natürlicher radioaktiver Strahlung konfrontiert, die aus dem Weltraum und aus den Zerfallsprozessen in der Substanz der Erde selbst stammt – am Beginn des Lebens auf Erden war die Strahlenbelastung sogar weit höher, als sie heute ist. An meinem Wohnort Leipzig herrschte am 4. Februar 2022 um 12 Uhr eine Ortsdosisleistung von 0,095 Mikrosievert pro Stunde, an meinem Urlaubsort Nebel auf der nordfriesischen Insel Amrum waren es nur 0,065 Mikrosievert pro Stunde, halb so viel wie im vogtländischen Rodewisch (0,131 Mikrosievert pro Stunde). Der Grund: In unseren Mittelgebirgen gibt es viel Uran im Untergrund, das mit seinen Zerfallsprodukten, unter anderem dem Edelgas Radon, das überall aus dem Boden aufsteigt, zur Ortsdosisleistung beiträgt.[1] Auch nach Gewitterschauern steigt der Wert meistens an, weil dann radioaktive Stoffe aus der Luft ausgewaschen werden und in Bodennähe – die Messstellen stehen einen Meter über dem Erdboden – messbar sind. Im Iran oder in Brasilien gibt es Orte mit sehr hohen natürlichen Ortsdosisleistungen, die sogar weit über denen in den Evakuierungsgebieten von Tschernobyl und Fukushima liegen, zum Beispiel im nordiranischen Ramsar mit Werten zwischen 50 und 90 Mikrosievert pro Stunde in Wohngebieten, was fünfzig- bis hundertmal so viel ist, wie heute in dem evakuierten Dorf Towstyj Lis nahe dem verunglückten AKW Tschernobyl gemessen wird (0,883 Mikrosievert pro Stunde). In Ramsar sind es heiße Quellen, die Radium aus uranhaltigen Gesteinsschichten an die Erdoberfläche transportieren. Radium ist ein Zerfallsprodukt des Urans.[2]

Und damit wären wir auch schon beim Kern der Radioaktivität. Dieser Begriff bezeichnet nämlich die Eigenschaft instabiler schwerer Atomkerne, in leichtere Bruchstücke zu zerfallen und dabei etwas von der Bindungsenergie ihrer Kernbestandteile in Form von Strahlung abzugeben. Die Kernphysik-Pionierin Marie Skłodowska-Curie, die solche Prozesse systematisch beobachtete und 1898 das Element Radium entdeckte, hat den Begriff geprägt. Die frei werdende Strahlung kann aus Teilchen bestehen – winzige Pakete aus zwei Protonen und zwei Neutronen, die man Alpha-Strahlung nennt, oder Elektronen, die aus der Umwandlung eines Neutrons in ein Elektron und ein Proton im Atomkern stammen; sie bezeichnet man als Beta-Strahlung. Außerdem wird bei radioaktiven Zerfällen auch elektromagnetische Gamma-Strahlung abgegeben.

Manche radioaktiven Elemente sind seit ewigen Zeiten Teil unseres Lebens, auch wenn Menschen sich in historischen Zeiten keinen Reim auf die von ihnen ausgelösten Wirkungen machen konnten. So wussten die Menschen im Erzgebirge nicht, warum die Bergleute in der Gegend so früh an Atemwegserkrankungen starben – heute weiß man, dass die Männer an Lungenkrebs litten, weil sie an Staub gebundene Zerfallsprodukte des Radongases eingeatmet hatten, das in den schlecht bewetterten Schachtanlagen die Luft belastete. Kalium-40 ist ein radioaktives Isotop des Kaliums, das wir über unsere Nahrung aufnehmen und das besonders in Bananen vorkommt. Es hat eine sehr lange Halbwertszeit von über einer Milliarde Jahren. »Halbwertszeit« bezeichnet den Zeitraum, während dessen von einer Menge des betreffenden Isotops genau die Hälfte zerfallen ist. Ist die Halbwertszeit sehr kurz, sind pro Zeiteinheit sehr viele Zerfälle zu verzeichnen und die Strahlung ist sehr intensiv; Fachleute sprechen dann von einer »hohen Dosisrate«; ist die Halbwertszeit lang, bleibt uns das radioaktive Material zwar lange erhalten, aber die Dosisrate ist niedrig. Kalium-40, ein Betastrahler, ist größtenteils zuständig für unsere Eigenstrahlung von 50 bis 60 Becquerel pro Kilogramm Körpermasse. Das Becquerel ist die Maßeinheit für radioaktive Zerfälle pro Sekunde. Wir alle leben also mit der Radioaktivität und erleben in jeder Sekunde, je nach Körpergewicht, mehrere Tausend radioaktive Zerfälle in unserem eigenen Körper.[3]

Ihre hohe Energie befähigt alle drei Strahlungsformen, mit Materie zu interagieren und sie zu »ionisieren«, das heißt negativ geladene Elektronen aus den Atomhüllen herauszuschlagen und so positiv geladene Atome, genannt »Ionen«, zu erzeugen. Daher lautet der Fachbegriff für alle Formen radioaktiver Strahlung »ionisierende Strahlung«. »Radioaktivität« ist also gar kein Gegenstand und kein Stoff, sondern eine *Eigenschaft.* Die ionisierende Strahlung ist der Gegenstand, vor dem die Menschen Angst haben. Denn sie interagiert auch mit unserer eigenen Materie – dem

Gewebe unseres Körpers. Wirkt Strahlung auf die Moleküle unserer Zellen, können durch ihre ionisierende Wirkung schädliche, mitunter krebserregende Stoffe entstehen, oder es können die Eiweißstrukturen der Erbinformation in der Zelle so sehr geschädigt werden, dass falsche Informationen reproduziert werden. Das wiederum kann unkontrolliertes Zellwachstum auslösen, das gesundes Gewebe verdrängt – es entsteht eine Krebserkrankung. Diesen Vorgängen versuchen menschliche Zellen mit Reparaturmaßnahmen entgegenzuwirken, die aber bei immer höherer Dosis auch immer mehr Fehler machen. Ist der Strahlenbeschuss zu heftig, können Zellen auch absterben. Diesen Umstand macht sich die Strahlentherapie zunutze, die hohe Strahlenenergie punktuell auf Tumore lenkt und sie so zerstört. Sehr hohe Strahlendosen, die den ganzen Körper treffen, können jedoch einen Menschen in wenigen Wochen töten. Er erkrankt dann an akuter Strahlenkrankheit, so wie die ersten Opfer von Tschernobyl oder die Opfer von Unfällen infolge unsachgemäßen Umgangs mit Strahlenquellen aus Krankenhäusern. Doch diese dramatischen Fälle sind selten. Die hauptsächliche Angst hinter der Strahlenangst von Menschen in Industriestaaten ist die Angst vor schleichender Schädigung und Krebs.

Strahlung: Respekt statt Angst

Strahlung umgibt also das Leben auf Erden von Anbeginn an, sie ist in unserem Boden, unseren Häusern und in unseren Körpern. Trotzdem ist das Wissen über diese natürlichen Strahlenquellen nicht sehr weit verbreitet. Die meisten Menschen unterschätzen das Risiko durch natürliche Strahlenquellen, zum Beispiel das Radongas in den Kellern ihrer Häuser, und überschätzen das Risiko durch Strahlung aus kerntechnischen Anlagen. Es ist die Strahlung, die ein Kernkraftwerk oder ein Atommüll-Endlager zu einem so besonderen Ort macht, der vielen Menschen Angst einflößt. Doch in Wirklichkeit machen die von Kernkraftwerken über Fortluft und Abwässer abgegebenen radioaktiven Substanzen nur ein Zweitausendstel der größtenteils aus natürlichen Quellen stammenden jährlichen Dosisbelastung der Menschen aus.[4] Immer wieder einmal geistern Behauptungen durch die Diskussionen, es gebe rund um einige deutsche Kernkraftwerke oder Zwischenlager »Leukämie-Cluster«, erhöhte Raten von Krebserkrankungen bei Kindern oder »verlorene Mädchen«, einen unnatürlichen Überschuss an Jungen bei den Geburten. All diese Behauptungen konnten jedoch in Studien letztlich nicht erhärtet werden. Auch fand man keine Antwort auf die Frage, warum man bei manchen KKW diese Cluster angeblich finde, bei anderen aber nicht. Man vermutet statistische Zufälle oder macht soziodemografische Faktoren aus, die zu Zufalls-Clustern führten. Dennoch konstruieren viele Menschen daraus Kausalitäten, Ursache-Folge-Beziehungen.[5]

Im Falle der drei großen kerntechnischen Unfälle TMI-2 (Harrisburg), Tschernobyl und Fukushima, sind die Auswirkungen auf die Gesundheit der Bevölkerung in zwei von drei Fällen nicht einmal messbar. In TMI gab es keine Geschädigten durch Strahlung. In Fukushima ist lediglich ein Fall einer tödlich verlaufenen Lungenkrebserkrankung aktenkundig, die durch das japanische Ministerium für Gesundheit, Arbeit und Soziales als Arbeitserkrankung infolge der aufgenommenen Dosis anerkannt wurde; Fachleute bezweifeln aber, dass solche Erkrankungen so früh nach dem Unfall schon diagnostiziert werden könnten.[6] In Tschernobyl liegen die Opferzahlen nach den Befunden der Weltgesundheitsorganisation und des UNSCEAR, des UN-Strahlenschutzkomitees, weit niedriger als anfangs befürchtet.[7] Inzwischen zeichnet sich in der Forschungsdiskussion zu den Auswirkungen von Niedrigstrahlung ein Wandel ab: Anders als früher, als man von schädlichen Strahlenwirkungen auch bei geringsten

Mengen ausging, gibt es immer mehr Erkenntnisse, dass zellbiologische Reparaturmechanismen mit Niedrigstrahlung gut klarkommen. Trotzdem sind die sehr konservativen internationalen Regelwerke zum Strahlenschutz und seinen Grenzwerten diesen Erkenntnissen bislang nicht gefolgt, denn einige Langzeitstudien, auf die sie sich beziehen, lassen auch andere Schlussfolgerungen zu.[8] Trotzdem ergibt eine vergleichende Analyse über die Gesundheitsrisiken und Todesfälle infolge der Belastungen durch Stromerzeugungstechnologien, dass die Kernenergienutzung trotz der Unfälle zusammen mit den Erneuerbaren Energien am Ende der Schadensskala steht.[9]

Aber was ist eigentlich mit den Menschen, die professionell mit Strahlung arbeiten? Der Umgang mit Orten, an denen erhöhte radioaktive Strahlung herrscht, oder mit kontaminierten Zonen gehört in einem Kernkraftwerk zum Alltag, besonders während der Revision, wenn die Anlage gewartet und an offenen Systemen gearbeitet wird, die im Leistungsbetrieb radioaktiv belastetes Wasser führen. Auch ich bin eine »beruflich strahlenexponierte Person«, das heißt, ich habe eine behördliche Genehmigung zum Arbeiten in solchen Bereichen, besitze einen Strahlenpass und habe einen für mich verantwortlichen Strahlenschutzbeauftragten, der meine Strahlenschutzkartei führt. Vor und nach einem Forschungseinsatz in einem Kernkraftwerk werde ich in einer Ganzkörpermessung auf »Inkorporation« getestet, es wird also gemessen, ob ich strahlende Partikel eingeatmet oder über den Mund aufgenommen habe. Damit eben diese Gefahr minimiert wird, ist in Kontrollbereichen – das sind alle Bereiche in kerntechnischen Anlagen oder Krankenhäusern, wo man in Kontakt mit radioaktiven Stoffen kommen könnte – das Essen, Trinken, Rauchen und Kaugummikauen streng verboten.

Gehe ich in den Kontrollbereich, muss ich mich komplett umkleiden und zwei Dosimeter tragen, ein betriebliches elektronisches Dosimeter, das mich über meine akute Dosis informiert, und ein Filmdosimeter der Behörde, das monatlich akkumulierend meine Dosis registriert. Meine zulässige Jahresdosis als »Profi« beträgt 20 Millisievert – die Zivilbevölkerung darf nur maximal ein Millisievert pro Jahr zusätzlich aus externen Quellen aufnehmen. Wenn ich in den Kontrollbereich einchecke, zeigt mir der Dosimeterleser meine zulässige Tagesdosis an: 50 Mikrosievert im Leistungsbetrieb, 400 Mikrosievert bei der Revision. Selbst bei meinen »strahlendsten« Einsätzen bin ich aber weit unter diesem Wert geblieben. Das oberste Gebot im Strahlenschutz ist es, diese Grenzwerte möglichst weit zu unterschreiten.

Als ich mit meinen Beobachtungen in Kernkraftwerken begann, bekam ich dieselben Instruktionen wie Atomarbeiterinnen-Azubis: Ich lernte, wie ich mich in Zonen mit hoher Ortsdosisleistung oder Kontamination verhalten und bewegen muss. Später lernte ich dann als Praktikantin auch die Arbeit der Strahlenschutztechniker näher kennen. Bevor man die Arbeit in einem Raum des Kernkraftwerks aufnehmen darf, sind erst mal diese Spezialisten dran. Sie nehmen den Strahlenschutzschein an sich, der an meinem Arbeitsauftrag hängt, und studieren meinen Einsatzort. Sie gehen hin und ermitteln die Ortsdosisleistung und notieren sie bei Bedarf auf einem Schild an der Raumtür, das regelmäßig aktualisiert wird. Dann messen sie die Kontamination in meinem Arbeitsbereich. Für die Luftmessungen gibt es spezielle Geräte, die Luft ansaugen und die Belastung mit Aerosolen und radioaktiven Edelgasen messen. Die Kontamination von Flächen wird gemessen, indem man an festgelegten Messpunkten oder an dem zu kontrollierenden Gegenstand Wischtests macht. Dazu dienen kleine runde Gewebe-Pads, mit denen man ein vorgeschriebenes Areal abwischt, sie dann versiegelt und in ein Spektroskopie-Gerät einlegt, das anzeigt, wie hoch die Kontamination ist und welche Strahlensorten in der Probe nachweisbar sind. Wenn diese Messungen vorliegen, wird festgelegt, wie die Ausrüstung der Atomarbeiterin und die Vorbereitung ihres Einsatzbereichs auszusehen hat: ob Anlagenteile mit Bleimatten abgeschirmt werden sollen, ob offene Systeme mit einem Kunststoffzelt und einer zusätzlichen Luftabsaugung ausgestattet werden müssen, ob ich noch einen Schutzanzug über meinen orangen Arbeitsoverall ziehen muss, welche Art von Überschuhen ich brauche, und welche Art von Atemschutz ich tragen muss – gar keinen, nur eine Staubmaske oder eine richtige Vollmaske mit Reaktorfilter, die man landläufig Gasmaske nennt.

Die Strahlenschützer bringen den Atomarbeiterinnen und -arbeitern auch bei, sich nach dem Ausstieg aus einer Kontaminationszone ihre Schutzanzug- und Handschuh-Schichten so auszuziehen, dass sie ihre Haut und ihre saubere Arbeitskleidung nicht kontaminieren, und assistieren ihnen dabei. Doch in den wenigsten Fällen braucht man all das während des Leistungsbetriebs – da kommen die Schichtgänger meist mit 0,0 Mikrosievert auf dem »Tacho«, wie sie sagen, aus dem Kontrollbereich wieder heraus.

Die Strahlenschützer sorgen natürlich auch dafür, dass niemand unvorbereitet in eine Kontaminationszone hineinläuft. Diese Zonen werden durch Schranken abgesperrt, und an jeder Barriere steht ein Regal mit dem Material für die persönliche Schutzausrüstung. Ein Schild informiert darüber, was anzulegen ist. Bei Einsätzen in Sperrbereichen darf niemand auf eigene Faust durchmarschieren, auch wenn die betreffende Tür offensteht. Man meldet sich bei den Strahlenschützern vom Dienst und wird eingewiesen. Als Praktikantin durfte ich diese Jobs auch machen: Für andere mit einem Teleskop-Messgerät den Einsatzort vermessen, Wischtests nehmen, beim An- und Ausziehen assistieren und Leute aus Räumen holen, in die sie laut Arbeitsschein nicht hineingehören.

Einige Regeln im Strahlenschutz sind bei diesen Schilderungen schon angeklungen. Neben dem Vermeiden von Kontamination durch Schutzausrüstung und Hygiene sind die drei A-Regeln für die Dosis-Minimierung zentral: Abstand halten, Aufenthaltszeit verkürzen, Abschirmen. Die zum Frotzeln aufgelegten Atomarbeiter haben natürlich noch eine vierte A-Regel aufgestellt: »Andere hinschicken.« Aber bleiben wir beim Ernst des Lebens, und der besteht im Kernkraftwerk meistens aus Mathematik. Beim Abstandhalten gibt es eine einfach zu merkende Faustregel, das umgekehrt proportionale Abstandsquadrat. Wenn man in einem Meter Entfernung von einer »brummenden« Armatur 10 Mikrosievert pro Stunde misst, sind es in doppelter Entfernung, 2 Meter, bereits viermal weniger, also 2,5 Mikrosievert; in dreifacher Entfernung, 3 Meter, schon neunmal weniger, also nur noch rund 1 Mikrosievert.

Die Räume, in denen Strahlung zu gewärtigen ist, sind im KKW in verschiedene Kategorien aufgeteilt. Sind mehr als drei Millisievert pro Stunde zu erwarten, werden die Räume zum Sperrbereich erklärt – zum Vergleich: 20 Millisievert beträgt die zulässige Jahresdosis für Atomarbeiter. Wenn im Sperrbereich ein Ersatzteil ausgetauscht, eine Armatur betätigt oder ein Kontrollgang gemacht werden muss, dann gilt die Regel: Aufenthaltszeit begrenzen. Ruhiges, besonnenes, aber zügiges Arbeiten, sparsame Bewegungen und Konzentration ermöglichen ebenfalls eine Begrenzung der Aufenthaltszeit. Um das zu lernen, ist Zeit und Routine vonnöten, vor allem, wenn es in den betreffenden Räumen gleichzeitig heiß, laut und halbdunkel ist oder man sich zwischen Leitungen durchquetschen oder Steigleitern klettern muss, was zusätzlichen Stress bedeutet. Und man braucht Kollegen, die einen einweisen, absichern und Ruhe vermitteln. Nach einiger Zeit hatte ich es raus und fürchtete mich nicht mehr, mich in radioaktiven Umgebungen zu bewegen.

Stark strahlende Leitungen oder Behälter werden mit Bleimatten oder Setzsteinen abgeschirmt. So kann man in den entsprechenden Räumen aus- und eingehen, ohne eine nennenswerte Dosis abzubekommen. Das ist vor allem wichtig, wenn sich bei Revisionen viele Angehörige von Fremdfirmen auf der Anlage aufhalten, die mit den Gegebenheiten nicht so genau vertraut sind. Pumpenmechaniker sind konzentriert auf ihre Hauptkühlmittelpumpen und wissen vielleicht nicht, dass das unscheinbare Rohr an der Wand nahe ihres Einsatzortes eine Druckhalter-Sprühleitung ist, die sie anstrahlt. Daher werden diese Leitungen, an denen viele Leute vorbeimüssen, gleich bei Beginn einer Revision eingerüstet, mit Bleimatten verhängt und mit Warnschildern versehen. Bei Arbeitsbesprechungen und Verschnaufpausen wählt man zudem immer einen Aufenthaltsort, der durch eine Betonwand abgeschirmt ist.

In unseren KKW sind die Anlagenräume sehr geschickt designt – dort sind Zugänge abgeschrägt, und wie in einem Labyrinth führen Wege immer um abschirmende Wände herum. In älteren Anlagen, die ich in Osteuropa besucht habe, sind die Räume häufig nur ganz simpel rechteckig konzipiert – da muss die Tür die Abschirmung erledigen. Deshalb gibt es dort tonnenschwere Panzertüren, die mit einem umständlichen Spangen-Schließmechanismus gesichert sind und jeden banalen Rundgang im Reaktorgebäude zur Kraftanstrengung machen, während die glücklichen deutschen Atomarbeiter nur einfache Brandschutztüren bewegen müssen, wie es sie in jedem Heizungskeller gibt. Ausnahmen sind die Räume für Aktivitätsmessstellen, die besonders gut abgeschirmt werden müssen, damit die empfindlichen Geräte in ihrem Inneren nicht vom Strahlungspegel der Umgebung abgelenkt werden.

In jedem Fall kann man festhalten: Der Strahlenschutz ist der Faktor Nummer eins, der die Arbeitsbedingungen in Kernkraftwerken bestimmt. Er sichert die Menschen ab, macht aber ihre Arbeit komplizierter und auch teuer, und er trägt natürlich auch zum Eindruck der Außergewöhnlichkeit der nuklearen Arbeit bei. In noch viel höherem Maße gilt dies für den Umgang mit dem, was am Ende der Arbeit – und am Ende der Laufzeit eines Kernkraftwerks – übrig bleibt: dem verbrauchten oder »abgebrannten« Kernbrennstoff, dem Atommüll.

Atommüll – was die Leute sagen

Die Kernenergie ist die Technologie der unvorstellbaren Zahlen. Die Kernspaltung, die in Nanosekunden-Zeiträumen abläuft, die ungeheuren freigesetzten Energiemengen der Atombombe; der Kern eines Leistungsreaktors, der in ein Wohnzimmer passen würde und doch genug Energie freisetzt, um Strom für viele Großstädte zu produzieren – das sind alles Superlative. Die Nachzerfallswärme eines solchen Reaktorkerns würde, wenn er nicht ausreichend gekühlt wird, binnen Stunden die Brennelemente schmelzen lassen. Stehen alle Brennelemente im Abklingbecken, bleiben auch einen Monat nach Abschaltung des Reaktors beim Totalausfall der Kühlung nur rund elf Stunden, um sie wieder in Gang zu bringen – sonst finge das Wasser im Becken allmählich an zu kochen. Zwischen uns und diesem Ereignis stehen glücklicherweise eine ganze Reihe von Pumpen, welche die Beckenkühlung in Gang halten, aber das Szenario, zumal man es in Fukushima live am Fernseher beobachten konnte, macht Menschen Angst. Hinzu kommen die ungeheuer langen Halbwertszeiten mancher radioaktiver Substanzen, die zugleich faszinieren und beängstigen.

Und doch habe ich in vielen Gesprächen eine erstaunliche Erfahrung gemacht: Die meisten Menschen lassen sich überzeugen, dass die illegale Weiterverbreitung von Atomwaffen in unserer wohlgeordneten Demokratie keine Rolle spielt und dass auch schwerste Unfallverläufe in unseren Kernkraftwerken beherrschbar wären. Wenn man dann noch den Nutzen der Kerntechnik erläutert, stehen viele der Kernenergie weniger ablehnend gegenüber. »Aber« – und nun kommt der Moment in der Diskussion, in der die Leute ihren größten Einwand vorbringen: »Aber der Atommüll!« Nein, eine Technik, deren Entsorgungsproblem nicht gelöst sei, die wolle man nicht. Wenn man sich vorstelle, dass Tausende Generationen von unseren strahlenden Hinterlassenschaften betroffen seien, und ein Endlager Hunderttausende von Jahren bewacht werden müsse – wer solle dann das Wissen darüber an die künftigen Menschen weitergeben? Was, wenn unsere Nachfahren, unwissend über die Gefahren, den Atommüll per Zufall entdeckten? Immer noch gebe es kein einziges Endlager auf der Welt, das Problem sei unlösbar.

Was auffällt, ist, dass auch Menschen, die über alle Ressourcen verfügen, um sich eine differenzierte Meinung zu bilden, an diesen Bildern mitmalen. Kaum zur Kanzlerfraktion geworden, schickte die SPD am 16. Dezember 2021 ihre Abgeordnete Sanae Abdi zur Atomdebatte vor. Abdi hätte den Wissens- und Rechercheapparat des Deutschen Bundestages nutzen können, um sich in Kenntnis zu setzen, dass bereits seit Herbst 2020 mit der Fachkonferenz Teilgebiete und dem Zwischenbericht der Bundesgesellschaft für Endlagerung ein Neustart der Endlagersuche läuft, die als lernendes, selbstreflexives, wissenschaftsbasiertes Verfahren mit maximaler öffentlicher Partizipation gestaltet wird.

Doch was hatte Abdi über die Atommüllfrage zu sagen? »In welchem Vorgarten hätten Sie's denn gern?«, pampte sie die Opposition an. Die Schenkelklopfer des SPD-Twitter-Teams waren ihr sicher. Doch welche Botschaft hat sie ins Land gesandt? Die politischen Eliten bestimmen das Niveau in dieser Diskussion – und sie tragen die Verantwortung für die Art und Weise, wie die Gesellschaft die Endlagersuche organisiert und diskutiert. Bislang haben sie vor dieser Herausforderung kläglich versagt und dafür gesorgt, dass Misstrauen und Angst die Vorstellungen der Bürger dominieren. Es wird also Zeit, daran etwas zu ändern. In den nächsten Abschnitten werde ich daher versuchen, die wichtigsten Aussagen über den Atommüll zu systematisieren und auf die Fragen eine Antwort zu finden.

Atommüll – wo wir derzeit stehen

Die Betreiber kerntechnischer Anlagen sind atomgesetzlich verpflichtet, die Kosten für Rückbau der Anlagen und Zwischen- beziehungsweise Endlagerung der Kernbrennstoffe mit vorgeschriebenen Rückstellungen[10] zu decken. Mit dem Endlagerkompromiss zwischen AKW-Betreibern und Bundesregierung übernimmt der Staat die Aufgabe der Zwischen- und Endlagerung, während der Rückbau in der Verantwortung der Betreiberfirmen liegt. Die Stromkonzerne zahlten einmalig 24 Milliarden Euro in einen Staatsfonds ein, von dem Standortsuche und Bau eines Endlagers bezahlt werden sollen. Gesetzlich geregelt ist der gesamte Prozess durch das Standortauswahlgesetz (StandAG), das das Verfahren vorschreibt und die beteiligten Akteure benennt. Ziel ist ein wissenschaftsbasiertes, transparentes und »lernendes« Verfahren zur Findung eines tiefengeologischen Langzeitlagers, landläufig »Endlager« genannt. Alternative Verfahren – so die Wiederaufarbeitung von Atomabfällen wie in Frankreich oder das technisch mögliche, aber sehr teure Verfahren der Transmutation von Abfall-Nukliden in speziellen Reaktoren, das die Lagerzeit von Atommüll erheblich verkürzen würde, sind nicht vorgesehen. Auch der Export von Atommüll zur Endlagerung ins Ausland ist untersagt.[11]

Das Gesetz findet also klare Worte, doch derzeit gibt es in der deutschen Diskussion über die nukleare Entsorgung eine erhebliche Diskrepanz zwischen dem, was die Menschen darüber zu wissen glauben, und den gesicherten Fakten der Expertinnen und Experten, die aber nur unzureichend vermittelt werden. Das kam zwischen Oktober 2020 und September 2021 auch bei der »Fachkonferenz Teilgebiete« zum Tragen, dem Format der Öffentlichkeitsbeteiligung für die Endlagersuche. Ich habe an diesem Prozess zwischen Februar und September 2021 als Mitglied einer ehrenamtlichen Arbeitsgruppe teilgenommen, die die Beratungstermine vorzubereiten hatte. Immer wieder kam in Gesprächsrunden und Workshops die Frage auf, ob man nicht eine Art »Endlagerdidaktik« bräuchte, also Orte und Verfahren, wo Menschen mit einem niedrigschwelligen Einstieg qualitätsgesicherte Informationen, aber auch Fähigkeiten zu deren Einordnung vermittelt bekämen. Im Grunde bräuchte man also ein Forschungsdaten- oder Wissensmanagement für Quereinsteiger.[12]

Seit gut vierzig Jahren wird in Deutschland ein Endlager für hochradioaktive Atomabfälle gesucht – aber derzeit stehen wir wieder am Anfang, denn der lange favorisierte Salzstock Gorleben, wo es bereits ein Erkundungsbergwerk gab, musste wegen mangelnder politischer Akzeptanz, wegen eines defekten Entscheidungsprozesses und wissenschaftlicher Zweifel aufgegeben werden. Immerhin haben die Bürger nun ein Problem der Gorleben-Zeit nicht mehr: Informationen und Dokumente zur Endlagersuche gibt es im Überfluss. Diese sind zwar häufig von hoher Qualität und Fachkunde, aber sie haben keinen Ort, an dem sie systematisiert, aufbewahrt und einer breiten Schicht von Nutzern zur Verfügung gestellt werden.

Das liegt vor allem daran, dass so viele Akteure im Spiel sind. Um nur die wichtigsten zu nennen: Da sind die »Fachkonferenz Teilgebiete« und ihre AG Vorbereitung, die nun als »Fachforum« weiterbesteht und sich als ständiges Gremium eine »Beratungs- und Planungsgruppe« gewählt hat.[13] Das Bundesamt für die Sicherheit der nuklearen Entsorgung (BASE) ist Trägerin der Öffentlichkeitsbeteiligung und gleichzeitig Aufsichtsbehörde und Auftraggeberin der Forschungs- und Erkundungsarbeiten bei der Endlagersuche.[14] Dieses Zusammenfallen eigentlich getrennter Funktionen in ein und derselben Behörde führt zu Rollenkonflikten und Vertrauensproblemen. Die Fachaufsicht für das BASE liegt beim Bundesumweltministerium. Als Auftragnehmerin aller Forschungen und Bautätigkeiten rund um die Endlagerung fungiert die Bundesgesellschaft für Endlagerung (BGE), die auch für die Endlagerbergwerke Schacht Konrad und Asse zuständig ist, in denen leicht- und mittelaktiver Abfall lagert beziehungsweise lagern soll. In der Asse muss die BGE nun die Rückholung des Atommülls aus dem von Wassereinbrüchen beschädigten Bergwerk organisieren.[15]

Die BGE hat im Herbst 2020 einen »Zwischenbericht« vorgelegt, in dem sie die prinzipiell für die Endlagerung geeigneten »Teilgebiete« auflistet. Damit sind Gebiete gemeint, in deren Untergrund sich Gesteinsformationen befinden, die nach einer vorläufigen Betrachtung behördlicher, privater und wissenschaftlicher Daten die Mindestanforderungen für eine Eignung als Endlager-Wirtsgestein erfüllen. Zu diesen Daten gehören beispielsweise die bei den geologischen Landesämtern vorhandenen Spezialkarten und Erhebungsdaten, Daten von Unternehmen der Montanindustrie, Bohrprotokolle aus der Erdöl- und Erdgasprospektion oder Forschungsdaten der Geowissenschaften an unseren Universitäten und Forschungseinrichtungen.[16]

Im Zwischenbericht waren aufgrund der nicht immer sehr feinkörnigen Datenlage – häufig muss man sich auf generalisierte Daten aus der Fachliteratur verlassen, hat aber keine konkreten lokalen Erhebungen – noch gut fünfzig Prozent der Bundesfläche enthalten, was für erheblichen Unmut sorgte. Auch der frühe Rausschmiss Gorlebens aus der Menge der Teilgebiete nährte Misstrauen, hier sei politisch und nicht wissenschaftlich entschieden worden. Doch vermuten viele Fachleute, dass Gorleben spätestens in der nächsten Runde als potenzieller Standort ausgeschieden wäre, da es bestimmte Sicherheitskriterien nicht erfüllen konnte.[17]

Die zur Vorbereitung des Standortauswahlgesetzes einst einberufene Endlagerkommission hatte ursprünglich erwartet, dass der Zwischenbericht schon eine konkretere, enger gefasste Auswahl nur weniger Teilgebiete enthalten würde. Diesen Bericht zu bewerten, zu diskutieren und offene Fragen und Probleme zu identifizieren war die Hauptaufgabe der »Fachkonferenz Teilgebiete« – doch der schiere Umfang der Gebiete stellte auch eines der Haupthindernisse für eine angemessene Bewertung des Berichts dar. In den nun folgenden Schritten sollen allmählich die am besten geeigneten Gebiete herausgefiltert werden. Das geschieht mithilfe von Ausschlusskriterien, Mindestanforderungen nach geologischen und planungswissenschaftlichen Voraussetzungen, mit Sicherheitsuntersuchungen und schließlich auch mit ober- und untertägigen Erkundungen. In dieser Phase übernehmen dann sogenannte Regionalkonferenzen die Rolle der ehemaligen Fachkonferenz und des Fachforums – so sollen dann die unmittelbar von der Standortsuche Betroffenen vor Ort eingebunden werden.

Derzeit steht man noch ganz am Anfang dieses Prozesses und validiert die wissenschaftlichen Methoden anhand dreier repräsentativer Teilgebiete, die die endlagerfähigen Wirtsgesteine aufweisen: Salzgestein in steiler und flacher Lagerung, Tongestein und »Kristallin«, womit die Fachleute verschiedene Sorten von Gestein zusammenfassen, die landläufig als Granit bezeichnet werden. Alle diese Formationen gelten als gut geeignet für die Aufnahme wärmeentwickelnder hochradioaktiver Abfälle, weil sie extrem langlebig und hitzebeständig sind und überdies gute Abdichtungseigenschaften gegen den Transport von Radionukliden in die Biosphäre haben. Im Fokus der Suche stehen Wirtsgesteine, die sich in einem Bereich zwischen 300 und 1500 Metern unter der Geländeoberkante befinden und eine Barrierewirkung für eine Million Jahre garantieren müssen. Deutschland verfügt über alle drei dieser potenziellen Wirtsgesteine, während andere Länder aufgrund ihrer geologischen Verhältnisse nur eines anvisieren können. Finnland und Schweden bauen ihre Endlager in Granit. Finnland ist dabei am weitesten: Das finnische Endlager Onkalo ist im Bau und soll in wenigen Jahren mit dem Probebetrieb beginnen. Für Onkalo gibt es auch bereits belastbare Kostenangaben. Es soll laut Angaben der Betreiberfirma Posiva 2,6 bis drei Milliarden Euro kosten.[18] Die Schweden haben gerade ihren Endlagerstandort endgültig ausgewählt, in der Schweiz wiederum sind nach einer rund drei Jahrzehnte andauernden Such- und Erkundungsphase drei Standorte in der engeren Wahl, alle in Tongestein. Auf einem der Beratungstermine der deutschen Fachkonferenz Teilgebiete trat ein Schweizer Wissenschaftler auf, der von den Anstrengungen seines Landes bei der Endlagersuche berichtete. Er sagte sinngemäß: »Die Deutschen wissen gar nicht, in welchem Luxus sie leben. Bei ihnen gibt es alle drei der endlagergeeigneten Gesteine. Sie haben die Qual der Wahl.«

Eine weitere Bundesgesellschaft, die BGZ (Bundesgesellschaft für Zwischenlagerung), betreibt die Zwischenlager für abgebrannte Brennelemente, die der Staat im Zuge der Neuregelung der Entsorgung von den Stromkonzernen übernommen hat. Der gesamte Endlager-Suchprozess wird von einem »Nationalen Begleitgremium« flankiert, das aus berufenen Mitgliedern besteht. Zu ihm gehören Politiker, Kirchenvertreter, einfache Bürgerinnen und Bürger sowie Jugendvertreter, die über ein Losverfahren in das Gremium gelangten, sowie Wissenschaftlerinnen und Wissenschaftler.[19]

Jede dieser Institutionen betreibt Webseiten und Archive und hält eine Vielzahl von Dokumenten über die Endlagersuche vor. Aus diesem Grunde steht einem wachsenden Informationsbedarf der Bevölkerung ein zerklüftetes und unübersichtliches Massiv an Informationen gegenüber. Überdies kommunizieren Umweltverbände und Anti-Atom-NGOs, die wiederum prominent im »Fachforum« vertreten sind, ihre eigenen Informationen und Sichtweisen. Der Nuklearwissenschaftler Rainer Moormann, der auch in der Anti-AKW-Bewegung als respektierter Fachmann gilt, aber seit einiger Zeit aus Gründen des Klimaschutzes auch ihre Fundamentalopposition gegen jedwede Form von Kernenergie kritisiert, gab 2021 folgendes Bild der Lage:

»Nach meiner Auffassung ist das Müllproblem, jedenfalls in Relation zu ähnlich gelagerten Problemen, sehr aufgebauscht. Ein besonderes Material ist es eigentlich nur für einige hundert Jahre, so lange, wie es durchdringend strahlt. Danach eher wie ein normales toxisches Material, das aber schon nach einigen zehntausend Jahren auf die Giftigkeit von Aspirin abgesunken ist. Das klingt jetzt optimistisch, ist aber durch naturwissenschaftliche Fakten belegbar. Ich sehe allerdings erhebliche Defizite bei der Vermittlung des Müllrisikos. Das liegt unter anderem daran, dass das Müll-Argument über Jahrzehnte zu einem Angst-Argument gegen die Kerntechnik aufgebaut wurde, und das setzt sich heute noch fort. Ich sehe allerdings auch ein krasses Versagen auf der Pro-Atom-Seite, die es nie geschafft hat, die offensichtlich notwendige allgemeinverständliche Darlegung des Müllrisikos zuwege zu bringen.«[20]

Das ist eine treffende Beschreibung der Ausgangslage der seit 2020 wieder angelaufenen Endlagersuche. Die Industrie und die Behörden hatten in der Frühzeit der Atomindustrie eine Entsorgungsmentalität, die man mit »Aus den Augen, aus dem Sinn« recht gut umschreiben kann. Bis in die frühen 1980er war es sogar noch erlaubt, schwach- und mittelaktiven Atommüll im Meer zu verklappen. An Land wurde das Versuchsendlager Asse unter einfachem Bergrecht betrieben, was die Öffentlichkeitsbeteiligung einschränkte. De facto wurde die Asse unter einem Forschungsdeckmantel mit über 40.000 Tonnen schwach und mittelaktiven Abfällen gefüllt, obwohl bekannt war, dass es Wassereinbrüche gab.

Das Verhalten des Staates in der Asse-Frage war Wasser auf die Mühlen der Atomgegner. Diese wiederum machten aus dem Atommüll einen monströsen Angstgegenstand, was keinerlei wissenschaftlicher Überprüfung der tatsächlichen Asse-Risiken standhielt. Auch Journalisten neigten dazu, die Tod-und-Verderben-Erzählungen der Anti-AKW-Bewegung kritiklos zu übernehmen. Heute, wo man wirklich wissenschaftsbasiert und mit maximaler Öffentlichkeitsbeteiligung – und mit beidseitig gutem Willen – ein Endlager sucht, sieht das ganz anders aus. Auch personell haben wir längst nicht mehr mit den alten Seilschaften zu tun, die vor Jahrzehnten die Szene bestimmten. Der Präsident der Nuklear-Entsorgungs-Aufsichtsbehörde BASE ist ein Grüner, der gar nicht mehr aus dem Kontext der deutschen Nukleokraten stammt, sondern gelernter Stadtplaner ist und große Erfahrungen im Bereich Kommunikation in den Prozess einbrachte. Die Öffentlichkeitsarbeit der Bundesgesellschaft für Endlagerung, der staatseigenen Auftragnehmerin für Endlagersuche und -bau, leitet eine Journalistin und ehemalige Grünen-Politikerin. Die Atommüll-Mafia ist tot, und das ist gut so. Doch die Ängste sind noch nicht passé. Sie sind immer noch im Spiel und können immer wieder mobilisiert werden. Und leider spielen die genannten Akteure in den Bundesbehörden, die doch in besonderer Verantwortung wären, dabei eine ambivalente und kontraproduktive Rolle, auf die noch zurückzukommen sein wird.

Um Ängste zu bewältigen und Sackgassen in der Endlagersuche zu vermeiden, müssen wir genau das tun, was Rainer Moormann angedeutet hat: sachgerecht über den Atommüll sprechen, seine Risiken und Gefahren benennen, kommunizieren, warum eine sichere Endlagerung möglich ist – und dass eine Abkehr vom Atomausstieg auch kein Ende für einen guten Endlagersuchprozess bedeuten muss. Kurzum: Wir könnten weiter sein, wir haben in der Vergangenheit viel Zeit verloren, es geht voran mit der Lösung des Problems, aber es ist kein Selbstläufer. Wie es ein Endlager-Experte der TU Clausthal-Zellerfeld in einer der Anhörungen auf der Fachkonferenz Teilgebiete sagte: »Der Suchprozess ist dann gelungen, wenn am Ende die Gemeinde, auf deren Gemarkung wissenschaftsbasiert der bestmögliche Standort gefunden wird, nicht als Depp der Nation dasteht, sondern als Held der Nation.«

Atommüll-Fakten in Deutschland

Von wie viel Atommüll reden wir überhaupt? In Deutschland haben sich in 70 Jahren Kernenergienutzung etwa 13.000 Tonnen hochaktives Schwermetall angesammelt. Es handelt sich im Wesentlichen um abgebrannte Brennelemente, die so, wie sie sind, aus dem Reaktor entladen werden, dann rund fünf Jahre im Abklingbecken verbleiben und danach für die Zwischenlagerung in Castor-Transportbehälter umgepackt werden. Insgesamt 34.630 Brennelemente aus Leistungs- und Forschungsreaktoren müssen endgelagert werden. 19 Brennelemente passen in einen Behälter, 193 Brennelemente stehen im Reaktorkern eines deutschen Druckwasserreaktors vom Typ Konvoi, wie er in Isar-2 betrieben wird. Bei der Revision wurde früher jährlich ein Drittel des Reaktorkerns durch frische Brennelemente ersetzt. Heutzutage sind die Brennelemente höher angereichert, haben längere Standzeiten im Reaktor und werden daher seltener getauscht, sodass manchmal auch nur ein Viertel oder ein Fünftel des Kernbrennstoffs ersetzt wird. Das bedeutet im Umkehrschluss, dass bei jedem Wechsel der Brennelemente zwei bis vier neue Castor-Ladungen ins Abklingbecken gestellt werden.

Nach Stilllegung eines Kernkraftwerks wird das Becken-Inventar nach und nach in die Castoren umgeladen und ins standorteigene Zwischenlager verbracht. Am Ende werden zum Beispiel im Zwischenlager des Kernkraftwerks Grohnde, dessen letztes Brennelement am 6. Februar 2022 aus dem Reaktor entladen wurde, 70 Castoren stehen. Darin befinden sich allerdings nicht alle je von Grohnde verbrauchten Brennelemente. Bis ins Jahr 2005 schickten nämlich die deutschen AKW-Betreiber den abgebrannten Kernbrennstoff in die französische Wiederaufbereitungsanlage La Hague und ins britische Sellafield. Dort wurde den Brennstäben mit einem chemischen Trennverfahren Uran und Plutonium entzogen und diese Stoffe zu neuen Brennstoff-

Pellets verarbeitet. Die hochaktiven Reststoffe, die nun weniger langlebige Nuklide enthalten, wurden in Glasformen gegossen und in Behälter gepackt, der Brennelementschrott (Hüllrohrstücke, Strukturteile) wurde gepresst und ebenfalls verglast, dasselbe geschah mit den Spülwässern aus dem Abtrennungsprozess. Auch diesen Atommüll muss Deutschland zurücknehmen und entsorgen. Insgesamt werden es am Ende ungefähr 1900 Behälter mit Brennelementen und Glaskokillen sein, die ins Endlager gebracht werden.[21]

Der in den Brennelementen deutscher KKW enthaltene Atommüll ist relativ kompakt. Die insgesamt 27.000 Kubikmeter würden in einen Würfel mit 30 Meter Kantenlänge passen. Zum Vergleich: ein durchschnittliches deutsches Einfamilienhaus belegt ungefähr eine Fläche von zehn mal fünfzehn Metern und ist zehn Meter hoch. Nachdem die Brennelemente am Endlagerstandort angelangt sind, werden sie in einer Konditionierungsanlage in ihre groben Bestandteile zerlegt – Brennstäbe, Abstandshalter, Kopf- und Fußstücke – und so in Endlagerbehälter verpackt. Alle diese Abfälle zusammen kommen dann in ein eigenes Endlagerbergwerk. Man lagert diesen Müll also nicht, wie früher üblich, in ehemaligen Gewinnungsbergwerken, die aber nie für das Einlagern von toxischen Stoffen über Hunderttausende von Jahren konzipiert wurden.[22]

Das Eine-Million-Jahre-Endlager: Brauchen wir es wirklich?

Das Inventar der Castor-Behälter hat einige Eigenschaften, die den Atommüll zu einer Herausforderung für die Handhabung, Verarbeitung und Langzeitlagerung machen: Das ist zum einen seine durchdringende Strahlung, vor allem Gamma-Strahlung. Zum Zweiten ist es seine damit in engem Zusammenhang stehende Wärmeentwicklung. Zum Dritten ist es seine Radiotoxizität, das heißt die durch Strahlung erzeugte schädliche Wirkung auf biologische Strukturen und Prozesse, und zum Vierten die unterschiedliche Langlebigkeit der im Atommüll enthaltenen radioaktiven Stoffe, die wiederum ihre Strahlungsintensität bestimmt, aber auch die zeitliche Ausdehnung der sicheren Aufbewahrung von Atommüll. Aus diesen aus Sicht der Wissenschaft unumstrittenen Tatsachen ist in Deutschland jedoch im Zuge der Atomkontroverse die Vorstellung entstanden, es handle sich beim Atommüll um eine Substanz, deren Gefährlichkeit alles übertreffe, was auf Erden je existiert habe. Aus diesem Grunde gilt auch die sichere Langzeitlagerung, landläufig »Endlagerung« von Atommüll als ein nahezu unlösbares Problem. Es ist also wichtig, zu ermitteln, welche gesicherten Erkenntnisse wir über den Charakter des Atommülls und über die Erfordernisse eines Endlagers haben.

Zunächst müssen wir klären, womit wir es zu tun haben. Frischer abgebrannter Kernbrennstoff besteht zum ganz überwiegenden Teil aus dem wenig strahlenden, langlebigen Uran 238 (94,5 Prozent), dazu kommen weitere Uran-Isotope wie Uran 235 und Uran 236, die 1,3 Prozent ausmachen. Die restlichen rund 4,2 Prozent verteilen sich auf sogenannte Transurane – das sind schwere Elemente, die aus Uran durch Neutroneneinfang neu entstanden sind. Das Wichtigste sind das Plutonium (0,9 Prozent) und die sogenannten minoren Aktinoide wie Neptunium, Americium und Curium (0,06 Prozent). Trotz ihres geringen Anteils machen gerade diese letztgenannten Radionuklide besondere Probleme, da sie besonders gefährliche Alpha-Strahler sind. Die restlichen 3,3 Prozent entfallen auf Spaltprodukte.

Vor allem die kurz- und mittellebigen Spaltprodukte wie Cäsium und Strontium sorgen für die Wärmeentwicklung und durchdringende Gammastrahlung des Atommülls. Doch nach rund 500 Jahren ist dieser Effekt merklich abgeklungen. Würde man sich dem Atommüll nach Entnahme aus dem Reaktor ungeschützt nähern, setzte man sich in einem Meter Entfernung einer tödlichen Dosisrate von rund 100 Sievert pro Stunde aus. Nach 500 Jahren ist diese Strahlung auf einen Pegel von etwa 10 Millisievert pro Stunde abgefallen – solche Dosisraten kommen auch in kerntechnischen Anlagen vor und werden durch Abschirmung auf einen Bruchteil reduziert, sodass sich Menschen in der Nähe solcher Quellen gefahrlos aufhalten können. Dasselbe gilt auch für die Abschirmung des Atommülls durch den Einschluss in Behälter- und Gesteinsstrukturen des Endlagers – nur ist diese Abschirmung viel dicker als die Bleimatten im AKW. Daher ist ein ungeschützter direkter Kontakt von Menschen und Tieren zum einmal eingelagerten Atommüll extrem unwahrscheinlich.

Sicherheitsanalysen kommen daher zu dem Schluss, dass gerade jene Eigenschaft, die zum Image des Atommülls als »über Jahrmillionen gefährlich strahlend« beigetragen hat, nach 500 Jahren keinen signifikanten Gefährdungsfaktor mehr darstelle.[23] Wir können also feststellen: Aus der Perspektive einer Menschengeneration sind 500 Jahre immer noch eine sehr lange Zeit – es ist ungefähr der Zeitraum, der uns vom Reformationszeitalter trennt. Auch nach Ablauf dieser Zeit ist der Atommüll nicht ungefährlich. Doch seine Strahlenwirkung ist dann sehr gut handhabbar. Vor allem unterscheidet sich ein halbes Jahrtausend doch deutlich von dem wirklich unvorstellbaren, vom Gesetz vorgeschriebenen Endlagerzeitraum von einer Million Jahren.

Doch nicht nur Bestrahlung von außen und Wärmeentwicklung, sondern auch die Radiotoxizität des Atommülls ist von großer Bedeutung. Mit dem komplizierten Begriff bezeichnen Fachleute die besondere biologische Schadwirkung von Stoffen, die ionisierende Strahlung abgeben. Anders als »normale« Gifte wirken langlebige Radionuklide nicht akut, sondern über die gesamte Zeit ihres Verbleibens im Organismus, denn sie geben ständig Strahlung ab, bis sie zu stabilen Elementen zerfallen sind. Daneben haben viele Radionuklide aber auch chemotoxische Wirkungen, denn sie gehören, wie Uran oder Plutonium, zur Gruppe der Schwermetalle.

Besonders problematisch sind Stoffe, die flüchtig oder wasserlöslich sind und folglich »mobilisiert« werden könnten – etwa nach Verrotten der Lagerbehälter und bei Bildung von Durchlässigkeit für Gase und Wasser im Wirtsgestein des Endlagers. Auch bei einem Wassereinbruch, der in den Sicherheitsuntersuchungen für Endlager als Störfall betrachtet wird, könnten radioaktive Stoffe in die Nahrungskette gelangen, weil sie das Trinkwasser kontaminieren. Umgekehrt reduziert die geringe Mobilität vieler Bestandteile des Atommülls, zum Beispiel der Transurane, auch das Risiko ihres Eindringens in die Biosphäre.

Auch für diesen Fall hat die Endlagerforschung Sicherheitsbetrachtungen angestellt. Als geeignet werden nur Standorte angesehen, deren Geologie die geringste Wahrscheinlichkeit solcher Risiken aufweist. Gebiete mit Erdbebengefährdung und Vulkanismus, Störungszonen oder historischem Bergbau werden von vornherein aussortiert. Im natürlicherweise zerklüfteten Granit geht man bei der Endlagerung mit einer geotechnischen Barriere zu Werke: Die Hohlräume, in denen die kupfernen Endlagerbehälter eingelagert sind, werden mit Bentonit verfüllt, einer Mischung von Tonmineralien, die bei Kontakt mit Wasser aufquillt und dann extrem dichthält und keine Radionuklide durchlässt. Salzgesteine wiederum haben plastische Eigenschaften und umschließen die Lagerstätte mit der Zeit, sodass nach Verrottung der Behälter die Gesteine selbst die Barrierefunktion übernehmen. Tongesteine sind wasserundurchlässig, schließen Rissbildungen wieder und binden Radionuklide sehr gut, sodass ihr Transport an die Erdoberfläche verhindert wird. Nach Stand der Forschung minimieren diese Verfahren das Risiko einer zusätzlichen Strahlendosis für die Zivilbevölkerung, die der deutsche Gesetzgeber auf zehn Mikrosievert pro Jahr begrenzt hat.[24]

Vor allem gestatten sie auch ein Recht auf Vergessen: Gute tiefengeologische Langzeitlager sind so konzipiert, dass nach Abschluss der Einlagerungsphase und nach Verschluss des Endlagers keine Menschen, sondern geologische Formationen die Wächterfunktion übernehmen. Aktiv bewachen muss man das Endlager also nur in ungefähr der Zeitspanne eines Menschenlebens, in der es gebaut, beschickt und verschlossen wird. Schon anspruchsvoller ist die Frage der Wissensweitergabe über viele Hunderte von Generationen. Fachleute gehen davon aus, dass über normale Archivierungstechniken hinaus besondere Vorkehrungen, wie sie einst die »Atom-Semiotik« diskutierte, nicht vonnöten sind: Spätere Zivilisationen, die höher entwickelt seien als unsere, würden über Mittel verfügen, um sich bei einem zufälligen Auffinden des Endlagers zu schützen; sollte es aber zu einem Zivilisationsabbruch kommen, so würden die technischen Fähigkeiten der Überlebenden nicht ausreichen, um an die strahlenden Brennelemente heranzukommen. Leuchtende Katzen – eine Idee des Science-Fiction-Autors Stanislaw Lem von genetisch veränderten Tieren, deren Fell bei Kontakt mit radioaktiver Strahlung leuchten würde – und andere über Zigtausende Jahre beständige Warnzeichen werden wir also voraussichtlich nicht brauchen.[25]

Eine weitere Besonderheit des Atommülls ist die unterschiedliche Langlebigkeit seiner Bestandteile. Manche Radionuklide, zum Beispiel Cäsium-137 und Strontium-90, zerfallen relativ rasch zu stabilen, nicht radioaktiven Endprodukten, sind aber wegen ihrer kurzen Halbwertszeit, rund 30 Jahre, auch sehr dosisträchtig und tragen in der Anfangsphase der Einlagerung stark zur Strahlungsintensität des Atommülls bei. Andere, wie Plutonium-239 (Halbwertszeit 24.000 Jahre) oder Neptunium-237 (Halbwertszeit über zwei Millionen Jahre) sind sehr langlebig, stellen aber nur einen Bruchteil des Gesamtinventars dar und tragen zudem wenig zur Strahlungsintensität des Atommülls bei. Auch an diesem Beispiel ist zu erkennen, dass eine ganzheitliche Risikoabschätzung des

Atommülls an vielen Faktoren hängt, die gegeneinander abgewogen werden müssen.

Was wäre zu erwarten, wenn Menschen die giftigen Bestandteile des Atommülls mit dem Grundwasser aufnehmen würden? Sie würden über ihre Lebenszeit radiotoxische Stoffe aufnehmen und sich einer bestimmten Strahlendosis aussetzen. Hier kann man vor allem im Vergleich zu konventionellen Giftstoffen, für die wir in Deutschland bereits mehrere Endlager besitzen, abschätzen, welches Risiko für die Bevölkerung ein nukleares Endlager darstellt. Der oben zitierte Nuklearwissenschaftler Rainer Moormann hat folgende Rechnung aufgemacht: Er betrachtete eine Maßzahl für die Schädlichkeit von toxischen und radiotoxischen Stoffen, die sogenannte LD50, »letale Dosis 50«. Dieser Wert gibt an, wie viel Gramm eines Stoffes ausreichen, um für fünfzig Prozent der Patienten, welche den Stoff aufnehmen, tödlich zu sein.

Stellt man diesen Vergleich an, so ähnelt die Radiotoxizität von Atommüll beim Beginn der Einlagerung der Giftigkeit starker chemischer Gifte: Die für fünfzig Prozent der Patienten tödliche Lebenszeitdosis beträgt 40 Milligramm, ähnlich wie bei Nikotin und Strychnin, die allerdings akut tödlich wirken. Nun klingt aber die Radiotoxizität des Atommüll-Schwermetalls allmählich ab, während chemische Gifte nicht zerfallen. Das bedeutet, dass auf längere Zeiträume betrachtet die Toxizität des Atommülls jene des Chemiemülls unterschreitet. Nach mehreren Zehntausend Jahren müsste schon eine erheblich höhere Menge Schwermetall eingenommen werden, damit 50 Prozent der Menschen an den Folgen sterben. Diese Menge betrüge nach 50.000 Jahren Abklingzeit bereits 20 Gramm, was auf dem Level handelsüblicher Schmerzmittel ist.[26] Der Atommüll hat also nach einigen Zehntausend Jahren auch hinsichtlich seiner Giftwirkungen seine Außergewöhnlichkeit verloren.

Wir können zusammenfassend festhalten: Atommüll ist eine große Herausforderung und birgt ein hohes Gefahrenpotenzial, sollte er in die Biosphäre freigesetzt werden. Doch birgt er dieses Potenzial nur für ungefähr ein Zwanzigstel der Zeitspanne, die in Deutschland als Richtgröße einer sicheren Endlagerung in aller Munde ist und auch gesetzlich festgelegt wurde: eine Million Jahre. Folglich verlangen die Endlagergesetze in Finnland und Schweden auch »nur« einen Endlager-Sicherheitsnachweis für 100.000 Jahre. Der Konsens der Endlagerforschung ist sehr groß, dass für diesen Zeitraum ein sicherer Einschluss des Atommülls in den Wirtsgesteinen möglich ist.[27] Wissenschaftlich betrachtet ist die Anforderung von einer Million Jahren Lagersicherheit nicht begründbar, jedenfalls nicht, wenn man nicht für die Einlagerung von Chemiemüll dieselben Anforderungen stellt, was man in Deutschland nicht tut.

Es dürfte sich also bei dieser gesetzlichen Vorgabe um einen politisch begründeten Wert handeln: Er entstammt einer kulturell erlernten Risikokommunikation über den Atommüll. Sie enthält als zentrale Vorstellung die Auffassung, der Atommüll sei vollkommen anders als andere Giftstoffe und müsse daher auch besonders lange abgesichert werden. Als Leitgröße galt dann jener Zeitraum, in dem der Atommüll wieder dieselben Eigenschaften aufwiese wie das Uranerz, aus dem der Kernbrennstoff einst gewonnen wurde. Das ist tatsächlich erst nach Ablauf von einer Million Jahren der Fall.

Atomangst von oben: Die Rolle der Bundesbehörden

Was im dritten Kapitel über den »Energiewendestaat« in Regierung, Parlament und öffentlichem Raum gesagt wurde, setzt sich in gewisser Hinsicht auch in den Bundesbehörden fort, die ein wichtiger Träger der politischen Kommunikation über die Endlagerung sind. Gemeint ist die Etablierung der Anti-Atom-Kultur als Staatsraison, die sich in Personal- und Sachentscheidungen sowie öffentlichen Stellungnahmen manifestiert. Nur ist es weit problematischer, wenn Bundesbehörden sich eine solche Haltung zu eigen machen, als wenn das Parteien, Politiker, NGOs oder Medienvertreter tun. Während Stellungnahmen von Parteipolitikern und Journalisten für die Menschen als Meinungsbekundungen erkenntlich sind, äußern sich die Spitzen des Bundesumweltministeriums, des Bundesamts für Strahlenschutz oder des Bundesamts für die Sicherheit der nuklearen Entsorgung eben nicht als Privatleute, sondern in ihrer behördlichen Funktion. Genau dies könnte zu einem Hindernis bei der Suche nach einem Endlager werden.

Svenja Schulze, Bundesumweltministerin von 2018 bis 2021, etablierte in ihrem Ministerium einen fast schon aktivistischen Stil. In öffentlichen Auftritten stellte sie immer wieder die Sicherheit der deutschen Atomkraftwerke durch Statements über die »gefährliche Atomenergie« infrage und fiel so auch den Fachleuten ihrer nachgeordneten Behörden in den Rücken, die ja den deutschen Anlagen mit ihren Genehmigungen immer wieder bestätigten, höchsten Sicherheitsstandards zu genügen. Auch in den Informationen und fachlichen Stellungnahmen der Bundesbehörden spiegelt sich die Durchsetzung einer hegemonialen antinuklearen Kultur: ob es das Bundesumweltamt und das Umweltministerium sind, die irreführende Aussagen etwa über die Klimabilanz der Kernenergie machen, oder eine jährlich zelebrierte Gedenkkultur an die »Opfer von Fukushima«, die es in dieser Form nicht einmal in Japan gibt.[28]

2021 publizierte das Bundesumweltministerium ein Strategiepapier zur »Vollendung des Atomausstiegs«, in dem ein fast schon imperialer Anspruch auf die Durchsetzung anti-nuklearer Politik auch jenseits der deutschen Grenzen formuliert wird. Dazu gehört neben dem Widerstand gegen die Einbeziehung der Kernenergie in die EU-Finanztaxonomie auch eine europarechtlich fragwürdige Verbots-Agenda gegen die noch existierende Brennelementfertigung in Deutschland sowie das systematische Vorgehen gegen die Kernenergiewirtschaften andernorts, die Verhinderung des Atomeinstiegs und Förderung des Atomausstiegs anderer Länder. Der Wissenserhalt in der Kerntechnik soll demnach nicht nur der Abwicklung der deutschen Kernenergie dienen, sondern auch der kritischen Begleitung der weiterlebenden Kerntechnik in Europa und vor allem der Unterstützung von Akteuren, die der Atomkraft in ihren Ländern ein Ende machen wollen.[29]

Das Bundesamt für die Sicherheit der nuklearen Entsorgung (BASE) ist nicht nur aufsichtführendes Organ in zentralen Angelegenheiten der Nuklearsicherheit, des Strahlenschutzes und der Endlagerung, sondern in einer hybriden und konfliktbehafteten Doppelrolle auch Träger der Öffentlichkeitsbeteiligung bei der Endlagersuche. Die Leitung des BASE positioniert sich ähnlich wie Schulze.[30] Die Chefin des Bundesamtes für Strahlenschutz äußert sich ebenfalls apodiktisch über die Kernenergie als »nicht sicher«. Ähnliche Aussagen kommen von der Kommunikationschefin der Bundesgesellschaft für Endlagerung.[31]

Die Aussagen dieser Behördenspitzen oder leitenden Angestellten wichtiger staatlicher Akteure bei der Gewährleistung der nuklearen Sicherheit erscheinen wie nach einer zentralen Vorgabe abgestimmt: Es ist das Mantra von der teuren, gefährlichen und als Klimaschutztechnologie ungeeigneten Atomkraft. Und wie sich die Behördenleitungen positionieren, so tun es auch ihre Apparate. Das BASE verfertigt oder beauftragt Fachstellungnahmen zu Fragen der kerntechnischen Sicherheit mit dem Ziel der Wissensermittlung für die eigene Arbeit, aber auch für die Einflussnahme auf Diskussionen außerhalb Deutschlands im Sinne der Bundesregierung. So positionierte sich das BASE dezidiert gegen das Fachgutachten des Forschungsrats der Europäischen Kommission über die Eignung der Kernenergie für die nachhaltige Finanztaxonomie und kritisierte die Entscheidung der EU-Kommission über die Aufnahme der Kernenergie in diese Taxonomie. Ein wichtiges Argument dabei war neben dem Unfallrisiko auch die angeblich ungelöste Entsorgung. Als Autorinnen und Autoren der Fachstellungsnahmen treten Mitglieder der Behörde sowie beauftragte wissenschaftliche Institutionen aus dem atomkritischen Spektrum auf.[32]

Darüber hinaus gibt das BASE auch Stellungnahmen ohne Gutachten heraus, pikanterweise auch mal gegen die eigenen Kollegen: Als 2019 eine Studie des Bundesamts für Strahlenschutz feststellte, dass die Bevölkerung die Risiken der Kernenergienutzung überschätze, das Alltagsrisiko durch natürlich entstehendes radioaktives Radongas in Gebäuden aber unterschätze, griff das BASE mit einem Rüffel-Kommentar ein, der dem BfS sinngemäß beschied, diesen Gedanken erst gar nicht aufkommen lassen zu dürfen, denn die Kernenergie sei eine »Hochrisikotechnologie«. Damit machte sich das BASE die – wissenschaftlich nicht haltbare – Wortwahl des Anti-Atom-Diskurses zu eigen.[33]

Alle an der Endlagerung beteiligten Akteure propagieren zudem das Narrativ, die Hauptvoraussetzung einer erfolgreichen Suche nach einem Standort sei eine Zementierung des Atomausstiegs. Das ist insofern bemerkenswert, als es in keinem Land, das bei der Endlagerfindung weiter ist als wir, ein Hindernis war, dass es keinen Ausstiegsbeschluss gibt oder der Atomausstieg noch nicht vollendet ist, so in Finnland, Schweden und der Schweiz. Auch durch das Standortauswahlgesetz, das Atomgesetz oder andere Gesetze ist diese Auffassung vom Junktim zwischen Atomausstieg und Endlagerung nicht gedeckt. Trotzdem vertreten neben BASE und BGE auch Mitlieder des Nationalen Begleitgremiums (NBG) und der Beratungs- und Planungsgruppe für die Öffentlichkeitsbeteiligung diese Auffassung.[34]

Tatsächlich war die politische Voraussetzung für den Neustart bei der Endlagersuche in Deutschland der Atomausstieg. Nachdem dieser vom Bundestag beschlossen war, waren auch die antinuklear eingestellten Grünen und die SPD bereit, an der Erarbeitung eines Standort-Auswahlgesetzes – der rechtlichen Grundlage der Endlagerfindung – mitzuarbeiten; die SPD auch als Teil zweier Großer Koalitionen. Das Gesetz wurde schließlich 2017 verabschiedet. Vorher hatten die Anti-Atom-Parteien und die Anti-AKW-Bewegung eine Unterstützung oder zumindest Duldung der Endlagersuche prinzipiell abgelehnt, solange der Salzstock Gorleben noch als Standort infrage käme. Sie machten überdies einen endgültigen Atomausstieg zur Voraussetzung ihres Einverständnisses. Umgekehrt war die ungelöste Entsorgung immer ein Argument der Atomgegner gegen die laufenden Kernkraftwerke und ihre Betriebsgenehmigungen gewesen. Kurzum: Man hatte überhaupt kein Interesse an einer gelösten Atommüll-Entsorgung, denn das hätte die Akzeptanz der Kernenergie erhöht. Die Verbindung zwischen Endlager und Atomausstieg ist also einer der Gründe, warum wir bislang kein Endlager haben – und es droht, sich zu einem Risiko für die jetzige Suche zu entwickeln. Denn wir brauchen das Endlager auf jeden Fall, egal ob sich künftige Mehrheiten wieder für die Kernenergie entscheiden werden. Es sollte also auch im Falle eines Sinneswandels der Deutschen nie die Endlagersuche gefährdet werden – schon gar nicht durch die Entscheider selbst, die sich mit ihren Äußerungen vorschnell festlegten. Doch derzeit ergibt sich der Eindruck, dass auf höchster behördlicher Ebene und bis hinein in die beratenden Gremien der Atomausstiegsbeschluss nicht nur fachlich korrekt ausgeführt wird, sondern dass man ihn aus tiefster persönlicher Überzeugung lebt – und dafür auch mal Fünfe gerade sein lässt.

Doch wie sollen die Repräsentanten des Staates und seiner beratenden Gremien so die Aufgabe erfüllen, einen streng wissenschaftsbasierten Auswahlprozess für ein nukleares Endlager zu begleiten und um Akzeptanz dafür zu werben? Irgendwann gilt es, eine große kerntechnische Anlage zu errichten, und das verträgt sich nicht gut mit öffentlichen Stellungnahmen über die Monstrosität und außergewöhnliche Risikobehaftung des Arbeitsgegenstandes – vor allem dann nicht, wenn sein Risiko in

Wirklichkeit sehr klein ist. Wenn sich Behörden zum Sprachrohr von Interessengruppen und deren Angstpolitik machen lassen, ja diese nachgerade zur Staatsraison erklären, die von oben nach unten durchgesetzt wird, können sie auch von keinem Volk der Welt erwarten, Vertrauen in bundeseigene Zwischen- und Endlager zu entwickeln. Im Grunde torpedieren die Funktionäre unserer Nuklearbehörden, was sie eigentlich erreichen wollen: die Vertrauensbildung. Auch missachten sie, dass keineswegs die gesamte bundesdeutsche Bevölkerung die Auffassungen der Anti-AKW-Bewegung teilt, die sie sich zu eigen machen. Jener signifikante Teil der Bevölkerung, der gar nichts gegen Kernenergienutzung einzuwenden hätte, ist in den derzeitigen Öffentlichkeitsformaten der Endlagersuche überhaupt nicht vertreten. Ein grundlegender Kulturwandel in diesen Institutionen hin zu einer Ausrichtung an wissenschaftlicher Evidenz und behördlicher Neutralität erscheint also dringend geboten.

Proliferation: Sind zivil genutzte Kernbrennstoffe der Weg zur Bombe?

Häufig wird bei den Diskussionen um den abgebrannten Kernbrennstoff, seinen Gehalt an Plutonium und vor allem seine Wiederaufbereitung auch die Behauptung aufgebracht, das eigentliche Motiv für das Betreiben von Kernkraftwerken sei ein militärisches: Um Nuklearwaffen zu bauen, brauche man kerntechnisches Know-how und technische Infrastrukturen, die unter dem Deckmantel der Kernenergetik am nachhaltigsten aufzubauen seien. Man bezeichnet diese Fähigkeiten in Nicht-Atomwaffenstaaten auch als »Latenzphase«, in der es eigentlich nur noch eine Frage der Zeit und des politischen Willens sei, auch den Weg der Atombewaffnung zu bestreiten. Gegenwärtig wird dieses Argument auch im Zusammenhang mit dem Streit um die EU-Taxonomie angeführt, mit einer deutlichen Spitze Richtung Frankreich. Auch die Ursprünge heutiger Leistungskernreaktoren in der militärischen Sphäre werden dabei aufgeführt. Doch dagegen sprechen gewichtige Befunde sowohl der Technikgeschichte der Kernenergie als auch die Empirie über derzeitige Atomwirtschaften.

Richtig ist, dass insbesondere die frühe Kerntechnikgeschichte von den militärischen Atomprogrammen weniger Staaten geprägt war und dass die ersten Kernreaktoren in diesem Kontext entstanden. Außerdem ist es zutreffend, dass sich in den Atomwaffenstaaten militärische und zivile Nutzungen der Kerntechnik an bestimmten Schnittstellen begegnen. Dazu gehört die Wiederaufarbeitung von Kernbrennstoffen, seltener die Nutzung von Zweizweck-Reaktoranlagen, in denen Plutonium für Kernwaffen hergestellt wird und deren Wärmeproduktion nebenbei auch zur Stromproduktion genutzt wird.

Aber es gibt auch viele Beispiele für Kernenergiewirtschaften, die nicht aus einer militärischen Vorgeschichte erwuchsen, etwa die kanadische, die japanische, die südkoreanische, die niederländische und die finnische, oder solche, in denen mit der militärischen Option geliebäugelt wurde, sie aber früh fallengelassen wurde, bevor sie sich in stabilen nationalen Reaktorlinien hätte manifestieren können – Beispiele sind die Schweiz, Schweden und auch die Bundesrepublik Deutschland.[35]

Aber selbst in klassischen Atomwaffenstaaten wie den USA und der ehemaligen Sowjetunion beziehungsweise dem heutigen Russland ist die Situation viel differenzierter, als es das Schwarz-Weiß-Denken vom Kernkraftwerk als einer nur leicht abgewandelten Variante der Atombombe nahelegt. Zwar standen hier die Militärreaktoren für Plutoniumproduktion und Schiffsantriebe am Beginn wichtiger, heute zivil genutzter Reaktorlinien, doch wurden Leistungsreaktoren für das öffentliche Netz völlig neu konzipiert. Die sowjetische Atomlobby musste in den 1960er-Jahren erhebliche Anstrengungen unternehmen, um einer knauserigen Staatsplanbehörde, die über billige fossile Brennstoffe zuhauf verfügte, die Kernenergie schmackhaft zu machen. Daher suchte sie nach Möglichkeiten ökonomischer Optimierung.[36] Außerdem machte sie geschickt jene Gebiete zu Experimentierfeldern der zivilen Kerntechnik, die notorisch unter Strommangel litten, nämlich die europäischen Teile der damaligen Sowjetunion. Denn die Wasserkraftressourcen und die Kohlefelder in Sibirien waren zu weit weg von den Industriezentren der westlichen Sowjetunion, und die harten osteuropäischen Winter brachten die traditionelle, kohlebasierte Energiewirtschaft an ihre Grenzen. Schließlich spielten auch Umwelterwägungen wie die enorme Luftverschmutzung durch Kohleverstromung eine Rolle. Das bewog die Entscheider, die Elektrizitätswirtschaft insbesondere in der westlichen Sowjetunion auf Kernenergie umzustellen. Hinzu kamen noch weitere – unmilitärische – ideologische Motive von der Kernenergie als fortschrittlichster Produktivkraft im Kommunismus. Auch die Außenwirtschaft spielte eine Rolle: Seit den 1970er-Jahren verfolgte die Sowjetunion die Strategie, Kernenergie für heimische Zwecke zu nutzen, um Öl und Gas als Devisenbringer für den Export fördern zu können.[37]

Selbst im Falle des sowjetischen Nationalreaktors, des grafitmoderierten Druckröhren-Siedewasserreaktors RBMK, des Tschernobyl-Reaktors[38], überwogen die ökonomischen Motive die militärischen. Die Komponenten dieses Baukasten-Reaktors konnte der herkömmliche Energieanlagenbau leicht fertigen und war dazu nicht auf eine aufwendige Druckbehälterproduktion angewiesen. Obwohl der RBMK technisch in der Lage zur Entnahme von Brennstoff unter Last ist – das ist eine wichtige Voraussetzung, um gering bestrahlte Brennelemente mit waffenfähigen Plutonium-Isotopen zu entnehmen –, wurde er dafür nie genutzt. »Genug jetzt mit Ihrem Plutonium, bauen Sie mir einen guten Leistungsreaktor«, soll eine legendäre Aussage des sowjetischen Atomministers Jefim Slawskij gelautet haben, als ihm ein Mitarbeiter die Idee einer Plutoniumproduktion mit RBMKs schmackhaft machen wollte.[39]

Auch in Deutschland gab es in der Frühzeit der Kerntechnik Versuche, sie auf den militärischen Pfad zu bringen – besonders der spätere bayerische Ministerpräsident Franz Josef Strauß tat sich in seiner Frühkarriere als Atomminister mit solchen Tendenzen hervor. Doch er war nicht erfolgreich. Die Interessen der Elektrizitätswirtschaft setzten sich durch und prägten die deutsche, eindeutig ökonomisch motivierte Entscheidung für großdimensionierte Druckwasserreaktoranlagen.[40]

Es ist zutreffend, dass sich etliche heutige Atommächte unter dem Vorwand ziviler Programme Atomwaffen verschafft haben – aber um Atombomben, gar die für Terroristen attraktiven »schmutzigen« Bomben zu bauen, ist das Betreiben ziviler Kernkraftwerke keine notwendige Voraussetzung. Nordkorea und Israel besitzen Atomwaffen, aber keine Kernkraftwerke; der Iran, der das Kernkraftwerk Bushehr betreibt, strebt nach Atomwaffen, nimmt aber den Weg über die Urananreicherung und nicht über die Wiederaufarbeitung von Reaktorplutonium, das ohnehin für Kernwaffen nur bedingt geeignet ist. Bushehrs in Russland gefertigte Brennelemente werden auch dorthin zurückgeführt.

Die meisten Länder, die Kernkraftwerke nutzen, sind dem Atomwaffensperrvertrag beigetreten. Er regelt auch die Inspektionen der Anlagen. In deutschen Kernkraftwerken werden die sensiblen Bereiche von der europäischen Atomgemeinschaft EURATOM überwacht, in anderen Ländern übernimmt die Internationale Atomenergie-Agentur IAEA diese Aufgabe. Die wichtigsten Instrumente zur Proliferationskontrolle sind die penible Bilanzierung des Kernbrennstoffinventars und der Materialflüsse auf der Anlage, die Verplombung von Trennschützen der Brennelement-Lagerbecken sowie die visuelle Überwachung des Reaktors und des Brennelementlagers mit versiegelten Kameras. So können unbemerkt von den Inspekteuren keine Manipulationen vorgenommen werden.

Doch die effizienteste Art, die Verbreitung von Kernwaffen zu verhindern, ist Sicherheit. Staaten, die sich nicht bedroht fühlen, bauen auch keine Atomwaffen. Das Schicksal der Ukraine belegt die politische Natur der Nonproliferation. Die Ukraine ist neben Südafrika der einzige Staat der Welt, der Atomwaffen freiwillig abgab. Sie erhielt dafür Grenzgarantien, die in einem völkerrechtlichen Vertrag festgehalten wurden. Einer der Unterzeichner, Russland, brach den Vertrag und überzog die Ukraine 2014 mit Krieg, der bis heute fortgesetzt wird. Das hat der Idee der Nonproliferation weit mehr Schaden zugefügt als der Betrieb sämtlicher Kernkraftwerke der Welt.

Fazit: Das Ende der Angst

Der kürzlich verstorbene Leiter der Anti-AKW-NGO »Ausgestrahlt«, Jochen Stay, äußerte im September 2021 in der linken Zeitschrift »konkret« zur Endlagersuche: »Meine große Sorge ist, dass diese Suche scheitert, einfach deswegen, weil Menschen sich so vehement dagegen wehren, dass dieses Projekt nicht durchsetzbar ist.«[41] Wir haben uns angesehen, wie mit Atommüll derzeit umgegangen wird, wie die Forschungslage zur Endlagerung aussieht, und warum Atommüll bei richtiger Handhabung weder für die Bevölkerung heute noch für die zukünftigen Generationen eine untragbare Belastung zu sein braucht. Die Antworten zeigen, warum man vor dem Atommüll Respekt, aber keine Angst zu haben braucht – jedenfalls nicht mehr als vor anderen langlebigen starken Gift- und Gefahrstoffen in unserer Umgebung. Auch konnte gezeigt werden, dass Strahlung Teil unseres Alltags und unseres menschlichen Erfahrungsraums ist, und dass es Mittel und Wege gibt, ohne Angst mit Strahlung umzugehen.

Wir sind auf die Frage eingegangen, ob der Atommüll tatsächlich über eine Million Jahre so gefährlich bleibt wie heute, und ob ein Endlager eine Kommunikations- und Bewachungsaufgabe für Hunderttausende von Jahren ist. Die Antwort lautet nein. Wir sind kurz auf die Frage der Weiterverbreitung spaltbaren Materials eingegangen und haben gefragt, ob eine zivile Nutzung von Kernenergie zwangsläufig mit militärischer Nutzung einhergehen muss. Auch hier lautet die Antwort nein. Wir haben über unsere Grenzen geschaut und gesehen, dass andere Länder viel weiter sind bei der Endlagerfindung – allen voran Finnland. Die Antwort auf die Frage, ob eine Lösung des Atommüllproblems unmöglich sei, lautet ebenfalls nein.

Wir haben aber auch gesehen, dass die Anti-Atom-Mobilisierung im Laufe der Jahre unsere Behörden erreicht hat, was zu Äußerungen von Entscheidungsträgern in der Öffentlichkeit führt, die von wissenschaftlicher Evidenz nicht gedeckt sind. Diese Behörden werden in Zukunft Schwierigkeiten bekommen, Vertrauen in einen irgendwann erwählten Endlagerstandort aufzubauen. Jochen Stays Äußerung hat also das Zeug zu einer selbsterfüllenden Prophezeiung zu werden, denn auch seine eigene Organisation ist ein wesentlicher Treiber landläufiger Auffassungen über die exzeptionelle Gefährlichkeit des Atommülls. Gerade der Vergleich mit den Herausforderungen durch Chemiemüll offenbart, dass beim Umgang mit nuklearen Risiken in Deutschland mit unterschiedlichen Maßstäben gemessen wird. Weder mussten zur Chemie-Endlagerfindung in Herfa-Neurode, wo um Größenordnungen umfangreichere, aber ebenfalls Overkill-fähige Abfall-Volumina eingelagert werden, komplizierte Beteiligungsprozesse umgesetzt werden, noch erklärten Politiker die Abwicklung der Chemieindustrie zur Voraussetzung einer Endlagerfindung für hochtoxische Chemikalien, die zudem nie zerfallen werden.

Im nächsten und abschließenden Kapitel soll daher diskutiert werden, wie wir aus dieser Gefangenschaft in der Atomangst wieder herauskommen können – einer Atomangst, die, mal von unten formuliert, mal von oben affirmiert, inzwischen zu einer Leitkultur in Deutschland geworden ist. Diese Angst lähmt unser Handeln und gefährdet Nachdenkprozesse, die wir eigentlich bräuchten, um die Klimakrise zu bewältigen – aber sie ist historisch tief verwurzelt in unserer Gesellschaft. Daher müssen wir auch die historisch-politischen Ursachen untersuchen, die der Atomangst zugrunde liegen.

Kapitel 7
Der Abschied von der antinuklearen Leitkultur

Everything is theoretically impossible, until it is done.

Robert A. Heinlein

In der Silvesternacht 2021/22 stand ich auf der Warte des niedersächsischen Kernkraftwerks Grohnde. Auf dieser Anlage habe ich Teile meiner Habilitationsschrift geschrieben. Nun beobachtete ich, wie das Kraftwerk zur endgültigen Stilllegung abgefahren wurde. Ich machte es wie immer – die Instrumente ablesen, die Schalthandlungen verfolgen, Kurven ausdrucken, Protokoll führen. Bis zum Abend waren wir 1.400 Megawatt Volllast gefahren, ab Viertel nach neun ging es mit minus zehn Megawatt pro Minute runter. Bei 25 Prozent Reaktorleistung begann das, was die Reaktorleute »Abfahren auf unterkritisch heiß mit FDU« nennen. Dann wird überschüssiger Dampf nicht mehr auf die Turbine, sondern in die Frischdampf-Umleitstation geleitet – also unter Umgehung der Turbine direkt in den Kondensator, damit man die Turbine auf null fahren kann. Kurz vor Mitternacht erschienen die hohen Tiere. Kraftwerksleitung, PreussenElektra-Konzernchefs und Vertreter der Gesellschafter, darunter die Stadtwerke Bielefeld. Reden wurden gehalten. Das sei ein bitterer Moment, aber man müsse nun nach vorne schauen, auf den Rückbau.

Draußen am Kraftwerkszaun hatten sich rund 70 Aktivisten der Anti-AKW-Bewegung eingefunden, viele mit Silberhaar. Sie feierten sich selbst. Alt geworden, aber nach 40 Jahren Kampf Sieger der Geschichte. So meinten sie es zumindest. Ich hätte bei ihnen stehen können, wäre mein Leben an einigen Abzweigungen anders verlaufen. Der Jubel drang nicht bis zu uns nach drinnen. Bei uns auf der Warte war es so still, dass man das Klickern der Schreiber über dem Nebenleitstand hören konnte. Bei 80 Megawatt Generatorleistung und zwölf Prozent Reaktorleistung betätigte der Turbosatzfahrer die Taste »TUSA«, Turbinenschnellabschaltung. Im Maschinenhaus wurden die Turbinen-Schnellschlussventile hydraulisch betätigt, die Dampfzufuhr abgesperrt. Der Generatorschalter öffnete automatisch und trennte um 23 Uhr 45 den Generator vom Netz. Damit war Grohndes Stromproduktion beendet, so wie im Atomgesetz vorgeschrieben. Das Kraftwerk hatte jede Minute ausgereizt, die es hatte, und in den letzten Monaten mit den hohen Strompreisen noch mal richtig viel Profit eingefahren. Mit Grohnde gingen in dieser Nacht auch das schleswig-holsteinische KKW Brokdorf an der Elbe sowie der bayerische Siedewasserreaktor Gundremmingen C vom Netz – insgesamt rund 4.200 Megawatt installierte Leistung.

Den Jahreswechsel bekamen wir gar nicht richtig mit, es war niemandem zum Feiern zumute. Vereinzelt: »Ach übrigens, frohes Neues.« Die Nachtschicht war damit beschäftigt, den Reaktor abzufahren. Sechs Minuten nach Mitternacht wurde auch das heiße Herz der Anlage mit RESA, Reaktorschnellabschaltung, außer Betrieb genommen. In der Wartenküche stand das traditionelle kalte Büfett für die Silvesterschicht, aber so richtig zuschlagen mochte keiner. Ich verzog mich mit einem Anlagenschlosser ins Reaktorgebäude, Dichtheitsprüfung des Nachkühlsystems machen.

Sie ist wieder da

Ungefähr zur selben Zeit, als die Atomgegner vor dem Grohnde-Zaun die Sektkorken knallen ließen und die Techniker drinnen begannen, ihre Anlage in den Nachkühlbetrieb zu schicken, setzte die Europäische Kommission in Brüssel eine Pressemitteilung ab: Die Kommission beabsichtige, unter gewissen Auflagen die Kernenergie in ihre Finanztaxonomie zur Förderung nachhaltiger Investments aufzunehmen. Am nächsten Tag waren die Nachrichtenportale voll mit der Nachricht: »Die EU sagt, Kernenergie ist grün!« Diese Entscheidung hatte sich lange angebahnt. Ihr ging ein jahrelanges Ringen voraus. Die Bundesregierung hatte einiges unternommen, sie zu verhindern – vergebens. Der Forschungsrat der Europäischen Kommission hatte schon 2020 ein umfangreiches Fachgutachten erstellt, in dem der Kernenergie bescheinigt worden war, keinen schlechteren Einfluss auf die Umwelt zu haben als die Erneuerbaren Energien. Die antinukleare Achse Berlin–Wien–Rom nebst Spanien, Luxemburg und Dänemark konnte sich nicht durchsetzen: Frankreich, die Osteuropäer, die Niederlande, die Skandinavier stellten sich ebenfalls hinter diese Auffassung. Die deutsche Anti-AKW-Bewegung, die gerade vom Abschaltfest kam, erlitt den größten Kater ihrer Geschichte seit Merkels Laufzeitverlängerung. »So haben wir nicht gewettet«, twitterte einer. Durchhalteparolen wurden ausgegeben.

Dieses Zusammentreffen der Ereignisse zeigt augenfällig, dass der deutsche Atomausstieg eigentlich die Spätwirkung eines politischen Trägheitsgesetzes ist: Um uns herum reift bereits die Erkenntnis, dass die Zeichen der Zeit nun anders stehen. Jetzt steht das Klimaziel im Vordergrund, und jedes Megawatt stabiler und CO_2-armer Leistung soll in der EU um jeden Preis gehalten werden. Doch die deutsche Regierung verschließt die Augen. Sie zieht den Atomausstieg, der 2000 beschlossen, 2010 widerrufen und 2011 mit verstärkter Intensität weitergeführt wurde, mit nicht nachlassender Sturheit durch. Niemand möchte mit einem erneuten Kurswechsel kurz vor Schluss das Gesicht verlieren. Die Energiewirtschaft, die vom Staat so oft durch Kurswechsel überrascht wurde, winkt ebenfalls ab. Bitte nicht noch mal. Das würde für alle Entscheider, ob in Politik oder Wirtschaft, ja auch das Eingeständnis bedeuten, dass man zehn Jahre lang das Falsche getan hat.

Vor dem Jahreswechsel gab es verschiedentlich öffentliche Aussagen von Politikern und Wirtschaftsleuten, das Thema sei durch, es könne und werde in Deutschland nie wieder Kernenergie geben. Diese Verlautbarungen klangen bereits ein wenig bemüht und einstudiert, als wolle man sich immer wieder laut vorsprechen, man habe das Richtige getan. Denn die Front bröckelt. Am 13. Januar erschien in der »taz«, dem Hausblatt des grünen Bürgertums, eine Kolumne der Journalistin Simone Mertins mit der Forderung »Wir müssen reden«: Über die Atomkraft in Zeiten des Klimawandels. Am 14. Januar hörte ich von Holger Lösch, Chef des Bundesverbandes der deutschen Industrie, mit dem ich in einer Talkrunde beim Deutschlandradio saß, rundheraus die Ansage, der Atomausstieg sei ein gravierender Fehler gewesen – allerdings ohne die Schlussfolgerung, man solle ihn stoppen. Am 21. Januar bat mich die »taz«, einen Beitrag zur Debatte zu schreiben, der kurz danach auf ihrer Debattenseite erschien.[1] Ich sagte darin in Kurzform das, was ich auch in diesem Buch darlege. Danach brach ein Shitstorm über das Flaggschiff der grünen Publizistik herein, Abos wurden gekündigt.

In den vorhergehenden Kapiteln habe ich skizziert, wie ein klimapragmatischer Weg unter Einschluss der Kernenergie in Deutschland aussehen könnte – vorausgesetzt, Parteien und Parlament denken um und ändern die Gesetze. Das aber ist nur möglich, wenn sich die gesamte Stimmung in der Gesellschaft ändert – und wenn sich der Diskurs wandelt. Die Zonen des Sagbaren und nicht Sagbaren ändern sich mit dem gesellschaftlichen Wandel. Der Soziologe Joseph Overton hat festgestellt, dass diese Zonen wie ein sich bewegendes Fenster aussehen. Bestimmte Themen, die gestern noch außerhalb des »Overton-Window« waren, rutschen morgen an seinen Rand, übermorgen sind sie im Zentrum. Was 1960 noch undenkbar erschien – die Ehe für alle, Frauen, die ohne Einverständnis ihres Mannes arbeiten gehen, Familiengründung ohne Trauschein, Abschaffung der Wehrpflicht – wurde erst von einzelnen radikalen Aktivistinnen und Aktivisten eingefordert, dann zu einer allgemein akzeptierten Aussage und ist heute gesetzlich regulierter Alltag. Bis 1994 war schwuler Sex in Deutschland strafbar – heute wird Homophobie geächtet.

Auch im Falle der lange Jahre diskriminierten und tabuisierten Kernenergie scheint sich gerade das Overton-Fenster zu verschieben – zum wiederholten Male. Bis in die 1980er-Jahre war sie im Zentrum des Fensters, galt als akzeptable Zukunftstechnologie. Nur Akteure an den Rändern bekämpften sie. Dann rückten diese Akteure ins Zentrum, wurden Establishment. Die Kernenergie wurde an den Rand des Fensters gedrängt und dann hinausgeworfen. Anti-Atom wurde Leitkultur. In der veröffentlichten Meinung dominierte die Vorstellung von der Atomkraft als Hochrisikotechnik. Wer in dieser Zeit für Kernenergie eintrat, galt als ewiggestrig.

Doch nun ist sie wieder da. Es ist wieder sagbar: »Ja, ich kann mir ein Deutschland vorstellen, in dem Kernkraftwerke laufen.« Es scheint, dass die Gesellschaft ihren Eliten voraneilt – sie diskutiert wieder über Atomkraft. Zwar kontrovers – aber sie diskutiert. Es gibt kein »Basta« mehr. Und es sind ganz unterschiedliche Leute, auf die sich die Diskutanten berufen können: Joe Biden, Emmanuel Macron, die finnischen Grünen, alles Kräfte, die sich an der Spitze einer progressiven Klimapolitik sehen.

Das ist der erste Schritt zum Paradigmenwechsel. Doch um diesen Wechsel vollziehen zu können, muss sich eine Gesellschaft erst darüber vergewissern, was vorher passiert ist. Wie kam es dazu, dass unsere Entscheider heute zum Pragmatismus unfähig sind? Warum empfinden sie eine nukleare Kurskorrektur als gefährlich, als Gesichtsverlust, als Bruch mit der eigenen politischen Identität und Biografie? Wie kommt es zu den überaus heftigen Reaktionen? Warum ist die Ablehnung der Kernenergie bei uns fast schon in den Status einer Zivilreligion eingerückt? Auch Zivilreligionen haben Götter, Heilige und Teufel, Riten und Katechismen, Ablasshändler und Häretiker. Und jetzt ist die Zeit für die Reformation gekommen. Wer den Katechismus vom monströsen Atom anfechten will, muss seine Quellen analysieren. Sehen wir uns also die Quellen unserer anti-nuklearen Leitkultur an.

Die Erfindung der Energiewende

Deutsche haben ein Faible für »Wenden«, die angeblich alles neu machen – aber das nur zur Hälfte. Allen noch wohlbekannt ist Helmut Kohl mit seiner konservativen »geistig-moralischen Wende«, welche mit den linken Reformjahren des Modells Deutschland unter Brandt und Schmidt aufräumen sollte, aber dessen Errungenschaften und Wertewandel – die Ostpolitik, die Bildungsreform, die Frauenrechte, die betriebliche Mitbestimmung – nicht zurückdrehen konnte. 1989/90 wurde aus der unblutigen Bürgerrechtsrevolution in der DDR eine Massenbewegung, die in freien Wahlen und einem freiwilligen Beitritt des DDR-Gebiets zur Bundesrepublik Deutschland mündete. Diese alsbald als »Wende« bezeichnete Umwälzung bedeutete einen radikalen Systemwechsel auf allen Ebenen für den Osten unseres Landes, aber ein »Weiter so« für den Westen. Im Osten wurden Industrien abgewickelt, Biografien und Städte umgekrempelt – der Westen lebte sein Leben weiter, als wäre nichts geschehen. Diese Diskrepanz der Erfahrungsräume einer halben Wende macht sich bis heute im Fortbestehen einer Phantomgrenze zwischen West- und Ostdeutschen und vielerlei Folgeproblemen bemerkbar.

Anfang desselben Wende-Jahrzehnts hatten deutsche Umweltaktivisten, die sich mit den gerade gegründeten Grünen auch zu einer politischen Partei konstituierten, die »Energiewende« erfunden. Sie wurde zum Prototyp vieler weiterer Wende-Semantiken, die heute die Strategiepapiere unserer Öko-Thinktanks bevölkern: Agrarwende, Verkehrswende, Industriewende. Die Energiewende von 1980 zielte auf die energetische Grundlage jener Volkswirtschaft, die die alte Bundesrepublik und das sozialliberale »Modell Deutschland« großgemacht hatte. Die erste Broschüre, die den Begriff »Energiewende« benutzte und die eine von der Umwelt- und Anti-AKW-Bewegung angestrebte Energiestrategie formulierte, sprach von »Wachstum und Wohlstand ohne Erdöl und Uran«.[2] Man folgte einer Idee, die in den USA von dem Öko-Aktivisten Amory Lovins formuliert worden war: die Abkehr von einer harten, brutalen, ressourcenfressenden Industriewelt hin zu den *Soft Energy Paths*, den vermeintlich sanften Erneuerbaren Energien. Damit waren vorwiegend Sonnen- und Windenergie gemeint; die gigantischen Staudammprojekte, die seit den 1930ern in den USA des New Deal, in der Sowjetunion, China und mit westlicher und sowjetischer Entwicklungshilfe in vielen Ländern Südamerikas und Afrikas entstanden waren, konnte man schwerlich als »soft path« bezeichnen. Aber auch die Wasserkraft wurde, wenn sie schon mal da war, als erneuerbare Energie willkommen geheißen.

Über die Kohle schwieg man sich aus, zumindest in Deutschland. Eingedenk des damaligen Entwicklungsstandes der Erneuerbaren Energien brauchte man sie noch. In den frühen Langfrist-Szenarien des Öko-Instituts Freiburg für die künftige deutsche Stromversorgung war ein satter Kohleanteil bis 2030 festgeschrieben.[3] Kaum im Deutschen Bundestag angekommen, wurden die Grünen voller Sorge über die Verdrängung der »einheimischen Kohle« durch die Atomenergie bei der Bundesregierung vorstellig – heute würden sich die meisten grünen Bundestagsabgeordneten wohl die Augen reiben, wenn sie die Anfragen ihrer Partei von damals läsen.[4]

Und damit sind die wichtigsten Ingredienzien der Energiewende beschrieben: Auch dieser deutschen Wende waren von

Anfang an Halbwahrheiten eingeschrieben. Denn ohne fossiles Backup oder Speicher – keine Versorgungssicherheit mit wetterabhängigen Erneuerbaren. Damals war die Klimaerwärmung nur ein Thema für enge Expertenkreise, aber auch damals wusste man von der Versauerung der Böden, von den Stickoxiden und den Quecksilberemissionen der Kohlekraftwerke, von der Arbeitssicherheit im weltweiten Kohlebergbau, von der Abbaggerung rheinischer und ostdeutscher Dörfer – man kannte also die verheerende Bilanz der Kohleverstromung. Doch mit Rauchgas-Entschwefelungsanlagen und Filtern schien alles geregelt. Wer sich doch mit der Kohle nicht zufriedengeben mochte, entdeckte einen weiteren fossilen Energieträger, das Erdgas, das seit dem westdeutsch-sowjetischen Erdgas-Röhren-Geschäft als Motor der Entspannungspolitik galt. Da es emissionsärmer und rußfrei war, wurde es bald als »sauberer« Brennstoff propagiert.

Es gab nur eine einzige Energieform, die die deutsche Ökobewegung und schließlich auch fast die gesamte deutsche Linke mit vollem Einsatz bekämpfte – und das war die Kernenergie. Der Blick richtete sich auf die hypothetischen Opfer winzigstwahrscheinlicher deutscher Atomunfälle, mit Angst schaute man auf die im Bau befindlichen neuen Kernkraftwerke – während jedes Jahr Tausende von realen Deutschen vorzeitig an den Folgen der Luftverschmutzung durch Kohleverstromung starben.

Die Wurzeln der Atomkritik

Warum wurde die Atomkraft zum Hauptfeind, und warum gerade in Deutschland, dem Land von Lise Meitner, Otto Hahn und Werner Heisenberg? Seit dem Beginn der der 1970er-Jahre, die gleichzeitig das Ende des ökonomischen Nachkriegsbooms markierten, hatten sich die Zerfallsprodukte der 68er-Bewegung mit der traditionellen Umweltbewegung und lokalen Protesten gegen

Atomindustrieprojekte verbunden. Der frühe lokale ökologische Protest schöpfte ursprünglich eher aus konservativen Traditionen. An einigen geplanten Atomstandorten, so in Wyhl am Oberrhein, bildete sich Widerstand von Bauern und Winzern, die sich mit den nuklearen Problemen eines Kernkraftwerks zunächst noch gar nicht auseinandergesetzt hatten; ihnen reichte die Aussicht auf eine große Industrieansiedlung mit Schwerlastverkehr in der Gemeinde und die Befürchtung, Kühlturmschwaden könnten ihre Äcker und Weinberge beschatten oder das lokale Klima verändern. Doch bald stießen linke Studierende aus Tübingen und Freiburg zu ihnen und gaben dem Widerstand einen antikapitalistischen Drive. Zu einem Merkmal des Aufstands gegen Staat und Großindustrie wurde die Verwendung der alemannischen Mundart in Protestsongs und -gedichten und die grenzüberschreitende Mobilisierungspartnerschaft mit den sprachverwandten Elsässern am französischen Ufer des Rheins, die gegen ein Chemiewerk in Marckolsheim kämpften. Gegen das französische Atomkraftwerk in Fessenheim hingegen regte sich unter den Elsässern weit weniger Protest; dieser wurde vor allem von der deutschen Universitätsstadt Freiburg aus getragen.[5]

Doch es gab auch dezidiert rechte, biologistisch und antisemitisch grundierte Proteste. Die erste deutsche Anti-AKW-Streitschrift vom Ende der 1960er-Jahre stammte von einem Forstmann mit NS-Vorbelastung und drehte sich vor allem um die Befürchtung, radioaktive Strahlung könne das Erbgut des deutschen Volkes schädigen. In Kassel machte eine Initiative gegen Atomkraftwerke mobil, die ihre Broschüren ganz unverhohlen mit Totenköpfen, US-Flaggen und Davidsternen dekorierte: Da saß nach Meinung der Aktivisten die nukleare Bedrohung, die den Deutschen den Overkill brachte.[6] Mitunter bewegte sich der Sound der frühen Anti-AKW-Kämpfer aber auch im linken Milieu hart an antisemitischen Klischees: vom »Judaslohn«, mit dem in einem Protestsong die nukleare Korrumpierbarkeit der politischen Eliten angeprangert wurde, bis zu krummnasigen, fetten Kapitalisten-Karikaturen in den Kampfschriften dieser Zeit.

Auch in linken Kreisen sprach man damals schon nicht mehr von Wachstum und Fortschritt, sondern von den Grenzen des Wachstums. Die gleichnamige Denkschrift des Club of Rome mit ihren (nicht eingetretenen) Prognosen über knapp werdende Ressourcen war einer der meistgelesenen Texte jener Zeit. Mit Blick auf eine stark wachsende Weltbevölkerung schlichen sich auch neo-malthusianische Töne in die Diskussion ein. Da war viel die Rede von der »Tragfähigkeit« des Planeten, die von zu vielen Menschen strapaziert werde; manche verstiegen sich auch schon damals in Vorstellungen von der Menschheit als parasitischer Krankheit, die den Planeten befallen habe. Unschwer erkennen wir hier einige Argumentationsmuster, die auch die heutige Klimadebatte bestimmen; die Ökosozialistin Jutta Ditfurth hat sie in vielen Publikationen kritisch seziert.[7] Die damaligen Vorhersagen von den zu Ende gehenden Ressourcen wurden seitdem zwar mehrmals widerlegt und modifiziert, aber die »Ära der Ökologie«, wie es der Umwelthistoriker Joachim Radkau nannte, trat unaufhaltsam ihren Siegeszug an.[8]

Zum Repertoire der Umweltsorgen gehörte die Atomkritik unverbrüchlich dazu, obwohl das zuerst gar nicht erwartbar gewesen war: So konnten traditionelle Naturschützer der Kernenergie in ihren Anfängen durchaus etwas abgewinnen, weil sie so wenig Platz beanspruchte und emissionsarm arbeitete. Auch fast alle Linken, allen voran die deutschen Sozialdemokraten, hatten die Kernenergie zunächst als fortschrittliche Produktivkraft begrüßt; für die Marxisten in der DDR galt das umso mehr. Die Kernenergie war damals kompatibel mit progressiven Vorstellungen einer gerechteren und humaneren Gesellschaft. Der Philosoph Erich Fromm erging sich in Visionen, die Arktis mit Kernenergie zu beheizen und fruchtbar zu machen – Vorstellungen, die heute angesichts der Erderwärmung und ihrer Folgen absurd anmuten.

Doch in den 1970er-Jahren verlor die Kernenergie ihren Glanz, vielleicht auch, weil sich nun nicht mehr nur linke Wissenschaftler mit ihr befassten, die den Makel der Atombombe von der Kerntechnik waschen wollten. Nun übernahmen Industriekonzerne und Strommonopolisten, gefördert und ermuntert von staatlichen Stellen. Kostenexplosionen, Korruption, vertuschte Störfälle taten das ihre, um der Kernkraft ihren utopischen Gehalt auszutreiben.

Doch die Atomangst der Deutschen schöpfte auch aus Quellen, die weit tieferen Schichten entsprangen als nur der Wachstumskritik des ausgehenden Booms nach 1970. Westdeutschland durchlebte die für die Überflussgesellschaften des Kalten Kriegs typischen Krebs- und Krankheitsängste, die die Hunger-, Vernichtungs- und Racheängste der Kriegs- und Nachkriegszeit abgelöst hatten. Diese Schrecknisse verbanden sich mit Ängsten vor einem in der Mitte Europas ausgetragenen Atomkrieg, die im geteilten Deutschland in einem Jahrzehnt des Wettrüstens nicht von der Hand zu weisen waren. Der Historiker Frank Biess hat in seiner Monographie »Republik der Angst« die Emotionsgeschichte der Nachkriegs-BRD analysiert und kam zu dem Schluss, dass die Ängste und Imaginationen der Westdeutschen nach 1945 in den seltensten Fällen so realistisch waren, wie man sich das in den schlimmen Szenarien ausmalte.[9]

Die Radioaktivität, die nach ihrer Entdeckung an der Wende zum 20. Jahrhundert zunächst eine Karriere als Heilerin und Helferin der Menschheit gemacht hatte, hatte bereits mit den Strahlenopfern der Atombombenabwürfe ihre Unschuld verloren. Strahlenangst wurde im Gespann mit der Krebsangst eine der apokalyptischen Befürchtungen in kapitalistischen Industriegesellschaften. Das musste sich auch auf die energietechnische Nutzung der Kernenergie auswirken. Schon 1975 fuhr die deutsche Anti-AKW-Bewegung mit der Kassierung der 1. Teilerrichtungsgenehmigung für das KKW Wyhl durch ein Verwaltungsgericht einen historischen Sieg ein; das bedeutete zwar nicht, dass keine

Kernkraftwerke mehr gebaut wurden, aber zeigte den Menschen, wozu hartnäckiger Widerstand, Bündnisse unterschiedlicher gesellschaftlicher Gruppen und die Verlegung des Konflikts vor die Gerichte in der Lage waren. 1979 bestätigte der Reaktorunfall von Three Mile Island, obwohl er glimpflich ablief, die antinuklearen Skeptiker. Tschernobyl lieferte nur sieben Jahre später in den Augen der Anti-Atom-Bewegten den endgültigen Beweis, dass diese Technologie mörderisch und unbeherrschbar sei. Gleichzeitig radikalisierten sich Teile der Bewegung und lieferten dem »Atomstaat« und seiner Polizei an den Bauzäunen von Brokdorf und Grohnde regelrechte Schlachten, in denen auf beiden Seiten gnadenlos Gewalt angewendet wurde.

Doch es überwog das Selbstbild einer durch friedliche Graswurzelaktionen, zunehmend auch durch Etablierung einer Gegenexpertise in alternativen Forschungsinstituten erfolgreichen Bewegung. In ihrem Habitus waren die Antis und Ökos eigentlich konservativ: Ihr Einrichtungs- und Kleidungsgeschmack rustikal, ihre Bezugsräume regional, ihr Ordnungssinn legendär, wie er sich beispielsweise bei der Platzbesetzung von Gorleben manifestierte. Im Wendland, dem von der Bundesregierung auserkorenen Atomendlager-Standort an der »Zonengrenze«, baute man ein Hüttendorf mit Gemeinschaftshaus und sauber abgetrennten Latrinen, nannte das Ensemble Freie Republik und gab sogleich auch »Wendenpässe« aus. Staaten, Grenzen, Wappen, Papiere, das musste Anarchisten ein Gräuel sein. Antinukleare Mütter-Stillgruppen pflegten ein nachgerade reaktionäres Bild von der behütend-bewahrenden und nährenden Rolle der Frau. Naturheilkunde, Impfgegnerschaft und Homöopathie hatten breite Anhängerschaft in der Anti-Atom-Bewegung – manch einer läuft, alt geworden, heute bei den Querdenkern mit. Die ersten »Stromrebellen« und Ökobauern, die mit selbst gebauten Windkraft- und Solaranlagen die Energiekonzerne herausforderten, pflegten ein Ideal von ökonomischer Autarkie, dezentralen Kleinbauerngemeinschaften und Großstadtfeindlichkeit, bevor sie in ihren späteren Entwicklungsstadien begannen, den unternehmerischen Energiewende-Staat zu bauen; das Dezentralitäts-Dogma begleitet sie bis heute. In einem Satz: Die Anti-AKW-Bewegung war Fleisch vom Fleische des deutschen Bürgertums und seiner beharrenden Traditionen.

Sie schöpfte aus dessen lokaler Verwurzelung, seinem Tüftlergeist und seinem Pragmatismus, aber auch aus seinem Hang zum Romantisieren und zur Moderneskepsis, der sich über Kriege, Revolutionen und Nationalsozialismus hinweg erhalten hatte. Dass die bürgerliche Modernekritik, Vorstellungen von autarker Energieversorgung, Kleinbauern-Ideale und Naturschutzgedanken, auch im Nationalsozialismus heimisch waren, verdrängte die Ökobewegung, obwohl einige der grünen Gründerväter und -mütter in den Randzonen des ökofaschistischen Sumpfes fischten. Was lag da bei den Heidegger-belesenen Vordenkern näher, als eine technikkritische »Kehre« als Energiewende auch auf die elektrotechnischen Grundlagen unserer Zivilisation zu münzen?

Das Kernkraftwerk erschien in dieser Denkweise wahlweise als kalter technokratischer Mechanismus, als überfordernd-komplexes System, als Generator zentralistischer Staatsgewalt oder als verhasstes Symbol des rheinischen Kapitalismus – in jedem Falle aber als menschenfern und lebensfeindlich. Robert Jungks viel gelesene Streitschrift »Der Atomstaat« fasste diese Ängste zusammen: Die zivile Kernenergienutzung, so Jungk, erfordere ein derart hohes Maß an Absicherung der kerntechnischen Anlagen und Materialien vor Proliferation und Terrorismus, dass diese Vorkehrungen schließlich die Arbeitnehmer- und Bürgerrechte zersetzen würden. Auch Verfassungsrechtler folgten Jungk und prophezeiten für den Fall eines flächendeckenden Ausbaus der Kernenergie den »radioaktiven Zerfall der Grundrechte«. Vor Augen stand also ein allumfassender Sicherheits- und Überwachungsstaat, den ein Ausbau der Kernenergie zur Folge haben müsse.[10] Die Vorstellung, mit ihr je wieder ein humanes Projekt zu verbinden, rückte in weite Ferne.

Die Ostdeutschen hatten zur selben Zeit ganz andere Umweltprobleme als die Kernenergie: Sie erstickten in den Emissionen der vorsintflutlich ausgerüsteten DDR-Schwer- und Chemieindustrie, die größtenteils von Braunkohlekraftwerken mit Energie versorgt wurde, wenn sie in ihren Altbauwohnungen nicht ohnehin mit Briketts heizten. Entsprechend sorgte sich die unter dem Schutzdach der Kirche untergekommene DDR-Umweltbewegung um viele ökologische Brennpunkte, aber die Kernenergie wurde vor Tschernobyl nur am Rande als Problem angesehen, ähnlich wie in der Sowjetunion. Wir müssen also festhalten: eigentlich alles, was uns heute in unserem Land als Energiewende-Diskurs begegnet, wurde von Westdeutschen gemacht und gedacht. Der Atomkonflikt war ein westdeutscher Konflikt; bei der Endlagersuche kommen bis heute ostdeutsche Stimmen kaum vor, obwohl weite Gebiete Ostdeutschlands sich für ein Endlager eignen könnten. Die Energiewende und ihre Fixierung auf den Atomausstieg waren eine westdeutsche Idee, auch wenn eine Kanzlerin mit DDR-Sozialisierung sie schließlich durchsetzte. Obwohl sich die Energiewende heute besonders auf ostdeutsche Landschaften auswirkt, sei es durch die Konzentration der Windindustrie in Mecklenburg-Vorpommern oder die Abwicklung der ostdeutschen Braunkohlereviere, kommen Ostdeutsche als Gestalter dieser Diskussion kaum vor. Auch die Wortführerinnen der Klimabewegung stammen aus alten westdeutschen Bürgerfamilien. Wenig verwunderlich, dass auch die Ablehnung der Kernenergie in den neuen Bundesländern weit weniger stark ausgeprägt ist als in den alten.

Anti-AKW wird Establishment

Die meisten Aktivisten traten ab 1980 ihren langen Marsch durch die Institutionen an. Sie taten es ihren Vätern nach und machten Karrieren in Schule, Kirche, Wissenschaft, Politik, Behörden und Medien. Und überall brachten sie ihre feste Überzeugung von der Verwerflichkeit der Atomkraft und der Lösung aller Probleme durch die Erneuerbaren Energien ein. Nach Tschernobyl waren es vor allem der Sozialdemokrat Hermann Scheer und der katholische Publizist Franz Alt, die die Vorstellung von Sonne und Wind, die »keine Rechnung« schickten, populär machten. Sie träumten von dezentralen Energiesystemen, in denen immer genug Wind und Sonne zur Deckung der elektrischen Bedürfnisse abrufbar sei. Geschickt nahm man die ökonomischen Hoffnungen der atomeuphorischen 1960er wieder auf und versprach dasselbe wie damals – Wohlstand und Wachstum – aber ohne das Risiko der Atomunfälle und des Atommülls. Auch dieses suggestive Bild hat sich bis heute im Energiewendediskurs erhalten: die Vorstellung von der Risikolosigkeit dieser Lösung, die somit die perfekte Alternative darstelle, sowie das Konzept von der besseren Eignung der »dezentralen« Erneuerbaren Energien für eine Vision von gesellschaftlicher Transformation.

Anti-Atom wurde Leitkultur. Keine deutsche Sozialisationsinstanz ohne die Botschaft von der Verwerflichkeit der Kernenergie – ob Schule, Kirche oder Medien. Im Kindergottesdienst und Konfirmandenunterricht hörten wir von der Bewahrung der Schöpfung, die von Atomkrieg und Atomkraft – beide wurden stets in einem Atemzug genannt – bedroht seien. Auf den westdeutschen Lehrplänen erschienen, von Schulbürokratien geheiligt, die Jugendromane von Gudrun Pausewang. »Die Wolke« und »Die letzten Kinder von Schewenborn« waren Nuklear-Dystopien, in denen Menschen zu Opfern des atomaren Massenmordes wurden. »Die Wolke« thematisierte einen Atomunfall in Grafenrheinfeld, dem Kernkraftwerk, in dem ich dreißig Jahre später arbeiten sollte; Massensterben, Massenpanik und Massenhaarausfall sind die Bilder, die ich von meiner Lektüre dieses Buches zurückbehalten habe. Die Bücher wurden von Generationen von Schülern gelesen. Linke Kritiker aus der »antideutschen« Szene haben später eine Linie von den Öko-Opfern Gudrun Pausewangs zur rechtsgewirkten Opfer-Erinnerungskultur im Dresden der Nachwendejahre gezogen: Sie deuteten die Romane als Versuche, die deutsche Schuld an der Shoa mit einem neuen Narrativ von den Deutschen als Strahlenopferkollektiv zu überschreiben. In anderen Texten aus der Hochzeit der Friedens- und Ökobewegung tauchten sogar direkte Gleichsetzungen von Holocaust und »Atomtod« auf, wie der Marburger Historiker Eckart Conze zeigen konnte.[11] Das waren die bizarren Ausläufer eines Umwelt-Engagements, mit dem die deutsche Nachkriegsgeneration auch die Untätigkeit und das Wegschauen ihrer eigenen Eltern im Nationalsozialismus zu kompensieren versuchte.

Derweil hatte das grüne Projekt längst auch die einstige Nuklearpartei SPD erfasst. Die Jusos, darunter der junge Olaf Scholz, stellten sich in dieser Frage gegen Bundeskanzler Helmut Schmidt, den leidenschaftlichen Verfechter der Kernenergie, der schon sehr früh auf die Klimaproblematik aufmerksam geworden war. Nach Tschernobyl wandte sich die SPD von der Kernenergie ab – und das fiel ihr umso leichter, als es in der eigenen Partei eine starke Fossillobby gab, die mit der Kernenergie fremdelte, weil sie als Bedrohung für Machtpositionen und Arbeitsplätze in der Kohlebranche galt. Daran änderte auch der »Jahrhundertvertrag von Kohle und Kernenergie« nichts, vielmehr ebnete er den Kohlevertretern den Weg, ihre Industrie als Alternative zur »gefährlichen« Kernenergie zu präsentieren. Das Narrativ von der heimischen Kohle, später auch vom importierten Erdgas als kleinerem Übel im Vergleich zur Atomkraft war geboren, und dieses Narrativ hat eigentlich unangefochten bis heute weiterbestanden. Die »deutsche Kohle«, die »einheimische Kohle« erzählte vom Wiederaufbau nach dem Krieg, von stabilen Arbeitsplätzen und knorrigen Arbeiteridentitäten, von Versorgungssicherheit und Harmlosigkeit der Kohleverstromung.[12] Erst vor wenigen Jahren begann die Klimabewegung die Kohle zu attackieren, ohne daraus aber Konsequenzen für die Haltung zur Kernenergie zu ziehen – die blieb dieselbe. Anders als in Frankreich gelang es also nie, die Fossilokratie durch eine Nukleokratie zu ersetzen – nicht strukturell und auch nicht diskursiv. Die deutschen Wirtschaftseliten und Parteien blieben in Bezug auf die Kernenergie gespalten. Die Behauptungen vom »Atomstaat«, in dessen Absicherungsregimes die Bürgerrechte radioaktiv zerfielen, suggerierten eine monolithische nukleare Herrschaft, die es in Deutschland nie gab. Derweil machten sich diejenigen, die behaupteten, vom Atomstaat unterdrückt zu werden, selbst auf den Weg ins Establishment.

Polit-Technik Kernenergie

Woher kam eigentlich die Vorstellung vom »Atomstaat«? Die meisten Menschen, die beruflich mit Technik zu tun haben, und mit ihr täglich auf Tuchfühlung sind, sagen, Technik sei *neutral*. Ihre Beurteilung entziehe sich dem politischen Lagerkampf. Tatsächlich gehört »Apolitizität« in den meisten Ländern zum Selbstkonzept der Techniker und Ingenieure. Man stellt den Gegenstand der eigenen Arbeit und sich selbst als über der Tagespolitik stehend dar, und man reagiert empfindlich, wenn die Industrie, in der man arbeitet, zum Spielball politischer Kämpfe wird. Man solle Experten entscheiden lassen, nicht die Straße, und nicht die Emotion, so eine oft gehörte Aussage. So habe auch ich es in den Kernkraftwerken erlebt, in denen ich geforscht habe.

Doch wir beobachten ständig, dass Technologien politisch und emotional aufgeladen werden. Dies ist der Fall, seit Menschen Technik erfinden und nutzen. Technologien werden mit politischen Mythen, mit Bildern und Diskursen umkleidet. Ob das jetzt die Vorstellung vom Automobil als Freiheitsmaschine für den Arbeiter in der Nachkriegs-Industriegesellschaft war, oder die von den Eisenbahnen als »eigentlichen Volkswohlfahrts- und Bildungsmaschinen«, wie es der Bahn-Pionier Friedrich List im Vormärz formulierte: Technik wurde politisch, sobald ihre Komponenten in soziotechnische Systeme eintraten, und sobald sich diskurs-dominierende Gruppen des Gegenstands bemächtigten. Das Auto war nie nur der Verbrennungsmotor, und die Eisenbahn nie nur der Hochleistungskessel oder der Elektromotor auf Schienen, genauso wie der Kernreaktor nie nur eine regelbare kritische Anordnung spaltbaren Materials war. Sie alle wurden in politische Mythologien und politische Kämpfe eingeflochten.

Die Kernkraft ist gleich am Anfang zur Polittechnik geworden, denn sie kommt aus den militärisch-industriellen Komplexen der Antagonisten des Kalten Krieges. Nukleares Know-how produzierte Souveränität, politische Legitimität und Nationalstolz. Das machte die Kerntechnik attraktiv für patriotische, auch autoritär orientierte Menschen. Politische Entscheider in Demokratien wie Diktaturen hielten die Beherrschung der Kerntechnik nicht nur für eine außenpolitische Sicherheitsgarantie, sondern auch für einen Ausweis nationaler Entwicklungsfähigkeit und Technologieführerschaft. Das war in Frankreich und Schweden so – letzteres verfolgte in den 1960er-Jahren noch ein Atomwaffenprogramm – und das war in der Sowjetunion und Pakistan nicht anders. In Deutschland schielte der ehrgeizige Atomminister Franz Joseph Strauß nach der Bombe und interessierte sich daher vor allem für Reaktorkonzepte, die eine hohe Plutoniumausbeute versprachen. Nachdem diese Option fallengelassen worden war, sorgte Strauß mit demselben Nachdruck für die Industrialisierung und zivile Nuklearisierung seiner bayerischen Heimat. Bayerns heutige Identität als Laptop-und-Lederhose-Land wurde wesentlich mit Atomstrom produziert. Im nuklearen Entwicklungsgedanken konnten konservative Modernisierer wie Strauß und Sozialdemokraten wie Helmut Schmidt zusammenfinden. Die Schmidt-Sozialdemokraten brauchten die Kernenergie für ihr »Modell Deutschland« von Wachstum, Vollbeschäftigung und sozialer Emanzipation, doch die linke Jugend setzte sich davon ab und brachte damit gleichzeitig jenen Erosionsprozess der Sozialdemokratie in Gang, der den Aufstieg der Grünen und schließlich auch die aus Verzweiflung geborene Abwendung der SPD von der Kernenergie ermöglichte. Derweil erlebten die osteuropäischen Kommunisten, in deren Entwicklungs- und Aufklärungsdenken die Elektrizität immer eine bedeutende Rolle gespielt hatte, ihre eigenen nuklearen Krisen. Als der sowjetische Nationalreaktor RBMK 1986 in Tschernobyl verunglückte, brach für eine ganze Generation russischer und ukrainischer Atomingenieure, viele von ihnen Kommunisten, eine Welt zusammen, und zwar nicht nur, weil sich dort eine für ausgeschlossen gehaltene nukleare Katastrophe ereignet hatte, sondern auch, weil sich an diesen Reaktor mit der Zeit Emotionen, Stolz und Wohlstandsträume angelagert hatten.

Mit Technik verhandelt man Gesellschaft

Alle Versuche, die Kernenergie auf eine politische Richtung festzulegen – heutzutage meist als »rechts« –, entstammen einer reichen intellektuellen Tradition der Befassung mit Technik. Die technisch-wissenschaftliche Grundlage politischer Systeme hat Staatsdenker, Soziologen und Philosophen in der industriellen Moderne schon immer beschäftigt. Dabei galt die Aufmerksamkeit vor allem der Frage, ob bestimmte Technologien durch ihre zentralisierende Eigendynamik auch bestimmte Herrschaftsformen hervorbringen könnten. Gleichzeitig wurden und werden Technologien auch als Projektionsflächen für die Kritik von Gesellschaften genutzt – oder als Symbole für Vorstellungen künftiger, wünschenswerter Gesellschaften. Bei ihren Entscheidungen über das, was sie als wünschens- und lebenswerte Gesellschaft anstreben und wie die Energieversorgung dieser Gesellschaft aussehen soll, lassen sich Menschen aber in der Regel nicht nur von Evidenz über Technologen leiten, sondern auch von den moralischen Leitvorstellungen, denen sie anhängen. Auch politische »Lager« bilden sich um solche moralischen Orientierungen herum. Im Abschnitt über die Risikowahrnehmung klang es schon einmal an: Menschen, die sich eher an Loyalität, Autorität oder Freiheit orientieren – also Konservative und Libertäre – schätzen technische Risiken und den Stellenwert von Umweltschutz anders ein als Menschen, für die Gemeinschaft, Gerechtigkeit und Reinheit der moralische Leitstern sind.[13]

Karl August Wittfogel postulierte mit Blick auf die Herrschaftsformen des antiken Orients und Chinas, dass die Errichtung komplexer Bewässerungssysteme notwendigerweise auch zentralistische Bürokratien und Zwangsarbeit hervorgebracht habe. In dieser »hydraulischen Gesellschaft« oder »hydraulischen Despotie« spiegelte sich auch Wittfogels persönliche Erfahrung mit Nationalsozialismus und Stalinismus.[14] Robert Jungk ist mit seiner Dystopie vom Atomstaat im Grunde Wittfogels Hypothese von der technologiebasierten Despotie gefolgt.[15] Die Anti-Atom-Bewegung übernahm dieses Image der Kerntechnik als despotischer Technologie bereitwillig und setzte ihr das Bild der sanften, dezentralen Erneuerbaren Energien als Weg zu einer befreiten Gesellschaft entgegen. Ihr militanter Flügel, die aus dem radikalen Flügel der 68er-Bewegung hervorgegangenen maoistischen K-Gruppen, interessierten sich allerdings nicht sehr für Windkraft und Photovoltaik; sie sahen sich in Frontal-Gegnerschaft zum Staat und attackierten die Kernkraftwerke als Symbole des verhassten rheinischen Kapitalismus, aber auch des Modell-Deutschland-Staates der SPD. So wurde die Kernenergie »rechts«, zentralistisch und autoritär – und ihre Gegner »links«. Die damals sich einbürgernden Bau- und Verfahrensformen zur Absicherung der deutschen Kerntechnik schienen diese Vision zu bestätigen. Die Bastionen der Atomanlagen, die sich die protestierenden Bürger mit zonierten Sicherheitsregimes, Wehrgräben, NATO-Draht-bekrönten Betonzäunen und Polizei-Hundertschaften vom Leibe hielten, wurden zu Kulissen epischer Protestgemälde. Sozialistische Kernkraftwerke hingegen wurden überhaupt nicht thematisiert – und wer es doch tat, folgte häufig der in Osteuropa ausgegebenen Doktrin, wonach Unfälle und Atommüll-Skandale typisch für das kapitalistische Ausbeutungsverhältnis der westlichen Kernenergiewirtschaften seien. Der Mär vom unproblematischen sozialistischen Kernkraftwerk setzte erst der Reaktorunfall von Tschernobyl ein Ende.

In Deutschland hat sich seitdem das Image der »rechten« und autoritären Kernkraft verselbständigt. 2019 brachte Christian Meyer, stellvertretender Fraktionsvorsitzender der Grünen im niedersächsischen Landtag, auf Twitter das Kunststück zustande, diese Zuschreibung gar nicht mehr mit den traditionellen Argumenten Zentralismus, Macht- und Staatsnähe zu begründen. Es reiche zu wissen, dass die AfD für Kernenergie sei. Der SPD-Abgeordnete Ralf Stegner schmiss jüngst alle Atombefürworter mit Rechtsextremisten und »Querdenkern« in einen Topf, offenbar in Unkenntnis der Tatsache, dass Impfgegnerschaft auch im grünen Milieu stark verwurzelt ist und dort häufig mit dem Glauben an Pseudowissenschaften wie Homöopathie und Anthroposophie einhergeht, aber auch mit der Ablehnung der angeblich widernatürlichen und todbringenden Atomtechnik.

Gerade dieses Beispiel zeigt, dass die Links-Rechts-Scheidung bei der Kernenergiefrage gar nicht funktioniert: Die AfD steht bei ihrem Widerstand gegen das Impfen in einer Front mit Heilpraktikerinnen, Anthroposophen und Öko-Esoterikern, die AKW-nein-danke-Buttons spazierenführen. Die AfD-Motive, für

Kernenergie zu sein, ähneln den Motiven der ökologischen Linken, dagegen zu sein: Über den Umweg der Technik verhandelt man Bilder der Gesellschaft, in der man leben will. Die AfD mag übrigens auch Kohlekraft – den Klimawandel hält sie ja für eine Erfindung, um den Menschen mehr Steuern aus der Tasche zu ziehen. Die Stromerzeugung in Großkraftwerken steht für eine Welt, die man wiederhaben will: das konservative Deutschland der Kohl-Zeit, der starke Industriestandort, die bewährte deutsche Technik, die günstigen Strompreise, die bescheidenen, aber realen Aufstiegschancen für deutsche Facharbeiter, unbehelligt von Inflation, Migration und Euro-Rettung. Doch hinsichtlich ihrer moralischen Grundorientierungen teilen AfD-Wähler auch Vorstellungen von Autorität und Loyalität. Sie wünschen sich eine Gesellschaft, in der traditionelle, männlich dominierte Experten- und Wirtschaftseliten über die Ordnung unserer Ökonomie und Energieversorgung entscheiden – keine Klimabewegungen, die von jungen Frauen angeführt werden. Das Kernkraftwerk steht als Techno-Symbol aus Sicht von AfD-Anhängern auch für diese Ordnung. Und das macht es Linken um so einfacher, das Kernkraftwerk im Paket mit den AfD-Anhängern abzulehnen.

Doch auch die Verfechter der Erneuerbaren Energien sind Gefangene ihrer Sozialpsychologie und ihrer Moral. Auch bei ihnen fungieren Energiewandlungsanlagen als Techno-Symbol für das Konzept einer wünschenswerten Gesellschaft. Weil ihre Lieblingsanlagen keine großen Energiemengen umsetzen und in der Fläche verbaut sind, gelten sie als harmlos und beherrschbar, dezentral und lokal verwurzelt, selbsterklärend demokratisch, Machtkonzentrationen und Hierarchien entgegenwirkend. Auch die vermeintliche Unterkomplexität, das niedrigschwellige, intuitiv verstehbare Funktionsprinzip, ihr so gut wie personalfreies Funktionieren macht die Erneuerbaren im Vergleich mit dem Atomkraftwerk sofort sympathisch für Menschen, die eher von egalitären und gerechtigkeitsorientierten Moralvorstellungen geleitet werden als von Bezügen auf Tradition, Autorität und Loyalität. Aus ihrer Anschauung der Anlagen leiten sie ab, dass die Erneuerbaren die perfekte Energieform für selbstverwaltete und selbstorganisierte Bürger und für Basis-Organisationsformen wirtschaftlichen Handelns seien, zum Beispiel für Genossenschaften.

Gleichzeitig hilft das Bild der »rechten« Atomkraft diesem Milieu in einer Zeit wachsender Unsicherheiten, die eigene Anhängerschaft zu konsolidieren und auf Linie zu halten. Den Abgrenzungsakt glaubt man nötig zu haben, weil man instinktiv spürt: Derzeit kommen die Fronten in Bewegung. Die Grünen sind zwar im Klima-Aufwind, aber sie treffen auf immer stärkere Zweifel, ob die technologischen Instrumente der Energiewende das halten, was sie versprechen. Sie verwickeln sich überdies in Widersprüche: fest in der Kritik am russischen Nord-Stream-Deal, doch ignorant über die Zusammenhänge zwischen Energiewende, Atomausstieg und deutschem Gas-Hunger.

Die Klimadebatte birgt also Gefahren für die antinukleare Glaubensfestigkeit der Grünen. Auch sie können sich den Szenarien des Weltklimarats oder den pronuklearen Positionen namhafter, rechter Sympathien gänzlich unverdächtiger Klimawissenschaftler wie James Hansen auf die Dauer nicht entziehen. Positionen, die auf verdichtete statt extensive Energieformen setzen, um der Natur mehr Raum zurückzugeben, werden neuerdings auch als »Ökomodernismus« bezeichnet.[16] Ökomodernisten sind für Verdichtung und Intensivierung der menschlichen Prozesse, um der Natur ihre Freiräume zurückgeben zu können. Sie sind nicht nur für die Nutzung der Kernenergie, sie sind auch bereit, quer zu Parteigrenzen heilige Kühe zu schlachten. Bei der Frage des Eigenheims als Zersiedlungs-Agentur und ökologische Sackgasse unseres Städtebaus sind sie sich mit dem Grünen Anton Hofreiter einig, der sich für entsprechende Aussagen im Februar 2021 einen Shitstorm einhandelte. Bei grüner Gentechnik und Agrarwirtschaft legen sie sich hingegen mit den Öko-Traditionalisten an und konstatieren: Nur mit Hilfe einer hocheffizienten Landwirtschaft und mit gentechnisch veränderten Pflanzensorten wird es gelingen, eine wachsende Weltbevölkerung so zu ernähren, dass Wohlstand und Bildung auch in die Armenhäuser dieses Planeten einziehen können. Genauso halten sie es mit der Kernenergie, darin traditionellen Marxisten nicht unähnlich, die die Kernenergie als fortschrittlichste Produktivkraft wahrnehmen.

Das anarchistische Atomkraftwerk

Auch die Technikgeschichte liefert gute Argumente gegen eine vorschnelle Verortung der Kernenergie in der rechten Ecke. Ähnliche technische Aufgabenstellungen bringen eben nicht notwendigerweise dieselben politischen Formen hervor, und umgekehrt kann dieselbe Technik, in unterschiedlichen Gesellschaften genutzt, ganz unterschiedliche Ergebnisse hervorbringen. Erneuerbare in China, einem zentralistischen Ein-Parteien-Staat, wirken nicht demokratisierend: Hier werden PV-Anlagen in Zwangsarbeitslagern gefertigt. Erneuerbare sind auch nicht per se partizipativer und egalitärer, wie der sprichwörtliche Großinvestor zeigt, der in dünn besiedelten Landschaften Nordostdeutschlands Großwindparks oder Batteriefabriken baut, an denen die lokale Bevölkerung nicht teilhaben kann. Kernkraftwerke in China werden genauso autoritär geführt wie dortige EE-Betriebe, während in den Kernkraftwerken westlicher Demokratien die Festangestellten von starken Gewerkschaften, penibel eingehaltenen Arbeitsschutzrechten und auskömmlichen Löhnen profitieren. Gleichzeitig werden sowohl die Kernkraftwerke als auch die Erneuerbaren in Demokratien immer stärker von der sich überall etablierenden prekären Leih- und Vertragsarbeit erfasst, die die Arbeitnehmerrechte erodieren lässt und die Löhne drückt. Die neue Arbeiterklasse nomadisiert von Baustelle zu Baustelle und kampiert im Wohnwagen hinter Kühltürmen und auf Parkplätzen, um Geld für die Monteurswohnung zu sparen.

Es gibt nicht nur die hydraulische Gesellschaft oder die hydrotechnischen Großbauten des Stalinismus, sondern auch den Deichbau und die Landgewinnung an den friesischen und niederländischen Nordseeküsten. Auch hier gebot der Überlebenskampf gegen die Naturgewalten einen erhöhten Erfindungs- und Planungsaufwand, aber die Menschen organisierten diese Anstrengungen in subsidiären, genossenschaftlichen und basisdemokratischen Formen. Liegt es vielleicht an dieser anderen Techniktradition und an einem ererbten Pragmatismus gegenüber existenziellen Herausforderungen durch die natürliche Umgebung, dass heute die Niederländer, das Volk der Wasserbauingenieure, einem Ausbau der Kernenergie viel offener gegenüberstehen als die Deutschen?

Selbstverständlich könnte man, eine Form kollektiver Finanzierung und Verwaltung vorausgesetzt, auch ein Kernkraftwerk als Bürgerkraftwerk betreiben: Es ist die Gesellschaft, die entscheidet, wie ihre Technik organisiert ist. Vor der Liberalisierung der Strommärkte waren die deutschen Stromkonzerne im Grunde viel näher an diesem Modell als heute: Mit ihren Gemeinschaftskernkraftwerken, an denen viele kleinere Überland- und Stadtwerke beteiligt waren, ihrem Versorger-Ethos und ihrem Territorialprinzip waren sie gut kompatibel mit linken Vorstellungen von Energie als Gemeingut statt als Ware. Und deswegen waren die damaligen Linken, die Sozialdemokraten, auch überall mit dabei. Die Kernenergie war, bei aller Kohle-Nostalgie, im Grunde die tatsächliche Energietechnologie des sozialdemokratischen Wohlfahrtsstaatsmodells: blauer Himmel über der Ruhr, regulierter Strommarkt und erschwinglicher Strom für alle.

Als ich im Herbst 2021 in einem Streitgespräch für die Zeitschrift GEO halb im Scherz meinem Gegenpart vom Öko-Institut, Christoph Pistner, erklärte, man könne ein Kernkraftwerk auch als anarcho-syndikalistisches Kollektiv betreiben, brach der in Lachen aus und sagte sinngemäß, vor einem solchen AKW habe er mehr Angst als vor einem kapitalistischen. Was Pistner – und mit ihm wahrscheinlich große Teile der deutschen Ökobewegung – nicht wissen: Dieses Problem ist in der anarchistischen Theoriediskussion tatsächlich schon behandelt worden. Es geht hier um die fundamentale Frage der Vereinbarkeit eng gekoppelter, komplexer technischer Systeme in modernen Industriegesellschaften – etwa der Kernenergetik oder der Flugsicherung – mit basisdemokratischen und anarchistischen Selbstverwaltungsformen.

Viele denken beim Stichwort »linke, selbstorganisierte Strukturen« an das sprichwörtliche Klischee der ewig über den Abwasch diskutierenden WG- oder Hausbesetzer-Plena, und meinen, das könne sich im AKW ja fatal auswirken, wenn im Störfall Entscheidungen rasch getroffen werden müssten. Doch die deutschen Öko-Linken zeigen so nur, dass sie weder von der inneren Organisation von Kernkraftwerken noch vom Anarchismus konkrete Vorstellungen haben. Letzterer bedeutet nämlich keineswegs Chaos und Entscheidungswirrwarr, sondern sinngemäß »Ordnung ohne Herrschaft«, und hat in Form des Anarchosyndikalismus auch eine reiche Diskussion und historische Erfahrung über anarchistische Organisation in der Industrie hervorgebracht. Interessanterweise sind es gerade die Kernkraftwerke, die in weiten Bereichen so funktionieren, dass sie sich theoretisch gut als anarchosyndikalistische Anlagen eignen würden – und zwar kybernetisch wie sozial. Automatisierte komplexe leittechnische Systeme und Maschinen treffen selbstorganisierend Entscheidungen, die menschlichen Operateure begleiten sie dabei. In Kerntechnikkulturen wie Schweden, Finnland, Kanada oder Deutschland arbeiten die Menschen, die im unmittelbaren Kontakt mit der Anlage stehen, in erstaunlich flach hierarchisierten, selbstorganisiert und selbstverwaltet agierenden Teams; auch die einfachen Atomarbeiter sind sehr gut ausgebildet und treffen selbstständige

Entscheidungen. In Kanada übernehmen sie auch Teile der Strahlenschutzaufgaben, wofür sie gesondert ausgebildet werden.[17]

Prinzipiell gilt für Hochzuverlässigkeitsorganisationen wie die Kerntechnik oder die Flugsicherung, dass im Störfall auch ansonsten hierarchisch aufgebaute Strukturen in der Lage sein müssen, sich auf jeder Ebene selbsttägig zu reorganisieren und unter Zeitdruck Entscheidungen zu fällen. Doch auch für den Alltag, in dem ohne Zeitdruck Entscheidungen getroffen werden, gilt das hohe Autonomiemaß. Ich habe viele Pre-Job-Briefings und andere Kommunikationssituationen an der Basis in Atomkraftwerken beobachtet, die diesen Befund erhärten. In solchen Situationen kann man genau beobachten, wie alle an der Prozedur beteiligten Menschen – zum Beispiel der für die Planung zuständige Ingenieur von der elektrotechnischen Werkstatt, die Elektrotechniker, die Anlagenschlosser, die Reaktorfahrer auf der Warte – in einem multilateralen Prozess sich über die Auswirkungen ihrer Intervention auf die Anlage und über ihre Rollen untereinander verständigen, bevor sie zu Werke gehen. Genau dieses Verhalten wird in Richtlinien über die Arbeitsorganisation und Kommunikation in Kernkraftwerken auch gefordert und belohnt: »questioning attitude« und ein gutes Fehlermeldeverhalten werden besonders in solchen Systemen begünstigt, die möglichst herrschafts- und druckfrei arbeiten, ohne aber regel- und ordnungslos zu sein. Die Kommunikation in solchen Situationen läuft nach festgelegten Mustern ab, die den Atomarbeitern helfen, Voraussetzungen und Folgen eigener Handlungen zu bewerten und zu überdenken. Haltepunkte in den Prozeduren geben die Möglichkeit, eine Entscheidung zu revidieren oder zusätzliche Informationen einzuholen.

Genau das zog die Aufmerksamkeit anarchistischer Theoretiker auf sich. Der Amerikaner F. K. Schulze konstatierte, starre Hierarchien seien in Kernkraftwerken vor allem dort im Eingriff, wo es um die Vermittlung zwischen Ebenen gehe, etwa die Vermittlung der Politik der Firmenzentrale an die Kraftwerksleitung; hier seien im kapitalistischen System auch die Macht- und Ressourcengefälle angesiedelt.[18] Ähnlich sieht es die US-Techniksoziologin Constance Perin, die bei Analysen exemplarischer Störfallsituationen in US-Kernkraftwerken vor allem in dem Aushandlungsspiel Anlagensicherheit versus Profitstreben zwischen den großen Hierarchiestufen die größten Spannungen und Machtgefälle beobachtet hat, deren Folgewirkungen dann die Atomarbeiter an der Basis ausbadeten, die unter Zeitdruck oder Übermüdung Entscheidungen treffen müssten.[19] Die großen kerntechnischen Unfälle in Tschernobyl und Fukushima gehen wesentlich auf mangelhafte Wissensweitergabe und Druck einer Hierarchiestufe auf die andere im Vorfeld der Unfälle zurück, keinesfalls aber auf Organisationschaos an der Basis. Bei der eigentlichen Unfallbewältigung fällt angesichts der apokalyptischen Umgebungsbedingungen sowohl in Tschernobyl wie auch in Fukushima auf, wie effizient die Betriebsmannschaften sich dann doch selbst organisierten, auch wenn der Unfall bereits irreversibel war.

So gesehen ist also mein Gedankenspiel über das anarchistische Atomkraftwerk überhaupt keine Spinnerei. Man kann den Gedanken weiterführen zur im Kapitel 4 bereits diskutierten Energiedemokratie. Aus einer solchen Perspektive passt ein Kernkraftwerk, das in öffentlich-rechtlicher Organisation von den Zwängen kapitalistischer Profitoptimierung befreit wäre, prima zur Idee des Ökosozialismus. Es wäre überdies auch eine sehr sichere Anlage. Es kommt allein darauf an, ob die umgebende Gesellschaft das für erstrebenswert hält.

Natürlich gilt alles Gesagte genauso für die Erneuerbaren Energien. Auch diese werden sich je nach der Ausrichtung der Umgebungsgesellschaft entweder als Unterdrückungsinstrumente oder als Befreiungsmaschinen erweisen. Es besteht aber kein Grund zu der Annahme, der Einsatz Erneuerbarer Energien allein beschere uns automatisch eine sanfte, dezentrale und somit automatisch demokratischere Gesellschaft.

Die Leitkultur verlernen

Der Leipziger »Spaziergangsforscher« Bertram Weisshaar, der für die Weltaneignung und -beobachtung durchs Spazierengehen wirbt, empfiehlt Pilgerwege und Wanderungen an »Schreckensorte« zur Bewusstwerdung über die Folgen menschlichen Handelns: »… eine Müllkippe, eine Kalihalde, ein Tagebau, ein stillgelegter Atommeiler …«[20] Es sind nicht nur die besonderen Abschottungsregimes der Kernkraftwerke, es sind auch unsere kulturellen Eliten, unsere Deutungsproduzenten, die das Bild des AKW als Schreckensort produzieren und immer wieder reproduzieren. Das ist einer der Gründe, warum es in Deutschland bislang nicht möglich war, Gedanken über anarchistische Atomkraftwerke oder erneuerbar-nukleare Energiesysteme in Ruhe zu Ende zu denken, ohne der »Verharmlosung« geziehen zu werden. Der hierzulande etablierte Denkstil über alles Nukleare steht im Zeichen eines finsteren Rigorismus und einer totalen Humorlosigkeit. Die Leitkultur der Atomangst, die sich über mehrere Jahrzehnte in unserem Denken festgefressen hat, lässt weder Raum für die rationale Abwägung der Kernenergie noch für ihre kluge Beobachtung, und schon gar nicht für ein einfaches, befreiendes Lachen. Ob durch Gegner- oder Befürworterbrille gesehen, die Atomkraftwerke sind von außen besehen Monstren, Festungen oder Kathedralen – in jedem Falle monolithisch und ernst. Dazwischen, dahinter, daneben ist wenig denkbar.

Aber die Anlage, in der ich arbeitete, war kein Monster und auch keine Kathedrale, eher eine Diva. Sie war Weltmeisterin in Blockstromproduktion, aber trotzdem drehte sie in der Vergangenheit beim einen oder anderen Anfahren eine Ehrenrunde: Einmal war ein Frischdampf-Vorsteuerventil undicht, ein anderes Mal eine Speisewasserarmatur. Die Diva war eine für die große Bühne, mit rauschenden Auftritten, voller Leidenschaft an der Arbeit, mit höchsten Ansprüchen an die Kunst, aber wehe, wenn sie einmal mit dem falschen Fuß aufstand. Dann musste sie betüddelt und umschmeichelt werden. Dann wieder präsentierte sie sich monatelang als unprätentiöses Arbeitspferd, das stoisch durch die Landschaft stampfte, die Kühlturmschwadenmähne flatternd – Sturm, Sonne, Hitze, Frost, Nacht, Tag, Blitz, Donner, Nebel, Volllast, Teillast, egal.

Genau darüber ist nie gesprochen wurden, über die deutschen Anlagen in ihrer Normalität und Alltäglichkeit. Eigentlich sind sie ja das Gegenteil von Schreckensorten, ihren unauffälligen Biografien haftet nichts Furchtbares an, nicht der Fluch einer vergangenen Katastrophe, wie ihren Anlagenschwestern in der Ukraine, nicht der Schatten der Beinahe-Katastrophe, wie der Anlage Three Mile Island, deren erster Block ja bis vor wenigen Jahren am Netz war. Es war immer nur die Vorstellung, es *könnte* in ihnen etwas Schreckliches passieren, die verhinderte, das Banale oder Hintergründige in ihnen zu entdecken, oder sie einfach als eine Industriekultur zu akzeptieren, so wie man auch Kohleschächte und Autofabriken akzeptiert hat.

Müsste ich den Spaziergangsforscher durch ein Kernkraftwerk führen, würde ich mit ihm mehrere Touren gehen – neben der Diva-Tour mit der epischen Turbine und den grollenden Kühlwasser- oder Hauptkühlmittelpumpen auch die Tour der Normalität und der Mikro-Subversionen und der kleinen Kuriositäten. Schau, würde ich sagen, die Sozialräume, Raucherecken, Wartenküchen und Umkleiden, deren 1980er-Jahre-Charme fast schon wieder als Kult durchgehen könnte, und denen alles Schreckliche abgeht, es sei denn, du findest Langeweile schrecklich. Wir würden die mit Aktenordnern vollgestopften, mit Plänen ausgekleideten und mit Unterlagen übersäten, nach Kaffee und Papier duftenden Ingenieursbüros besuchen, die eher an die Uni erinnern als an einen Hochsicherheitstrakt. Oder das begehbare Anlagenmodell im Flur vor der Arbeitsvorbereitung, das bis ins winzigste Detail auch noch die letzte 15-Millimeter-Rohrleitung und die unbedeutendste Armatur am hintersten toten Ast im finstersten Anlagenraum würdigt, aber mal wieder abgestaubt werden könnte. Wir würden eine Runde Kniffel mit den aus Gaffertape selbst gefertigten Würfeln spielen, die irgendwelche verflossenen Strahlenschützer in einem Schreibtisch am Ringraum-Eingang platziert haben, um sich endlose Revisions-Nachtschichten zu vertreiben. Oder die grau lackierten Antriebe der Nachkühl-Armaturen besuchen, hinter den Dampferzeugern, die mich immer an Hundeschnauzen erinnern. Die Schlüsselverstecke der Anlagenwärter. Die Zwischenkühlleitungen für den Kühlmittelverdampfer, die diesen einen Korridor im Hilfsanlagengebäude mit einem metallischen Geschnatter und Geklacker erfüllen, als ob diese Leitungen sich irgendwas erzählten. Die Wartenküche, Mittelpunkt des sozialen Lebens auf der Schicht, Holz-Eckbank, Pin-up-Kalender, sechs üppig gefüllte Kühlschränke, für jede Schicht einer. Die Kaffeemaschine – wichtigste Maschine im Kraftwerk aus Sicht der Betriebsmannschaft. Der Playmobil-Papagei mit dem Vogelschiss oben auf der Reaktorschutztafel, der aufgehängte Gummi-Overall der Wasserchemie im Maschinenhaus, der im Luftzug immer mal wieder die Arme hebt, als wolle er uns irgendwohin den Weg weisen – als ich ihn zum ersten Mal traf, mitten in der Nacht, allein in den Gedärmen der Turbinenhalle, bekam ich einen Riesenschreck. Oder die Graffiti der Schweißer aus den 1980ern im Ringraum, auf der Außenhülle des Stahlcontainments, das man drinnen »die Murmel« nennt.

Zu der Vorstellung, man würde hier als nukleare Priesterschaft ein Höllenfeuer zähmen oder als Atommafia an finsteren Machenschaften stricken, passt es überhaupt nicht, das Helmregal vor der Reaktorgebäude-Schleuse mit den aufgeklebten Spitznamen der Kollegen auf den Fächern. Auch der aus Klebeband gebastelte Kopf mit dem Grinsegesicht am Griff einer Lüftungsklappe passt dazu nicht, der einen davor warnen soll, sich an diesem Griff den Schädel einzurennen. Der Raum, in dem dieser

Grinsekopf seit Ewigkeiten wohnt, heißt übrigens »die Banane«, wegen seiner Form. »In der Banane entlüften«, jeder weiß auf der Schicht, was mit dieser Anweisung gemeint ist, TF64,65S203! die Entlüftungsarmaturen unter dem Grinsekopf, die für den Zwischenkühlkreislauf der Hochdruck-Kühler des Volumenregelsystems des ... des ... jetzt wird es schon wieder zu technisch, lieber Spaziergangsforscher, lass uns weiterziehen.

Die deutsche Zivilreligion der Atomskepsis ist eine kulturell erlernte Praxis. So, wie wir sie über drei Generationen erlernt haben, können wir und sollten wir sie auch wieder verlernen. Wir müssen sie verlernen, denn sie hält uns ab, zu nutzen, was wir dringend benötigen: ein Instrumentarium für den Klimaschutz. Was wir brauchen, ist also eine Entdämonisierung der Kerntechnik, ohne in eine nachlässige und unkritische Haltung zu wechseln. Die Voraussetzung dafür ist Bildung, *nuclear literacy* – aber auch kulturelles Wissen, um die vorgängigen Werthaltungen und Images zu hinterfragen, die der deutschen Atomangst zugrunde liegen.

Ich habe in diesem Buch versucht, einen anderen Blick auf die Kernenergie zu werfen, insbesondere auf jene in Deutschland. Ich habe skizziert, was in der Klima- und Energiepolitik unseres Landes momentan schlecht läuft und wie man es mit Kernenergienutzung besser machen könnte. Ich habe Sie mitgenommen in die dramatische Welt der Störfallerfahrungen und die undramatische des kerntechnischen Arbeitsalltags, der Regelwerke und Sicherheitskonzepte. Ich habe versucht, Basiswissen über Reaktorsicherheit und Atommüll zu vermitteln und den Ursprüngen der nuklearen Angstpolitiken auf den Grund zu gehen.

Doch *nuclear literacy* alleine reicht nicht. Was wäre, wenn wir die Atomkraft nicht mehr als unnahbare, gefährliche und abgeschottete Welt wahrnähmen, sondern in ihren Vorgängen als Teil unserer Natur, in ihren technischen Ausgestaltungsformen als Teil unserer Kultur? Was wäre, wenn wir sie als zwar wissenschaftlich faszinierende, aber auch menschliche Welt nahegebracht bekämen? Was wäre, wenn die Kernenergie zu einem guten Leben in einer klimafreundlichen und gerechten deutschen Gesellschaft beitragen und auf diese Weise wieder dazugehören würde?

Was viele Politiker daran hindert, die oben skizzierten Schritte jetzt zu tun, obwohl sie sie eigentlich für richtig halten, ist die fehlende Normalisierung der Kerntechnik. Sie muss nicht auf Kosten einer sachlich-kritischen Haltung und einer gut funktionierenden öffentlichen Kontrolle gehen. Aber dafür müsste es eine andere Organisationsform der Kernenergie geben. Ich plädiere für eine öffentlich-rechtliche Organisationsform – Atomkraft als Gemeingut.

Was wir also brauchen, ist ein Diskurs-, Kultur- und Strukturwandel gleichermaßen. Wir stehen heute an seinem Beginn. Andere europäische Länder sind weiter als wir, aber auch hierzulande finden sich immer mehr, vor allem jüngere Menschen, die neu und anders über Kernenergie nachdenken möchten. Doch wenn Technikvorstellungen, denen moralische Orientierungen zugrunde liegen, die politischen Entscheidungen mehr leiten als die Technikfakten, dann bekommen Gesellschaften ein Problem. Denn dann kann es zu Fehlsteuerungen kommen, die auf einer Fehleinschätzung von Technik beruhen. Solch ein Fall scheint mir in Deutschland vorzuliegen. Die Akteure neigen dann dazu, bestimmte Eigenschaften der vorgefundenen Technologien zu betonen, andere, die nicht ins eigene Schema passen, zu ignorieren. Das führt zu übersteigerten Erwartungen an die Erneuerbaren Energien und zu überzeichneten Bedrohungsbildern im Falle der Kernenergie und des Atommülls. Oben wurde gezeigt, dass Erneuerbare keinesfalls automatisch Demokratie und Partizipation gewährleisten und Kernenergie keinesfalls automatisch in den Autoritarismus führt. Eine Technik ist immer so gut wie die Gesellschaft, die sie umgibt, und die Normen, die sie ihr gibt. Wir sind frei, sie zu gestalten. Dafür aber brauchen wir einen frischen, durch Vorurteile unverstellten Blick auf die Kernenergie wie auf die Erneuerbaren.

Erneuerbare und Kernenergie sollten nicht mehr als Antagonisten, sondern wie in anderen Ländern der Europäischen Union als Elemente einer integrierten und komplementären Klimastrategie wahrgenommen werden. Bislang stehen einem solchen Weg vor allem die Technik-Images der Erneuerbare-Energien-Interessengruppen entgegen. Sie beinhalten nicht nur die rigoristische Festlegung auf ein System, das zu 100 Prozent aus Erneuerbaren Energien bestehen soll, sondern vor allem eine Präferenz für ein »dezentrales Energienetz« und eine kleinteilige Versorgungsstruktur. Das Interessante an solchen Einschätzungen ist, dass sie in Verkennung der elektrotechnischen Realitäten erfolgen: Auch heutige Verbundnetze sind dezentral aufgebaut, sie entstanden einst als Zusammenschlüsse von Inselversorgern, die das dezentrale Klein-Klein für ineffizent befanden. Im vierten Kapitel wurde gezeigt, dass Kernkraftwerke gut zu Erneuerbaren passen. Auch verkennen die Kleinteiligkeits-Anhänger, dass heutige Erneuerbare Energien längst die Stromrebellen-Phase hinter sich gelassen haben. Erneuerbare haben heute die Gestalt von Großkraftwerken und Großindustrie angenommen. Aus Sicht des Lastverteilers ist es egal, ob in einen Netzknoten in der Nordsee ein 400-Megawatt-Offshore-Windpark einspeist oder in einen Netzknoten in der Slowakei ein 400-Megawatt-Druckwasserreaktor sowjetischer Bauart; das Entscheidende wird im Europa der Zukunft sein, dass diese beiden Erzeuger ihren Strom mit nur 5 bis 12 Gramm CO_2-Last pro Kilowattstunde bereitstellen. Das Entscheidende wird aber auch sein, dass der Kernreaktor mit Verfügbarkeiten von bis zu 90 Prozent bereitsteht, der Windpark aber nur mit Verfügbarkeiten von 40 Prozent – der Kernreaktor ist also das Komplementär des Windparks.

Um aber die Kernenergie auch in Deutschland wieder denkbar, sagbar, nutzbar und irgendwann baubar zu machen, müssen wir uns ehrlich machen über ihre Potenziale und Risiken, genauso wie über die Potenziale und Risiken der Erneuerbaren. Zum Ehrlichmachen gehört nicht nur die Aufarbeitung der Doppelstandards und Ambivalenzen im deutschen Umwelt- und Energiediskurs, die uns auf unseren Sonderweg führten. Dazu gehört auch das Eingeständnis, dass es nicht zuletzt Staatsversagen war, das uns dahin brachte: Fehler wie die Top-down-Entscheidung gegen die Bevölkerung bei der ersten Endlagersuche in Gorleben, Vernachlässigung der Aufsicht wie in der Asse, aber auch der Atomausstieg ohne Faktengrundlage und ohne Absprache mit den europäischen Nachbarn nach Fukushima.

Beim Klimaschutz darf der Staat nicht wieder versagen – er muss liefern, und er sollte alle Instrumente in der Werkzeugkiste nutzen. Sowohl Kernenergie als auch Erneuerbare sollten sachlich-kritisch neu bewertet werden, in einem gesellschaftlichen Diskussionsprozess ohne Tabus und ohne Schuldzuweisungen. Nullsummenspiele, in denen Erneuerbare gegen Kernenergie ausgespielt werden, können wir uns nicht mehr leisten. Die Diskussion, die wir führen müssen, verträgt weder Katastrophismus noch überschießende Zukunftsversprechen. Das Gebot der Stunde ist also die Rückkehr zu einer Energiepolitik, die sich konsequent an den Fakten orientiert.

8 Epilog
Im Angesicht des Krieges

Dieses Buch befand sich bereits im Satz, als am 24. Februar 2022 russische Angriffstruppen die Grenzen der Ukraine überschritten. Während ich dies schreibe, rollen Panzer auf das Atomkraftwerk Rivne zu, in dem ich geforscht habe, und ukrainische Städte liegen unter Raketenbeschuss. Nun ist es da, jenes disruptive Ereignis, das ich immer anführte, wenn man mich fragte, was den deutschen Atomausstieg in seinem Lauf noch aufhalten könne.

Diese Geschehnisse, von Osteuropa-Fachleuten lange befürchtet, haben massive und nachhaltige Folgen für die deutsche Energieversorgung. Russland finanziert seinen Angriffskrieg mit dem Verkauf von fossilen Energieträgern. Über die Hälfte unseres Erdgases, ein Teil unserer Kohle stammt aus Russland. Die Energiewende setzt kurz- und mittelfristig auf ein Erdgas-Backup. Dieser Weg hat sich als falsch erwiesen – wie wir sehen, nicht nur aus Klimaschutzgründen. Was nun auf der Tagesordnung steht, ist ein Kassensturz, eine Grundrevision unserer Energiepolitik.

Der größte Fan des deutschen Atomausstiegs heißt Wladimir Putin. Deutschland zerstörte ein Unterpfand seiner Energieunabhängigkeit und tauschte es gegen die Abhängigkeit von russischem Erdgas ein. »Die Zeit der Zimperlichkeit ist vorbei«, schrieb ich im Kapitel 4 und meinte den Klimanotstand; nun tritt eine neue Notstandsdimension hinzu. Wir werden auf die Lieferbeziehungen mit Russland verzichten müssen; wir werden jedes Megawatt an CO_2-armer, gesicherter Leistung brauchen. Daraus folgt zwingend ein Ende des deutschen Atomausstiegs: eine Laufzeitverlängerung für die drei laufenden AKW und ein Wiederaufbau der deutschen Kernenergie in Staatsregie. Wie man das organisieren könnte, habe ich in diesem Buch beschrieben. Machen wir uns an die Arbeit.

Quellenverzeichnis

Kapitel 1

1 IPCC, Climate Change 2021: The Physical Science Basis. Contribution of Working Group I to the Sixth Assessment Report of the Intergovernmental Panel on Climate Change [Masson-Delmotte, V., P. Zhai, A. Pirani, S. L. Connors, C. Péan, S. Berger, N. Caud, Y. Chen, L. Goldfarb, M. I. Gomis, M. Huang, K. Leitzell, E. Lonnoy, J. B. R. Matthews, T. K. Maycock, T. Waterfield, O. Yelekçi, R. Yu, and B. Zhou (eds.)]. Cambridge2021, https://www.ipcc.ch/report/ar6/wg1/#FullReport.

Matthias Janson, So stark belastet die Stromerzeugung das Klima, Statista, 18.01.2022 https://de.statista.com/infografik/26619/lebenszyklusemissionen-von-stromerzeugungstechnologien/; T. Bruckner, I. A. Bashmakov, Y. Mulugetta, H. Chum, A. de la Vega Navarro, J. Edmonds, A. Faaij, B. Fungtammasan, A. Garg, E. Hertwich, D. Honnery, D. Infield, M. Kainuma, S. Khennas, S. Kim, H. B. Nimir, K. Riahi, N. Strachan, R. Wiser, and X. Zhang, 2014: Energy Systems. In: Climate Change 2014: Mitigation of Climate Change. Contribution of Working Group III to the Fifth Assessment Report of the Intergovernmental Panel on Climate Change [Edenhofer, O., R. Pichs-Madruga, Y. Sokona, E. Farahani, S. Kadner, K. Seyboth, A. Adler, I. Baum, S. Brunner, P. Eickemeier, B. Kriemann, J. Savolainen, S. Schlömer, C. von Stechow, T. Zwickel and J. C. Minx (eds.)]. Cambridge University Press, Cambridge, United Kingdom and New York, NY, USA.IPCC, https://www.ipcc.ch/report/ar5/wg3/, 538–539; Annex III, Technology-specific Cost and Performance Parameters, Table A.III.2 (Emissions of selected electricity supply technologies (gCO_2eq/kWh)).

3 »Jeder zweite Deutsche will, dass Atomkraftwerke weiterlaufen«, Die Welt, 30.10.2021, https://www.welt.de/politik/deutschland/plus

234739030/Umfrage-Jeder-zweite-Deutsche-will-dass-Atomkraftwerke-weiterlaufen.html.

4 Zum Vergleich der Opferbilanzen unterschiedlicher Stromerzeugungstechnologien: Hannah Ritchie, What are the safest and cleanest sources of energy? In: Our World in Data, https://ourworldindata.org/safest-sources-of-energy.

Kapitel 2

1 Valerij A. Legasov, Ob avarii na Černobyl'skoj AĖS. Tekst iz pjati magnitofonnych kasset, na-diktovanych akademikom Legasovym V. A. [Tonbandaufzeichnung eines Gesprächs mit dem weißrussischen Schriftsteller Ales Adamovyč, Abschrift aus den Ermittlungsakten der Staatsanwaltschaft nach dem Selbstmord Legasovs am 25.04.1988], Moskva 1988, http://lib.rus.ec/b/105113/read,. In Auszügen in: Moj dolg rasskazat' ob ėtom. Iz zapisok akademika V. A. Legasova, Pravda, 20.05.1988.

2 Strom für Millionen. Ein Film des RWE über das Kernkraftwerk Biblis (D 1975, 27 min, R: Bert Brandt, K: Dietmar Giedal), abrufbar unter https://www.facebook.com/BilderVonBiblis/videos/467532916760331/.

3 Name geändert.

Kapitel 3

1 Dies ergibt sich aus der Klimabilanz der Kernenergie und der Braunkohle, 12 Gramm bzw. 820 Gramm CO_2-Ausstoß pro Kilowattstunde (Median): IPCC, AR5 Climate Change 2014: Mitigation of Climate Change Annex III. (Kapitel 1, Endnote 2). Die produzierte Nettostrommenge aus Kernenergie betrug 2021 65,4 Terawattstunden (www.energy-charts.info), was bei Ersetzung derselben Menge Braunkohlestroms durch Atomstrom eine Einsparung von rund 52,8 Millionen-Tonnen CO_2 jährlich ermöglicht hätte. Die Kernkraftwerksleistung ist durch die Abschaltung von Grohnde, Brokdorf und Gundremmingen C inzwischen um die Hälfte reduziert worden, weswegen auch das Einsparpotenzial um die Hälfte sinkt, auf rund 26 Millionen Tonnen. Laut Bundesumweltamt liegt bei Tempo 120 km/h die CO_2-Einsparung

bei 2,6 Millionen Tonnen jährlich: Umweltbundesamt, Tempolimit auf Autobahnen mindert CO_2-Emissionen deutlich, https://www.umweltbundesamt.de/presse/pressemitteilungen/tempolimit-auf-autobahnen-mindert-co2-emissionen.

2 Stephen Jarvis, Olivier Deschenes, Akshaya Jha, Private and External Costs of Germany's Nuclear Phase-Out, Journal of the European Economic Association, 02 February 2022, https://doi.org/10.1093/jeea/jvac007; Pushker Kharecha, Makiko Sato, Implications of energy and CO_2 emission changes in Japan and Germany after the Fukushima accident, in: Energy Policy 132 (2019), September 2019, 647–653 https://doi.org/10.1016/j.enpol.2019.05.057.

3 Anna Veronika Wendland, Ein CO_2-armes Stahlwerk und seine Stromversorgung, in: Stahl und Eisen, 07.03.2020, https://www.stahleisen.de/2020/03/07/ein-co2-armes-stahlwerk-und-seine-stromversorgung/; Roland Geres, Andreas Kohn, Sebastian Lenz, Florian Ausfelder, Alexis M. Bazzanella, Alexander Möller, Roadmap Chemie 2050: Auf dem Weg zu einer treibhausgasneutralen chemischen Industrie in Deutschland. Eine Studie von DECHEMA und FutureCamp für den VCI, https://www.vci.de/vci/downloads-vci/publikation/2019-10-09-studie-roadmap-chemie-2050-treibhausgasneutralitaet.pdf, 75–78.

4 Beyond the obvious, Podcast von Daniel Stelter, 15.01.2022. Allerdings sei bei den Ausführungen Dittmers zur Stromversorgung korrigierend angemerkt, dass Dittmer hier den Primärenergiebedarf, nicht den Endenergiebedarf direkt auf Windkraftanlagen umrechnete, sodass sich sehr viel größere Werte ergeben. Da aber heute die Primärenergie zu großen Teilen aus fossilen Energieträgern besteht, die wegen der Wirkungsgradverluste nur zu einem Drittel bis der Hälfte in Endenergie im Form von Strom umgesetzt werden, wir aber in Zukunft alle diese Fossilanwendungen mit Strom bestreiten, schlagen andere Experten vor, nur den niedrigeren Endenergieverbrauch zu betrachten und diesen in Form von Stromverbrauch zu veranschlagen.

5 Deutsche Akademie der Technikwissenschaften: Sektorkopplung. Optionen für die nächste Phase der Energiewende (ESYS-Stellungnahme Sektorkopplung), 2017, 50: »Dieser Wert entspricht im Mittel der nächsten 33 Jahre einem jährlichen Betrag von etwa 60 Milliarden Euro und somit knapp 2 Prozent des deutschen Bruttoinlandsprodukts von 2016«, https://www.leopoldina.org/publikationen/detailansicht/publi-

cation/sektorkopplung-optionen-fuer-die-naechste-phase-der-energiewende-2017/.

6 M. Robinius, P. Markewitz, P. Lopion, F. Kullmann, P.-M. Heuser, K. Syranidis, S. Cerniauskas, T. Schöb, M. Reuß, S. Ryberg, L. Kotzur, D. Caglayan, L. Welder, J. Linßen, T. Grube, H. Heinrichs, P. Stenzel, D. Stolten, Wege für die Energiewende. Kosteneffiziente und klimagerechte Transformationsstrategien für das deutsche Energiesystem bis zum Jahr 2050 (Forschungszentrum Jülich 2019), https://www.fz-juelich.de/iek/iek-3/DE/_Documents/Downloads/transformationStrategies2050_studyfinalreport_2019-10-31.pdf.pdf;jsessionid=85AF87BB1DEC9CA973B2B796597A4963?__blob=publicationFile, 24–35.

7 Angaben bei Fraunhofer ISE, Nettostromerzeugung in Deutschland 2021: Erneuerbare Energien witterungsbedingt schlechter, https://www.ise.fraunhofer.de/de/presse-und-medien/news/2022/nettostromerzeugung-in-deutschland-2021-erneuerbare-energien-witterungsbedingt-schwaecher.html

8 Malte Kreutzfeld, taz-Grafik, Was braucht wie viel Platz? 15.01.2022 https://twitter.com/mkreutzfeldt/status/1482382693199450118?s=27

9 https://www.welt.de/wirtschaft/plus236303897/Utopische-Wasserstoff-Forderung-EU-Plan-gefaehrdet-die-Energiewende.html; Philip Sterchele, Julian Brandes, Judith Heilig, Daniel Wrede, Christoph Kost, Thomas Schlegl, Andreas Bett, Hans-Martin Henning (Fraunhofer-Institut für Solare Energiesysteme ISE), Wege zu einem klimaneutralen Energiesystem. Die deutsche Energiewende im Kontext gesellschaftlicher Verhaltensweisen, Freiburg 2020, 5, veranschlagt 100 bis 150 GW. installierter Gaskraftwerksleistung; Oliver Ruhnau und Staffan Qvist, Storage requirements in a 100 % renewable electricity system: Extreme events and inter-annual variability, ZBW – Leibniz Information Centre for Economics, Kiel, Hamburg 2021, https://www.econstor.eu/bitstream/10419/236723/1/Ruhnau-and-Qvist-2021-Storage-requirements-in-a-100-renewable-electricity-system-EconStor.pdf (im Folgenden: Ruhnau/Qvist 2021) gehen von 81 GW Gaskraftkapazität aus.

10 So Robinius et al., Jülich 2019.

11 Fraunhofer Institut für Solare Energiesysteme, Wege zu einem klimaneutralen Energiesystem 2050. Die deutsche Energiewende im Kontext gesellschaftlicher Verhaltensweisen – Update unter einer Zielvorgabe von 65 % CO_2-Reduktion in 2030 und 100 % in 2050, Freiburg

2021 https://www.ise.fraunhofer.de/content/dam/ise/de/documents/publications/studies/Fraunhofer-ISE-Studie-Wege-zu-einem-klimaneutralen-Energiesystem-Update-Zielverschaerfung.pdf (im Folgenden: Fraunhofer ISE (2021 Update).

[12] Kai Kosowski, Frank Diercks, Quo Vadis, Grid Stability? Challenges Increase as Generation Portfolio Changes, in: atw, International Journal for Nuclear Power 66 (2021), Nr. 2 (March 2021), 16–26, https://www.kernd.de/kernd-wAssets/docs/fachzeitschrift-atw/2020/Article_atw_2021-2_Quo_vadis_Grid_Stability_Kosowski_Diercks.pdf (im Folgenden: Kosowski/Diercks 2021).

[13] Ruhnau/Qvist (2021).

[14] Ruhnau/Qvist rechnen mit einem durchschnittlichen Tagesbedarf von 1,5 Terawattstunden. Legt man Fraunhofer ISE (2021 Update) zugrunde, betrüge der tägliche Strombedarf bei maximal 1.570 TWh jährlichem Gesamtverbrauch 4,3 Terawattstunden.

[15] Moss Landing Energy Storage Facility in Monterey County, CA. https://pv-magazine-usa.com/2020/07/29/pge-tesla-begin-construction-on-the-worlds-largest-battery-for-now/: Der Tesla-Teil hat 82.5 MW and 730 MWh, 2021 in Betrieb; der Vistra Energy-Teil: »begun construction, with Phase I, which is 300 MW/1.2 GWh set to come online before the end of the year. The project already has expansion planned, whihc will add another 100 MW/400 MWh«. https://www.utilitydive.com/news/vistras-12-gwh-moss-landing-storage-facility-remains-offline-after-overhe/606178/: 1.200 MW Leistung (Kapazität nicht genannt) in der Endausbaustufe vorgesehen. https://investor.vistracorp.com/2021-08-19-Vistra-Completes-Expansion-of-Battery-Energy-Storage-System-at-its-Flagship-California-Facility. Platz 2: Hornsdale Australien, Tesla »Super battery«, nach Aufstockung 2020 mit einer Kapazität von rund 193,5 Megawattstunden.

[16] Die höheren Kostenschätzungen für Batteriespeicher geben Kosowski/Dierck (2021), zit. n. C. Brandstätt, J. Gabriel, K. Jahn, F. Peters, Innovation Energiespeicher – Chancen der deutschen Industrie. Study Nr. 404. November 2018. Hans-Böckler-Stiftung. https://www.boeckler.de/pdf/p_study_hbs_404.pdf. Die günstigsten Annahmen, 134 EUR/kWh für 2030, stammen von M. Ram M., D. Bogdanov et al., Global Energy System based on 100 % Renewable Energy – Power, Heat, Transport and Desalination Sectors. Study by Lappeenranta University of Technology

and Energy Watch Group, Lappeenranta – Berlin, March 2019, Table A3, 285.

[17] M. Hohmann, Produktionskosten von Wasserstoff nach Wasserstofftyp in Deutschland bis 2050, Statista, 12.01.2021, https://de.statista.com/statistik/daten/studie/1195863/umfrage/produktionskosten-von-wasserstoff-nach-wasserstofftyp-in-deutschland/. Die Wasserstoffkosten schwanken zwischen 5 und 650 Euro pro Megawattstunde je nach Wetterlage, so ASUE, »Grau, Blau oder Grün: Was kostet der Wasserstoff?«, mit Verweis auf die Unternehmensberatung E-Bridge Consulting, 15.09. 2021, https://asue.de/aktuelles_presse/kosten_von_wasserstoff_hydex. Deutsche Industrie- und Handelskammer, Faktenpapier Wasserstoff (2020), https://www.dihk.de/resource/blob/24872/fd2c89df9484cf912199041a9587a3d6/dihk-faktenpapier-wasserstoff-data.pdf, gibt die Kosten »grünen« Wasserstoffs in Deutschland für das Jahr 2050 mit 0,70 bis 1,50 Euro pro Kilogramm an, was maximal rund 45 Euro pro Megawattstunde entspräche.

[18] Ruhnau/Qvist 2021, 5–6.

[19] Kopernikus-Projekt Ariadne: Deutschland auf dem Weg zur Klimaneutralität 2045 – Szenarien und Pfade im Modellvergleich. https://doi.org/10.48485/pik.2021.006, Potsdam 2021, 5.

[20] Matthias Janson, So stark belastet die Stromerzeugung das Klima, Statista 19.01.2022, https://de.statista.com/infografik/26619/lebenszyklusemissionen-von-stromerzeugungstechnologien/, auf Grundlage von United Nations Economic Commission for Europe (UNECE), Life Cycle Assessment of Electricity Generation Options, Geneva 2021, https://unece.org/sites/default/files/2021-10/LCA-2.pdf. In dieser Aufstellung liegt die Kernenergie sogar noch niedriger als in der IPCC-Aufstellung, 5,1–6,4g/kWh.

[21] Der Gas-Großhandelspreis schwankt stark, so lag er im Corona-November 2020 bei nur 14,80 Euro, Anfang 2022 aber bei 94,05 Euro pro Megawattstunde, ein Bereich, in dem in Zukunft der Wasserstoff bereits konkurrenzfähig werden könnte. Tagesschau, 19.11.2021, »Versorger erhöhen Preise: Gas ab 2022 erheblich teurer«, https://www.tagesschau.de/wirtschaft/verbraucher/gas-preiserhoehung-grundversorger-strom-101.html.

[22] AG Atomindustrie, Wer mit Wem in Atomstaat und Großindustrie, Frankfurt/M. 1987, VII.

[23] Hans-Josef Fell auf Twitter: »Die jüngste Abschaltung von drei #AKWS bringt den #Klimaschutz voran«, https://t.co/fS0aZr6R4x https://twitter.com/hjfell/status/1477944956610355200?s=27; »Der juristische Vater des #EEG, Dr. Volker Oschmann, wurde v. Habeck als Abteilungsleiter für Energie im #Klimaschutzministerium berufen. Er half in meinem Bundestagsbüro das EEG 2000 zu entwerfen.« https://twitter.com/hjfell/status/1483035121984983040?s=27.

[24] Agora Energiewende, https://www.agora-energiewende.de/ueber-uns/rat-der-agora/.

[25] B. Wealer, C. Breyer, P. Hennicke, H. Hirsch, C. von Hirschhausen, P. Klafka, H. Kromp-Kolb, F. Präger, B. Steigerwald, T. Traber, F. Baumann, A. Herold, C. Kemfert, W. Kromp, W. Liebert, K. Müschen, Kernenergie und Klima, Diskussionsbeiträge der Scientists for Future 9 (2021), https://zenodo.org/record/5573719#.Ygah5JYxnIU. Kritisch dazu Anna Veronika Wendland, Gutachten zum S4F-Papier »Kernenergie und Klima«, https://www.gwup.org/141-wurzel/neuigkeiten/2293-gutachten-zum-papier-kernenergie-und-klima.

[26] Die Formulierung vom »Gemeinschaftswerk« entstammt dem Abschlussbericht der Ethikkommission zur Legitimierung des Atomausstiegs, Deutschlands Energiewende – ein Gemeinschaftswerk für die Zukunft (Mai 2011), https://archiv.bundesregierung.de/resource/blob/992814/394384/962baf09452793c8a87402c9ee347379/2011-07-28-abschlussbericht-ethikkommission-data.pdf?download=1.

[27] Habeck bei Söder: Bayern soll bis März Vorschläge für Ausnahmen bei Windkraft vorlegen, FAZ, 20.01. 2022, https://www.faz.net/aktuell/politik/inland/bayern-vorschlaege-fuer-ausnahmen-bei-windkraft-bis-maerz-17741419.html.

[28] Ralf Streck, Frankreich immer näher am Blackout, Telepolis (heise.de), 18.01.2022 https://www.heise.de/tp/features/Frankreich-immer-naeher-am-Blackout-6330119.html; Frankreich wieder einmal am Rand des Strom-Blackouts, Telepolis (heise.de), 11.01.2021, https://www.heise.de/tp/features/Kaelte-Frankreich-wieder-einmal-am-Rand-des-Strom-Blackouts-5020207.html; Es ist nur eine Frage der Zeit, bis es zu einem Blackout kommt, Telepolis, 10.02.2021, https://www.heise.de/tp/features/Es-ist-nur-eine-Frage-der-Zeit-bis-es-zu-einem-Blackout-kommt-5050843.html; Blackout-Bekämpfung in Frankreich: AKW-Laufzeitverlängerung auf 50 Jahre, Telepolis, 27.02.2021, https://www.

heise.de/tp/features/Blackout-Bekaempfung-in-Frankreich-AKW-Laufzeitverlaengerung-auf-50-Jahre-5067238.html; Alle Jahre wieder: Frankreich am großen Blackout vorbeigeschrammt, Telepolis 14.01.2019, https://www.heise.de/tp/features/Alle-Jahre-wieder-Frankreich-am-grossen-Blackout-vorbeigeschrammt-4273544.html; Atom-Frankreich versucht Blackout abzuwenden, Telepolis, 17.01.2017, https://www.heise.de/tp/news/Atom-Frankreich-versucht-Blackout-abzuwenden-3599885.html; Jan Hegenberg, Nein, durch das Abschalten der Atomkraftwerke droht uns kein Stromausfall, Der Graslutscher, 9.01.2022, https://graslutscher.de/blog/; Klimareporter, »In der aktuellen Energiedebatte verweisen Atomfreunde gerne auf das Atomland #Frankreich. Doch dort ist Strom knapp – weil das Land so viele AKW hat. Eine zukunftsfähige Energieversorgung sieht anders aus.« 10.01.2022, https://twitter.com/klimareport/status/1480458064318943232?s=21.

[29] Tägliche Klimabilanzen der Elektrizitätswirtschaften im Ländervergleich unter www.electricitymap.org.

[30] Daniel Stelter, Think Beyond the Obvious, Podcast Nr. 117, Ideologie trifft Realität, https://think-beyondtheobvious.com/ideologie-trifft-realitaet/.

[31] Deutsche Akademie der Technikwissenschaften, vgl. Endnote 5; Robinius et al. (Forschungszentrum Jülich), vgl. Endote 6; Sterchele et al. (Fraunhofer ISE), vgl. Endnote 9.

[32] Kai Spanke, Für den Rotmilan wird es eng, in: Frankfurter Allgemeine Zeitung, 15.02.2022; UFZ – Helmholtz-Zentrum für Umweltforschung, Biodiversität und Energie, https://www.ufz.de/index.php?de=36058, mit Fachliteratur-Liste; NABU, Rotmilan und Windenergie – ein Faktencheck. Stellungnahme zu Dokumenten aus der Windenergiebranche, https://www.nabu.de/imperia/md/content/nabude/energie/wind/160406-nabu-faktencheck-rotmilan-und-windenergie.pdf.

[33] Windenergie und Vögel: »Die Opferzahlen sind viel höher als gedacht«, GEO-Gespräch mit der Autorin Johanna Romberg, 22.07.2019, https://www.geo.de/natur/nachhaltigkeit/21698-rtkl-artenschutz-windenergie-und-voegel-die-opferzahlen-sind-viel-hoeher

[34] Wind energy in Europe, 2020 Statistics and the outlook for 2021–2025, https://proceedings.windeurope.org 20. Der durchschnittliche »Capacity factor« (Lastfaktor oder Arbeitsverfügbarkeit), das heißt Anteil der Jahresstunden, an denen die Anlage mit ihrer Nennleistung lief, betrug

2020 für Onshore-Windkraft 25 Prozent und für Offshore-Windkraft zwischen 38 und 42 Prozent.

[35] Fachagentur Windenergie an Land, Überblick Windenergie an Land: Anlagenhöhen – Flächenbedarf – Turbinenanzahl (2019), https://www.fachagentur-windenergie.de/fileadmin/files/Veroeffentlichungen/Faktenpapiere/FA_Wind_Hoehenbegrenzungen_Wind-an-Land_03-2019.pdf, 4.

[36] Fraunhofer ISE, Update 2021, 4, gibt bis zu 1.570 TWh pro Jahr an und rechnet bis 2030 mit einem Windkraftausbau auf maximal 145 GW, 2050 mit maximal 300 GW.

[37] Rainer Baake, Stiftung Klimaneutralität, am 09.02.2022 im Deutschlandfunk, Sendung »Agenda«, »Umstrittene Rotoren: Warum stockt der Windkraftausbau?« »Für Klimaneutralität braucht man zwei Prozent der Landesfläche für Windkraft, und die gute Nachricht ist, dass 98 Prozent der Landesfläche frei bleiben.«

[38] Vgl. die Prinzipbeschreibung auf der Webseite des für den Deutschen Nachhaltigkeitspreis nominierten Herstellers Anker Foundations, https://www.anker-foundations.com/

[39] Material efficiency in clean energy transitions, https://www.iea.org/reports/material-efficiency-in-clean-energy-transitions, 41–42; E. Sayed, T. Wilberforce, K. Elsaid, M. Rabaia, M. Abdelkareem, K. Chae, A. Olabi, A critical review on environmental impacts of renewable energy systems and mitigation strategies: Wind, hydro, biomass and geothermal, in: Science of The Total Environment 766 (2021), 144505, https://doi.org/10.1016/j.scitotenv.2020.144505.

[40] Raubbau für die Rettung des Planeten, Der Spiegel, Nr. 44 (2021), 29.10.2021.

[41] Gabrielle Hecht, Being nuclear. Africans and the global uranium trade, Cambridge 2012

[42] Jason Staggs/David Ferlemann/Sujeet Shenoi, Wind farm security: Attack surface, targets, scenarios and mitigation, in: International Journal of Critical Infrastructure Protection 17 (2017) March 2017, DOI: 10.1016/j.ijcip.2017.03.001https://www.dnv.com/cybersecurity/cyber-insights/why-windfarms-need-to-step-up-cyber-security.html; World Economic Forum, The growing cyber-risk to our electricity grids – and what to do about it, https://www.weforum.org/agenda/2019/04/the-growing-risk-to-our-electricity-grids-and-what-to-do-about-it/.

[43] Harry Zorn, Hendrik Härter, Angriffe auf die Lieferkette und wie man sie abwehrt, Industry of Things, 31.05. 2021, https://www.industry-of-things.de/angriffe-auf-die-lieferkette-und-wie-man-sie-abwehrt-a-1026762/.

[44] ENTSO-E, Continental Europe Synchronous Area Separation on 08 January 2021. ICS Investigation Expert Panel, Final Report, 15 July 2021, https://www.entsoe.eu/news/2021/07/15/final-report-on-the-separation-of-the-continental-europe-power-system-on-8-january-2021/.

[45] Eidgenössisches Departement für Verteidigung, Bevölkerungsschutz und Sport, Bevölkerungsschutz: Nationale Risikoanalyse zeigt Handlungsbedarf, Faktenblatt 01.07.2015, auhttp://www.news.admin.ch/NSBSubscriber/message/attachments/40202.pdf; via https://www.saurugg.net/2015/blog/stromversorgung/blackout-ist-groesstes-risiko-in-der-schweiz.

[46] Verbraucherschützer befürchten mehr Stromsperren, in: Tagesspiegel 09.06.2021, https://www.tagesspiegel.de/wirtschaft/gravierende-verschlechterungen-verbraucherschuetzer-befuerchten-mehr-stromsperren/27270224.html.

[47] Tesla und der »insane mode« seines Aufstiegs: Der ganz normale Wahnsinn einer »nachhaltig-grünen« Markteroberung, in: Gegenstandpunkt. Politische Vierteljahresschrift 4 (2021), 45–58.

[48] Sighard Neckel, Die Klimakrise und das Individuum. Über selbstinduziertes Scheitern und die Aufgaben der Politik. Essay, Soziopolis,17.06.2021, https://www.soziopolis.de/die-klimakrise-und-das-individuum.html.

Moritz Sommer, Dieter Rucht, Sebastian Haunss, Sabrina Zajak, Fridays for Future. Profil, Entstehung und Perspektiven der Protestbewegung in Deutschland, Institut für Protest- und Bewegungsforschung, ipb working paper 2/2019, https://protestinstitut.eu/wp-content/uploads/2021/03/ipb-working-paper_FFF_final_online.pdf, 12–13.

[49] Thomas P. Hughes, Networks of power. Elektrification in western society, 1880–1930, Baltimore 1983; Ders., The evolution of large technical systems, in: Wiebe E. Bijker/Thomas P. Hughes/Trevor J. Pinch (Eds), The social construction of technological systems, Cambridge 1987, 51–82.

Kapitel 4

[1] IPCC, 2018: Global Warming of 1.5° C. An IPCC Special Report on the impacts of global warming of 1.5° C above pre-industrial levels and related global greenhouse gas emission pathways, in the context of strengthening the global response to the threat of climate change, sustainable development, and efforts to eradicate poverty [Masson-Delmotte, V., P. Zhai, H.-O. Pörtner, D. Roberts, J. Skea, P. R. Shukla, A. Pirani, W. Moufouma-Okia, C. Péan, R. Pidcock, S. Connors, J. B. R. Matthews, Y. Chen, X. Zhou, M. I. Gomis, E. Lonnoy, T. Maycock, M. Tignor, and T. Waterfield (eds.)] Cambridge, 2019, 14. Im Original-P3-Szenario des IPCC spielen bei den 37 % des Stroms, die nicht aus Erneuerbaren kommen, neben Kernenergie auch fossile Energieträger mit Carbon Capture and Storage (CCS) eine Rolle; für meine Überlegung habe ich aber eine Lösung ohne fossile Brennstoffe angesetzt und diese durch Kernenergie ersetzt.

[2] Abb. 3, Stromverwendung bis 2050 nach Sektoren/Anwendungen, in Fraunhofer ISE, Wege zu einem klimaneutralen Energiesystem 2050. Die deutsche Energiewende im Kontext gesellschaftlicher Verhaltensweisen – Update unter einer Zielvorgabe von 65 % CO_2-Reduktion in 2030 und 100 % in 2050, Fraunhofer ISE, 2021, 10; außerdem ebd., 4.

[3] Historical Construction Costs.

[4] Strom zu Wasserstoff und wieder zurück. 04.01.2019 – Hochtemperatur-Brennstoffzelle erreicht Rekord-Wirkungsgrad im Wasserstoffbetrieb https://www.pro-physik.de/nachrichten/strom-zu-wasserstoff-und-wieder-zurueck. Die Hochtemperatur-Brennstoffzelle hat einen Wirkungsgrad von 62 %. Der Gesamtwirkungsgrad des Prozesses von der Wasserstoffproduktion bis zur Rückverstromung könne sich so auf bis zu 50 % belaufen, vermuten die Jülicher, heute liegt er bei rund 40 %. Der Energiegehalt von Wasserstoff: 33,3 kWh/kg, also 96 TWh = 2,882 (weiter gerundet als 2,9) Millionen Tonnen H_2, berechnet nach Linde Gas Datentabelle Wasserstoff, 2013.

[5] https://www.h2orizon.de/daten-und-fakten.html: Ein Windstrom-Elektrolyseur in einer laufenden Pilotanlage hat einen Stromverbrauch von 56 kWh/kg H_2. Für 2,9 Millionen Tonnen H_2 brauchen Elektrolyseure 162,4 TWh. Die Jahresproduktion eines EPR mit 90 % Lastfaktor beträgt 12,6 TWh, das heißt, es müssen rund 13 Blöcke rechnerisch das ganze Jahr über nur für die Elektrolyse laufen – oder 26 Blöcke im Sommerhalbjahr, wenn die Erneuerbaren üppig produzieren.

[6] Abgeleitet von Angaben Fraunhofer ISE, Update 2021: »Die installierte Leistung von Windenergie und Photovoltaik steigt bis zum Jahr 2030 durch die Zielverschärfung auf 155–200 GWel Photovoltaik und 132–145 GWel Windenergie, onshore und offshore. Für Klimaneutralität im Jahr 2050 steigt diese auf 340–450 GWel Photovoltaik und 240–300 GWel Windenergie, onshore und offshore.« Rechnen wir mit dem IPCC-Szenario P3 (63 % EE), dann wären 371–472 GWe EE zuzubauen, Stand 2021 sind ca. 119 GWe PV und Wind installiert.

[7] Rauli Partanen, Olli Soppela, Eine Milliarde Tonnen. CO_2 reduzieren und Deutschlands Kohleausstieg beschleunigen, https://www.onebilliontons.org/.

[8] Stromgestehungskosten im Vergleich: IEA, Projected costs of generating electricity 2020, https://www.iea.org/reports/projected-costs-of-generating-electricity-2020.

[9] Klaus Grewe, Das Projektmanagement der Olympischen Spiele 2012 in London, Projektmagazin, 10.01.2012, https://www.projektmagazin.de/artikel/das-projektmanagement-der-olympischen-spiele-2012-london_1061676; Lektionen aus London für BER-Planer, Der Tagesspiegel, 14.01.2013, https://www.tagesspiegel.de/berlin/olympia-koordinator-klaus-grewe-lektionen-aus-london-fuer-ber-planer-/7629066.html.

[10] J. Lovering, A. Yipab, T. Nordhaus, Historical construction costs of global nuclear power reactors, in: Energy Policy 91 (2016), April 2016, 371–382, https://www.sciencedirect.com/science/article/pii/S0301421516300106; ETI Nuclear Cost Drivers Project – Full Technical Report, https://es.catapult.org.uk/report/nuclear-cost-drivers/).

[11] OECD/NEA 2019, The Costs of Decarbonisation: System Costs with High Shares of Nuclear and Renewables https://www.oecd.org/publications/the-costs-of-decarbonisation-9789264312180-en.htm; L. Duan, R. Petroski, L. Wood, L. et al. Stylized least-cost analysis of flexible nuclear power in deeply decarbonized electricity systems considering wind and solar resources worldwide. Nat Energy (2022). https://doi.org/10.1038/s41560-022-00979-x; Florian Blümm, Vollkosten pro kWh: Welche ist die günstigste Energiequelle? 20.09.2021, https://www.tech-for-future.de/kosten-kwh/.

[12] Partanen, Eine Milliarde Tonnen.

[13] Bundesrechnungshof, Bericht nach § 99 BHO zur Umsetzung der Energiewende im Hinblick auf die Versorgungssicherheit und Bezahlbarkeit

bei Elektrizität, Berlin 2021, 5: »Eine Studie aus dem Jahr 2016 geht davon aus, dass in den Jahren 2000 bis 2025 einschließlich der Netzausbaukosten insgesamt rund 520 Mrd. Euro für die Energiewende im Bereich der Stromerzeugung aufgebracht werden müssen. Der Bundesrechnungshof schätzte die der Energiewende zurechenbaren Ausgaben und Kosten allein für das Jahr 2017 auf mindestens 34 Mrd. Euro.«

[14] Bei Veranschlagung von 1.000 Euro pro Kilowatt installierter Leistung, http://windmonitor.iee.fraunhofer.de/windmonitor_de/3_Onshore/5_betriebsergebnisse/3_investitionskosten/; Aussage eines von mir konsultierten Vertreters der Hessischen Erneuerbare-Energien-Agentur.

[15] Florian Blümm, https://www.tech-for-future.de/klimaschutz-politik/#easy-footnote-bottom-2-178.

[16] Gov.UK, press release 26.10. 2021, New finance model to cut cost of new nuclear power stations, https://www.gov.uk/government/news/new-finance-model-to-cut-cost-of-new-nuclear-power-stations; Dieter Helm, Utility Regulation, the RAB and the Cost of Capital, SLIDES Competition Commission Spring Lecture 2009, http://www.dieterhelm.co.uk/regulation/regulation/utility-regulation-the-rab-and-the-cost-of-capital-2/.

[17] Kosowski / Diercks 2021, 16–26. Kritische Studie zum Komponentenverschleiß: Reinhard Grünwald/Claudio Caviezel (Büro für Technikfolgenabschätzung beim Deutschen Bundestag), Lastfolgefähigkeit deutscher Kernkraftwerke. Hintergrundpapier Nr. 21, Berlin März 2017, https://www.tab-beim-bundestag.de/de/pdf/publikationen/berichte/TAB-Hintergrundpapier-hp021.pdf; dagegen aber Auswertung von Betriebserfahrungen konkreter KKW in: Holger Ludwig, Tatiana Salnikova, Ulrich Waas, Lastwechselfähigkeiten deutscher KKW, atw 55 (2010), Nr. 8–9, 2–9; mit Einbeziehung von Erkenntnissen über neue Reaktorleistungsregelung: Andreas Kuhn, Peter Klaus, Improving automated load flexibility of NPP with ALFC, in: VGB PowerTech 96 (2016), Nr. 5, 48–52; Internationale Übersicht: Aliki van Heek, Hybrid systems: mixing things up, in: Nuclear Engineering International, 20.06.2019, https://www.neimagazine.com/features/featurehybrid-systems-mixing-things-up-7267616. Außerdem A. V. Wendland, eigene Aufzeichnungen der Anlagenparameter in Lastfolge in Primär- und Sekundärregelung im KKW Grohnde (konstante mittlere Kühlmitteltemperatur, variabler Frischdampfdruck), 18.–22.10.2021; Einsicht-

nahme Aufstellung des Wärmetechnischen Büros, Leistungsverlauf der PreußenElektra-KKW vom 14.–20.10.2021; Land Schleswig-Holstein, Fragen und Antworten zu überhöhten Oxidschichtdicken an Brennstäben im Kernkraftwerk Brokdorf https://www.schleswig-holstein.de/DE/Fachinhalte/R/reaktorsicherheit/faq_KKW_Brokdorf_Oxidschichtdicken.html.

18 Jason Deign, »Germany's Maxed-Out Grid Is Causing Trouble Across Europe. Northern Germany can't use all the renewable energy it's making. Neither can its neighbors.« GreenTechMedia, 31.03.2020, https://www.greentechmedia.com/articles/read/germanys-stressed-grid-is-causing-trouble-across-europe.

19 Eigene Sichtung von Anfahrplänen deutscher und schweizerischer KKW (Anfahren aus dem Zustand unterkritisch-kalt nach Revision und Reparaturstillständen, 2016–2021. Nach einer Revision dauert das Anfahren wegen der dann durchzuführenden Prüfverfahren länger als nach einem Kurzstillstand wegen Reparatur.

20 Ted Nordhaus, Can the NRC reform itself? The Breakthrough Institute, 15.10.2021, https://thebreakthrough.org/blog/can-nrc-reform-itself; Don Watkins, Nothing Is More Dangerous Than Sacrificing Progress To Safety, The Kernel, February, 2022, https://medium.com/generation-atomic/nothing-is-more-dangerous-than-sacrificing-progress-to-safety-83ce8dd98b3f.

21 IAEA Tecdoc 1797, Accident Tolerant Fuel Concepts for Light Water Reactors, Vienna 2014, https://www-pub.iaea.org/MTCD/Publications/PDF/TE1797web.pdf.

22 European Commission, Fusion energy breakthrough at the world-leading Joint European Torus facility | European Commission, 09.02.2022, https://ec.europa.eu/info/news/fusion-energy-breakthrough-world-leading-joint-european-torus-facility-2022-feb-09_en; Wendelstein 7-X: Die Experimentieranlage Wendelstein 7-X im IPP-Teilinstitut Greifswald soll die Kraftwerkstauglichkeit von Fusionsanlagen des Typs »Stellarator« demonstrieren, https://www.ipp.mpg.de/wendelstein7x; A.I. Filin et al., Design features of BREST reactors. Experimental work to advance the concept of BREST reactors, results and plans, https://inis.iaea.org/collection/NCLCollectionStore/_Public/32/021/32021974.pdf.

23 Dazu ausführlich Joachim Radkau, Aufstieg und Krise der deutschen Atomwirtschaft, Reinbek 1983.

[24] Charles Dodd, Industrial Decision Making and High-Risk Technology: Siting Nuclear Power Facilities in the USSR, Lanham/Boulder/New York 1993.

[25] Rainer Moormann, AVR prototype pebble bed reactor: a safety re-evaluation of its operation and consequences for future reactors, Kerntechnik Nr. 74 (2009), Nr. 1–2, 8–21; Begründung der Jury für die Verleihung des Deutschen Whistleblower-Preises 2011 an Dr. Rainer Moormann, https://www.vdw-ev.de/wp-content/uploads/2016/07/begruendung_whistleblower_moormann_de.pdf.

[26] Historische Einführung zur Schachtanlage Asse II: https://www.bge.de/de/asse/.

[27] Steffen Judzikowski, Christian Rohde: Beitrag: Willkür statt Wissenschaft: Wie Gorleben zum Endlager erkoren wurde, 22. Dezember 2013, 13. April 2010, heute.de, https://web.archive.org/web/20131222041007/http://www.gorleben-akten.de/pdf-files/k3_13042010.pdf.

[28] Jan Fleischhauer, Roland Nelles, Der Störfall, Der Spiegel, 21.10.2007, https://www.spiegel.de/politik/der-stoerfall-a-ad73f9c8-0002-0001-0000-000053364516.

Kapitel 5

[1] Hannah Ritchie, What are the safest and cleanest sources of energy? In: Our World in Data, https://ourworldindata.org/safest-sources-of-energy.

[2] Aaron Wildawsky/Karl Dake, Theories of Risk Perception: Who fears what and why? Daedalus 119 (1990), Nr. 4, S. 41–60.

[3] P. Preiss et al., Die Risiken der Kernenergie in Deutschland im Vergleich mit Risiken anderer Stromerzeugungstechnologien, Universität Stuttgart IER 2013, 18 nach INSAG-3, IAEA 1983. Die Freisetzungsrate liegt 5–10 mal darunter, also im Bereich 10^{-7}/ra. W. D'haeseleer, Synthesis on the economics of nuclear Energy, Leuven 2013, 143; der EPR liegt bei Freisetzungsfrequenz (LERF) zwischen $5*10^{-9}$ und $1*10^{-7}$/ra (vgl. D'haeseleer, Synthesis, 143).

[4] Deutsche Risikostudie Kernkraftwerke Phase A, Köln 1980, Phase B, Köln 1990.

[5] Konkret gemessen wird die sogenannte Neutronenfluenz. Der Wert gibt an, wie viele Neutronen eine Fläche eines Werkstoffes in einem

bestimmten Zeitraum absorbiert hat. Sie ergibt sich aus der Neutronenflussdichte (Zahl der Neutronen pro Quadratzentimeter und Sekunde) multipliziert mit der Standzeit der Werkstoffprobe im Reaktor.

[6] Eine umfangreiche und detaillierte Darstellung der in diesem Abschnitt diskutierten Sicherheitsrepertoires gibt Paul Laufs, Reaktorsicherheit für Leistungskernkraftwerke. Die Entwicklung im politischen und technischen Umfeld der Bundesrepublik Deutschland, Berlin 2013.

[7] Die in diesem Abschnitt geschilderten Sachverhalte beruhen auf den während meiner KKW-Forschungsaufenthalte eingesehenen Schulungsunterlagen, Systembeschreibungen und Schaltplänen über Not- und Nachkühlsysteme sowie auf Betriebs- bzw. Störfallhandbüchern über Primärleck-Störfälle.

[12] Die in diesem Abschnitt geschilderten Sachverhalte beruhen auf den während meiner KKW-Forschungsaufenthalte eingesehenen Schulungsunterlagen sowie Betriebs- und Störfallhandbüchern über Dampferzeuger-Heizrohrlecks sowie Analysen des Störfalls im KKW Rivne im Januar 1982.

[8] Laufs, Reaktorsicherheit für Leistungskernkraftwerke, 652–603.

[9] M. Rogovin, G. T. Frampton jr., Three Mile Island. A report to the commissioners and to the public, Nuclear Regulatory Commission Special Inquiry Group, Washington 1980.

[10] Gesellschaft für Reaktorsicherheit, Tschernobyl – 10 Jahre danach. Der Unfall und die Sicherheit der RBMK-Anlagen, Köln 1996.

[11] Helmuth Trischler, Robert Bud, Public technology: nuclear energy in Europe, in: History and Technology 34 (2018), Nr. 3–4, 187–212; Anna Veronika Wendland, Reaktorsicherheit als Zukunftskommunikation. Nuklearpolitik, Atomdebatten und kerntechnische Entwicklungen in Westdeutschland und Osteuropa 1970–2015, in: Christoph Kampmann/Angela Marciniak/Wencke Meteling, »Security turns its eye exclusively to the future«. Zum Verhältnis von Sicherheit und Zukunft in der Geschichte, Baden-Baden 2018 , 305–352

[13] Physikerbüro Bremen (im Auftrag des Ministeriums für Umwelt, Klima und Energiewirtschaft des Landes Baden-Württemberg), Bewertung betreffend die Gutachterliche Stellungnahme zum »Leck vor Bruch«-Nachweis und zu speziellen Fragestellungen bezüglich des »AKW Neckarwestheim 2 (GKN II)«, vorgelegt von Herrn Dipl.-Ing. Dieter Majer,

19. Februar 2021, Bremen, 31.03.2021, https://um.baden-wuerttemberg.de/fileadmin/redaktion/m-um/intern/Dateien/Dokumente/3_Umwelt/Kernenergie/Berichte/Anlagen/GKN/Aufarbeitung_ME-04-2018/Bewertung-Physikerbuero-Bremen-Stellungnahme-Majer-GKNII-ME-4-18-barrierefrei.pdf

14 Kai Kosowski, Marcus Seidl, External Hazard Coinciding with Small Break LOCA – Thermohydraulic Calculation with System Code ATHLET, in: Journal of Nuclear Engineering and Radiation Science vol. 6 (2020), April 2020, 021107-1 – 021107-9; Y. Kozmenkov, M. Jobst, S. Kliem, K. Kosowski, F. Schaefer, P. Wilhelm, The efficiency of sequential accident management measures for a German PWR under prolonged SBO conditions, in: Nuclear Engineering and Design 363 (2020),110663-1 – 110663-11.

15 Amardeo Sarma, Anna Veronika Wendland, 10 Years of Fukushima Disinformation, The Skeptical Enquirer, 45 (2021), No. 4, https://skepticalinquirer.org/2021/06/ten-years-of-fukushima-disinformation/. Eidgenössisches Nuklearsicherheitsinspektorat ENSI, ENSI Vertiefende Analyse des Unfalls in Fukushima am 11. März 2011, (2011), S. 3. Diese Berücksichtigung der Zeit ab 1986 für eine um 1970 genehmigte Anlage liegt also noch unter der Anforderung der Zugrundelegung des 100-jährigen Hochwassers. Zur Auslegung der deutschen KKW vgl. Kerntechnischer Ausschuss, Sicherheitstechnische Regel des KTA, Fassung 11/04, KTA 2207, Schutz von Kernkraftwerken gegen Hochwasser; PoFuku-Maßnahmen: KKW Grohnde, Zustands- und Notfallübersicht; eigene Begehung., 14.10.2021.

16 Reaktorsicherheitskommission/RSK/ESK-Geschäftsstelle beim Bundesamt für die Sicherheit der nuklearen Entsorgung, Zusammenfassende Stellungnahme der RSK zu zivilisatorisch bedingten Einwirkungen, Flugzeugabsturz (524. Sitzung der Reaktor-Sicherheitskommission (RSK) am 20.10.2021), 1–22. Zur Containment-Konstruktion deutscher KKW: GRS, Strukturdynamische Untersuchungen eines Sicherheitsbehälters vom Typ Konvoi, GRS Nr. 3653, Anforderungen an den Nachweis der Wirksamkeit von H_2-Rekombinatoren auf der Basis ergänzender analytischer Untersuchungen, Köln 2011, 3, https://www.grs.de/sites/default/files/pdf/grs-a-3653_0.pdf.

17 Zu den Folgen eines Chemieunfalls auf der Bahn vgl. Schweizerische Radio- und Fernsehgesellschaft (SRF), 21.02.2015, Rollende Zeit-

bomben: Chlorgastransporte mit der Bahn, https://www.srf.ch/news/schweiz/rollende-zeitbomben-chlortransporte-mit-der-bahn.

18 Überblick des Forschungsstandes zur Industrie- und KKW-Versicherung: D'haeseleer, Synthesis, 141–160.

19 Versicherungsforen Leipzig, Berechnung einer risikoadäquaten Versicherungsprämie zur Deckung der Haftpflichtrisiken, die aus dem Betrieb von Kernkraftwerken resultieren. Studie im Auftrag des Bundesverbandes Erneuerbarer Energien, https://www.bee-ev.de/fileadmin/Publikationen/Studien/110511_BEE-Studie_Versicherungsforen_KKW.pdf.

20 UNSCEAR, UNIS/OUS/419, 9 March 2021. Selbst die konservativen und frühen, später stark reduzierten Annahmen über Tschernobyl (9.000–33.000 Krebsopfer), vgl. Übersicht in D'haeseleer, Synthesis, 148, bleiben weit unter den Annahmen der Leipziger Versicherungsstudie zurück. Reaktorbetriebsjahre nach: World Nuclear Association, Nuclear Power in the World Today (Updated October 2021), https://world-nuclear.org/information-library/current-and-future-generation/nuclear-power-in-the-world today.aspx. Literaturüberblick zu Kriminalität in der Nuklearindustrie in WNISR 2021, 2018–2035.

21 Angaben nach Preiss et al. 2013, S. 18; die Freisetzungsrate liegt 5- bis 10-mal darunter, also im Bereich 10E-7/ra.

22 Versicherungsforen Leipzig, 45; 62–80; Anhang viii-ix. Der EPR liegt bei Freisetzungsfrequenz (LERF) zwischen 5*10E-9 und 1*10E-7/ra (vgl. D'haeseleer, Synthesis, 143), da wäre der Unterschied also noch größer.

23 Überblick des Forschungsstandes zur Industrie- und KKW-Versicherung: D'haeseleer, Synthesis, 141–160.

24 D'haeseleer, Synthesis, 155–160; World Nuclear Association, Liability for Nuclear Damage (Updated March 2021) https://world-nuclear.org/information-library/safety-and-security/safety-of-plants/liability-for-nuclear-damage.aspx.

25 Stephen Jarvis, Olivier Deschenes, Akshaya Jha, Private and External Costs of Germany's Nuclear Phase-Out, Journal of the European Economic Association, 02 February 2022, jvac007, https://doi.org/10.1093/jeea/jvac007

26 Im EPR besteht die innere Sicherheitshülle aus einem 1.300 mm starken zylinderförmigen Spannbetonbehälter mit einem 6 mm starken

inneren Stahlliner, der Auslegungsdruck beträgt 5 bar. Das nicht vorgespannte Außencontainment aus Stahlbeton ist 1.300 (wenn durch andere Gebäudeteile abgeschirmt) bis 1.800 mm stark. EPR Design Description, Framatome ANP (2005) Kapitel 5: Reactor building and supporting systems, https://www.nrc.gov/docs/ML0522/ML052280176.pdf. Zum VVER-1200 vgl. ENSREG, EU Peer Review Report of the Belarus Stress Tests June 2018 https://www.ensreg.eu/sites/default/files/attachments/hlg_p2018-36_155_belarus_stress_test_peer_review_report_0.pdf, 40-54.

Kapitel 6

1 Link zum Gamma-Ortsdosisleistungs-Messstellennetz des Bundesamts für Strahlenschutz: https://odlinfo.bfs.de/ODL/DE/themen/wo-stehen-die-sonden/karte/karte_node.html.

2 Esmaili Sohrabi, New public dose assessment of elevated natural radiation areas of Ramsar (Iran) for epidemiological studies. International Congress Series Volume 1225, February 2002, Pages 15–24; N. Ghiassi-nejad, S. M. J. Mortazavi, J. R. Cameron, A. Niroomand-Rad, P. A. Karam, Very high background radiation areas of Ramsar, Iran: Preliminary biological studies, in: Health physics, February 2002, https://www.researchgate.net/publication/11588980_Very_high_background_radiation_areas_of_Ramsar_Iran_Preliminary_biological_studieshttps://www.chernobylzone.com.ua/radiation.html.

3 Eine gute Einführung in Strahlenphysik und Strahlenschutz gibt Markus Borlein, Kerntechnik. Grundlagen, Würzburg 2009, 3–82.

4 Die durchschnittliche Effektivdosis der deutschen Bevölkerung durch natürliche Quellen ionisierender Strahlung lag 2016 bei 2,1 mSv/a (= 2.100 µSv/a), die effektive Dosis durch Abluft und Abwasser der deutschen KKW lag bei maximal 1 µSv/a bzw. 0,5 µSv/a. Bundesamt für Strahlenschutz, Umweltradioaktivität und Strahlenbelastung: Jahresbericht 2016, http://nbn-resolving.de/urn:nbn:de:0221-2018112017017, S. 156 Tabelle T II.6 Strahlenexposition in der Umgebung von Kernkraftwerken durch die Aktivitätsableitung radioaktiver Stoffe mit der Fortluft, S. 231. Tabelle T II.7 Strahlenexposition in der Umgebung von Kernkraftwerken durch die Ableitung radioaktiver Stoffe mit dem Abwasser, S. 232. Eine gute Visualisierung liefert Randall Munroe, Radia-

tion Dose Chart, https://commons.wikimedia.org/wiki/File:Radiation_Dose_Chart_by_Xkcd.png.

5 Peter Kaatsch et al., Epidemiologische Studie zu Kinderkrebs in der Umgebung von Kernkraftwerken (KiKK-Studie). Mainz, Salzgitter 2007; Bundesamt für Strahlenschutz, Epidemiologische Studie zu Kinderkrebs in der Umgebung von Kernkraftwerken – KiKK-Studie, https://www.bfs.de/DE/bfs/wissenschaft-forschung/ergebnisse/kikk/kikk-studie.html; Eva Richter-Kuhlmann: Kinderkrebs und Atomkraft – Keine Erklärung für erhöhte Krebsraten, in: Deutsches Ärzteblatt 105, H. 43, 24. Oktober 2008, A2258–2260.

6 Ministry of Health, Labour and Welfare: Responses and Actions Taken by the Ministry of Health, Labour and Welfare of Japan on Radiation Protection at Works Relating to the Accident at TEPCO's Fukushima Daiichi Nuclear Power Plant – 6th Edition (Fiscal Year of 2018), https://www.mhlw.go.jp/english/topics/2011eq/workers/ri/gr/gr_190131.pdf, S. 13; Reuters: Japan acknowledges first radiation death among Fukushima workers, 2018-09-05, https://www.reuters.com/article/us-japan-fukushima-radiation/japan-acknowledges-first-radiation-death-among-fukushima-workers-idUSKCN1LL0OA; The Guardian: Japan admits that Fukushima worker died from radiation, 2018-09-05, https://www.theguardian.com/world/2018/sep/05/japan-admits-that-fukushima-worker-died-from-radiation; Time: Japan Acknowledges the First Radiation-Linked Death From the Fukushima Nuclear Disaster, 2018-09-06, https://time.com/5388178/japan-first-fukushima-radiation-death/.

7 World Health Organization: Health effects of the Chernobyl accident: an overview, April 2006, https://www.who.int/ionizing_radiation/chernobyl/backgrounder/en/; UNSCEAR 2008 Report to the General Assembly with Scientific Annexes, vol. II, Scientific Annex D, Health Effects Due to Radiation From The Chernobyl Accident, https://www.unscear.org/docs/reports/2008/11-80076_Report_2008_Annex_D.pdf; UNSCEAR 2013 Report to the General Assembly with Scientific Annexes, vol. I, Scientific Annex A, Levels and effects of radiation exposure due to the nuclear accident after the 2011 great east-Japan earthquake and tsunami, https://www.unscear.org/docs/publications/2013/UNSCEAR_2013_Report_Vol.I.pdf; UNSCEAR: Developments since the 2013 UNSCEAR Report on the levels and effects of radiation exposure

due to the nuclear accident following the great east-Japan earthquake and tsunami, 2015, https://www.unscear.org/docs/reports/2015/Fukushima_WP2015_web_en.pdf.

8 Bill Sacks, Gregory Meyerson, Jeffry A. Siegel, Epidemiology Without Biology: False Paradigms, Unfounded Assumptions, and Specious Statistics in Radiation Science (with Commentaries by Inge Schmitz-Feuerhake and Christopher Busby and a Reply by the Authors), in: Biological Theory 11 (2016): 69–101. doi: 10.1007/s13752-016-0244-4.

9 Anil Markandya, Paul Wilkinson, Electricity generation and health, in: The Lancet, Bd. 370, Nr. 9591, S. 979–990, Sep. 2007, http://www.thelancet.com/journals/lancet/article/PIIS0140-6736(07)61253-7/; Pushker A. Kharecha, James E. Hansen, Prevented Mortality and Greenhouse Gas Emissions from Historical and Projected Nuclear Power, in: Environmental Science and Technology, 15.03.2013, https://doi.org/10.1021/es3051197; T. Wang, Mortality rate worldwide in 2018, by energy source (in deaths per terawatt hour), Statista, 09.08.2019, https://www.statista.com/statistics/494425/death-rate-worldwide-by-energy-source/. Die Kernenergie liegt dabei mit 90 Todesfällen pro Terawattstunde weit hinter der Kohle (100.000) und den meisten regenerativen Energien. Hauptursache der Todesfälle durch Energiewandlungssysteme ist die Luftverschmutzung, gefolgt von den Opfern des Abbaus der Energieressourcen.

10 Laut Deutschem Atomforum betragen die Gesamtrückstellungen der deutschen AKW-Betreiber für den Rückbau 20 Milliarden Euro. 24 Milliarden Euro aus Rückstellungen mit Risikozuschlag haben die Betreiber an den staatlichen Endlagerfonds überwiesen und so die Verantwortung für die Endlagerung an den Staat abgetreten, https://www.kernd.de/kernd/themen/Entsorgung/finanzierung/05_index.php https://www.kernd.de/kernd/themen/Rueckbau/Finanzierung/05_index.php; Laut Business Insider liegen die Rückbau-Rückstellungen bei 39 Milliarden Euro, https://www.businessinsider.de/wirtschaft/stichwort-die-atom-rueckstellungen-der-energiekonzerne-4753213/; Wissenschaftlicher Dienst des Deutschen Bundestages, WD 3 – 3000 – 312/14 (2015), Rückbau von Atomkraftwerken und Entsorgung radioaktiver Abfälle. Rechtsgrundlagen und Fragen der finanziellen Vorsorge.

11 »Langlebiger Atommüll unter Neutronenbeschuss«, https://www.faz.net/aktuell/wissen/physik-mehr/langlebiger-atommuell-unter-neutronenbeschuss-17647611-p2.html.

[12] Siehe dazu auch den kritischen »Endlagerdialog« des Wissenschaftlers Michael Mehnert: https://endlagerdialog.de.

[13] https://www.endlagersuche-infoplattform.de/webs/Endlagersuche/DE/Beteiligung/Fachkonferenz/fachkonferenz_node.html.

[14] https://www.base.bund.de/DE/home/home_node.html.

[15] https://www.bge.de/de/.

[16] BGE, Zwischenbericht Teilgebiete gemäß § 13 StandAG, Stand 28.09.2020, Abschitte 4.2 bis 4.4, https://www.bge.de/fileadmin/user_upload/Standortsuche/Wesentliche_Unterlagen/Zwischenbericht_Teilgebiete/Zwischenbericht_Teilgebiete_barrierefrei.pdf.

[17] Jürgen Voges, Bedeutung des Auswahlkriteriums 11 des Standortauswahlgesetzes (2021), https://umweltfairaendern.de/wp-content/uploads/2021/04/2021-04_Bedeutung-Abwaegungskriterium-11-StandAG.pdf; Jürgen Voges, Wichtige Endlager-Anforderungen nicht erfüllt (2020) Geologische Defizite des Salzstocks Gorleben mit Relevanz für die »Ermittlung von Teilgebieten« nach Paragraf 13 StandAG, https://www.bund.net/fileadmin/user_upload_bund/publikationen/atomkraft/atomkraft_geologische_defizite_gorleben.pdf.

[18] T. Kukkola/T. Saanio, Cost estimate of Olkiluoto disposal facility for spent nuclear fuel, 2005: 2,542 Mrd. Euro, https://inis.iaea.org/search/searchsinglerecord.aspx?recordsFor=SingleRecord&RN=36090684; James Conca, »Finland Breaks Ground On World's First Deep Geologic Nuclear Waste Repository«, Forbes, 31.05.2021: 2,6 Mrd. Euro, https://www.forbes.com/sites/jamesconca/2021/05/31/finland-breaks-ground-on-its-deep-geologic-nuclear-waste-repository/?sh=26939b8d6103.

[19] https://www.nationales-begleitgremium.de/DE/Home/home_node.html.

[20] Rainer Moormann auf Twitter, 14.09.2021, https://twitter.com/moormannrainer/status/1437646093706305537?s=21.

[21] Gesellschaft für Anlagen- und Reaktorsicherheit (GRS), Abfallspezifikationen und Mengengerüst, https://docplayer.org/31280788-Abfallspezifikation-und-mengengeruest.html.

[22] F. Pfeiffer et al., Abfallspezifikation und Mengengerüst, Basis Ausstieg aus der Kernenergienutzung (Juli 2011). Bericht zum Arbeitspaket 3. Vorläufige Sicherheitsanalyse für den Standort Gorleben (Bericht der Gesellschaft für Reaktorsicherheit GRS-278), Köln 2011, 7–27; BASE,

Endlagersuche – Hochradioaktive Abfälle, https://www.endlagersuche-infoplattform.de/webs/Endlagersuche/DE/Radioaktiver-Abfall/Abfallarten/Hochradioaktive-Abfaelle/hochradioaktive-abfaelle_node.html.

[23] Rainer Moormann, Atommüll. Ungelöstes, unlösbares Problem? Technisch-naturwissenschaftliche Aspekte der Endlagerung hochaktiven Atommülls. Ein Versuch zur Versachlichung der Debatte, E-Book, via tolino media 2021, 21.

[24] BGE, Zwischenbericht Teilgebiete gemäß § 13 StandAG, Stand 28.09.2020, Abschnitte 4.2 bis 4.4, BGE, Einführung zu den vorläufigen repräsentativen Sicherheitsuntersuchungen, https://www.bge.de/de/endlagersuche/standortregionen/?current=&cHash=2acd8e415315f38fa53cafeb05cc6956#rvSU.

[25] Thomas Sebeok, Communication Measures to Bridge Ten Millenia, Technical Report prepared for the Office of Nuclear Waste Isolation, 1984, https://www.osti.gov/servlets/purl/6705990.

[26] Moormann, Atommüll, 11–18.

[27] JRC, Technical assessment of nuclear energy with respect to th ›do no significant harm‹ criteria of Regulation (EU) 2020/852 (›Taxonomy Regulation‹), https://ec.europa.eu/info/sites/default/files/business_economy_euro/banking_and_finance/documents/210329-jrc-report-nuclear-energy-assessment_en.pdf, 199–289.

[28] »Faktencheck« des BMU auf Facebook, 30.10.2018, mit der falschen Angabe, die CO_2-Bilanz der Kernenergie liege über jener der Erneuerbaren Energien: https://www.facebook.com/1433861060177864/posts/2317110828519545/; Tweet der Bundesregierung vom 11.03.2016: »Genau fünf Jahre ist es her, dass in Japan ein Erdbeben einen Tsunami auslöste, und damit die Katastrophe im Atomkraftwerk von Fukushima. Wir sprechen den Angehörigen der über 18.000 Opfer unser Mitgefühl aus.« Dazu auch Amardo Sarma, Anna Veronika Wendland, 10 years of Fukushima disinformation, The Sceptical Enquirer, vol. 4 (2021) https://skepticalinquirer.org/2021/06/ten-years-of-fukushima-disinformation/.

[29] BMU, 12 Punkte für die Vollendung des Atomausstiegs, 11.03.2021. – die Position des Bundesumweltministeriums.

[30] Wolfram König, Eine Phantomdiskussion, in: taz, 18.01.2022.

[31] Strahlenschutzexpertin warnt vor europäischem Atomdeal, in:

Eckernförder Nachrichten vom 21.01.2022; Dagmar Dehmer, Kommunikationschefin der BGE, auf Twitter über »teure«, »gefährliche« und für den Klimaschutz »zu langsame« Atomenergie: https://twitter.com/dpomondi/status/1242116877712871424?s=27; https://twitter.com/dpomondi/status/1242724484508983299?s=27, https://twitter.com/dpomondi/status/1154805341433073664?s=27, https://twitter.com/dpomondi/status/1096292832258727936?s=27.

[32] BASE, Fachstellungnahme zum Bericht des Joint Research Centre der Europäischen Kommission »Technical assessment of nuclear energy with respect to the ›do no significant harm‹ criteria of Regulation (EU) 2020/852 (›Taxonomy Regulation‹)« Unter besonderer Berücksichtigung der Kriterieneignung für die Aufnahme der Kernenergie in die EU-Taxonomie, Juni 2021 – redaktionell überarbeitet im September 2021. BASE, Sicherheitstechnische Analyse und Risikobewertung einer Anwendung von SMR-Konzepten (Small Modular Reactors) Vorhaben 4720F50500 BASE – Forschungsbericht zur Sicherheit der nuklearen Entsorgung. Auftragnehmerinnen. Öko-Institut e.V., Darmstadt; TU-Berlin Fachgebiet Wirtschafts- und Infrastrukturpolitik (WIP) Physikerbüro Bremen. Dr. Christoph Pistner, Dr. Matthias Englert, Christian Küppers, Prof. Dr. Christian von Hirschhausen, Dr. Ben Wealer, Björn Steigerwald, Richard Donderer.

[33] BASE Risiken der Kernkraft. Stellungnahme zu einer Aussage des Bundesamtes für Strahlenschutz, 27.11.2019, https://www.base.bund.de/SharedDocs/Stellungnahmen/BASE/DE/2019/1127-bfs.html.

[34] So Bundesamt für die Sicherheit der nuklearen Entsorgung, https://www.base.bund.de/DE/themen/kt/ausstieg-atomkraft/ausstieg_node.html, aber auch Pressemitteilung des Nationalen Begleitgremiums vom 05.06.2019. Die Beschlussvorlage für die 56. Sitzung des NBG am 05.11.2021 wiederholt die Darstellung der »Konsensgefährdung«, versucht aber, das NBG aus der Debatte herauszuhalten, beide in: NBG, Unterlage zu TOP 6/56. Sitzung des NBG »Wie verhält sich das NBG zu neuen Forderungen, den Atomausstieg um des Klimaschutzes willen rückgängig zu machen? (Diskussion, Beschluss: Markus Dröge)«, https://www.nationales-begleitgremium.de/SharedDocs/Bildergalerien/DE/Bildergalerien_Sitzungen/BG_56-NBG-Sitzung_5_11_2021.html;-jsessionid=3C4D4000DF7BCCEE8320A621FFE925DC.intranet242.

[35] Dazu auch Radkau, Aufstieg und Krise; Tilman Hanel, Mikael Hård,

Inventing traditions: Interests, parables and nostalgia in the history of nuclear energy, History and Technology 31:2 (2015), 84–107.

[36] Sonja D. Schmid, Of Plans and Plants. How Nuclear Power Gained a Foothold in Soviet Energy Policy, in: Jahrbücher für Geschichte Osteuropas, Volume 66, Number 1, April 2018, 124–141.

[37] Gončarov, V. V. Pervyj period razvitija atomnoj ėnergetiki v SSSR, in: Istorija Atomnoj Ėnergetiki v SSSR i Rossii, Bd. 1, Moskva 2001, 16–70; Charles K. Dodd, Industrial Decision Making and High-Risk Technology: Siting Nuclear Power Facilities in the USSR, Lanham/Boulder/New York 1993.

[38] Manfred Haferburg, Aus heiterem Himmel. Von der Hinterhältigkeit der Katastrophen, BOD Paris 2017, S. 23; RBMK reactors, in: World Nuclear Association, http://www.world-nuclear.org/information-library/nuclear-fuel-cycle/nuclear-power-reactors/appendices/rbmk-reactors.aspx.

[39] V. P. Vasilevskij, A. A. Petrov, K. K. Poluškin, Ju. M. Čerkašov, Razrabotka proekta i sozdanie pervogo ėnergobloka s reaktorom RBMK-1000, Istorija Atomnoj Ėnergetiki v SSSR i Rossii vyp. 3, Moskva 2003, 61–100 (67).

[40] Joachim Radkau, Aufstieg und Krise der deutschen Atomwirtschaft 1945–1975. Verdrängte Alternativen in der Kerntechnik und der Ursprung der nuklearen Kontroverse, Reinbek 1983, 302–306, 419.

[41] Am Endpunkt, in: konkret Nr. 9 (2021), 56.

Kapitel 7

[1] Anna Veronika Wendland, Mut zum Befreiungsschlag, taz, 25.01.2022, https://taz.de/Debatte-ueber-die-Energiepolitik/!5827775/.

[2] Florentin Krause, Hartmut Bossel, Karl-Friedrich Müller-Reißmann, Energie-Wende. Wachstum und Wohlstand ohne Erdöl und Uran, Freiburg 1980.

[3] Florentin Krause, Energieversorgung der Bundesrepublik ohne Kernenergie und Erdöl (Kurzfassung der Energiestudie des Öko-Instituts), Freiburg 1982.

[4] Antwort der Regierung auf Große Anfrage der Grünen vom 4.5.1984; https://dserver.bundestag.de/btd/10/014/1001407.pdf.

[5] Wyhl. Kein Kernkraftwerk in Wyhl und auch sonst nirgends. Betrof-

fene Bürger berichten, Freiburg 1976 (21981); C. Büchele, I. Schneider, B. Nössler (Hg.), Wyhl. Der Widerstand geht weiter. Der Bürgerprotest gegen das Kernkraftwerk von 1976 bis zum Mannheimer Prozeß, Freiburg 1982.

[6] Bürgerinitiative gegen Atomkraftwerke Kassel: Kein KKW bei Borken/ Atomtod droht! Muss Deutschland vernichtet werden?, o. D. um 1980.

[7] Jutta Ditfurth, Entspannt in die Barbarei: Esoterik, (Öko-)Faschismus und Biozentrismus, Hamburg 2011.

[8] Joachim Radkau, Die Ära der Ökologie. Eine Weltgeschichte, München 2011.

[9] Frank Biess, Republik der Angst. Eine andere Geschichte der Bundesrepublik, Reinbek 2019.

[10] Alexander Rossnagel, Radioaktiver Zerfall der Grundrechte? Zur Verfassungsverträglichkeit der Kernenergie. Mit Kommentaren von P. Saladin und P. C. Mayer-Tasch, München 1984.

[11] Eckart Conze, Missile Bases as Concentration Camps. The Role of National Socialism, the Second World War, and the Holocaust in the West German Discourse on Nuclear Armament, in: E. Conze, M. Klimke, J. Varon (Hg.), Nuclear Threats, Nuclear Fear, and the Cold War of the 1980ies, New York, S. 79–97.

[12] Finn Müller-Hansen, Max W. Callaghan, Yuan Ting Lee, Anna Leipprand, Christian Flachsland, Jan C.Minx, Who cares about coal? Analyzing 70 years of German parliamentary debates on coal with dynamic topic modeling, Energy Research & Social Science, Volume 72, February 2021, 101869.

[13] Jonathan Haidt, The Righteous Mind. Why Good People Are Divided by Politics and Religion, New York 2013; Cillian McHugh, Marek McGann, Eric R. Igou, Elaine L. Kinsella, Searching for Moral Dumbfounding: Identifying Measurable Indicators of Moral Dumbfounding, Collabra: Psychology (2017) 3 (1):23, https://online.ucpress.edu/collabra/article/3/1/23/112379/Searching-for-Moral-Dumbfounding-Identifying.

[14] Karl August Wittfogel, Die orientalische Despotie: eine vergleichende Untersuchung totaler Macht, Frankfurt/M./Berlin/Wien 1977.

[15] Robert Jungk, Der Atom-Staat: vom Fortschritt in die Unmenschlichkeit, München 1977.

[16] Ein ökomodernes Manifest/comodernist Manifesto (2015),. http://www.ecomodernism.org/deutsch.

[17] Joy Parr, A Working Knowledge of the Insensible? Radiation Protection in Nuclear Generating Stations, 1962–1992, in: Comparative studies in society and history 48 (2006), S. 820–851.

[18] F. K. Schulze, »I wouldn't want my anarchist friends to be in charge of a nuclear power station«: David Harvey, anarchism, and tightly-coupled systems, Libcom, 22.01.2013 https://libcom.org/library/i-wouldnt-want-my-anarchist-friends-be-charge-nuclear-power-station-david-harvey-anarchi.

[19] Constance Perin, Shouldering Risks. The Culture of Control in the Nuclear Power Industry, Princeton-Oxford 2005.

[20] Spaziergänge zwischen Schönheit und Schrecken. Bertram Weisshaar im Gespräch mit Stephan Karkowsky, Deutschlandfunk Kultur, 30.06.2021, https://www.deutschlandfunkkultur.de/wandern-durch-alltagslandschaften-spaziergaenge-zwischen-100.html.